DESCRIPTION

GÉOGRAPHIQUE, HISTORIQUE, MILITAIRE ET ROUTIÈRE

DE L'ESPAGNE;

CONTENANT

DES DÉTAILS SUR TOUS LES LIEUX REMARQUABLES, ET LES PARTICULARITÉS LES PLUS INTÉRESSANTES DE L'HISTOIRE DE CETTE MONARCHIE;

Ornée d'une Carte lithographiée.

PAR M. CH. DU ROZOIR.

Un vol. in-8°. — Prix, 6 fr.

A PARIS,

CHEZ PILLET AINÉ, IMPRIMEUR-LIBRAIRE, ÉDITEUR DE LA COLLECTION DES MŒURS FRANÇAISES, RUE CHRISTINE, N° 5.

L'IMPORTANCE des événemens dont l'Espagne est le théâtre nous ont engagés à publier cet ouvrage qui est le fruit de longues recherches que l'auteur avait faites sur l'histoire et sur la géographie de ce pays, avant même qu'il eût l'idée d'en composer un livre.

Beaucoup d'ouvrages ont paru depuis quinze ans sur l'Espagne, mais les uns sont trop volumineux, les autres trop superficiels et trop abrégés, ceux-ci enfin n'ont considéré cette contrée que sous des aspects particuliers.

Il nous a donc semblé qu'un livre qui, dans un cadre resserré, offrirait tout ce qu'il importe de savoir sur la géographie, la statistique et l'histoire civile et militaire de la monarchie espagnole, était encore à faire. Le plus connu des ouvrages qui ont précédé le nôtre, celui de M. Delaborde, quoiqu'il se compose de cinq volumes, n'est pas aussi complet qu'on pourrait le penser. Cela tient non point à l'inexactitude ou à la négligence de l'auteur, mais au scrupule avec lequel il a suivi le plan qu'il s'était tracé. En effet, en faisant un itinéraire, il n'a dû décrire que les lieux qui se trouvent sur les différentes routes qu'il a parcourues. Il en est résulté que l'on cherche en vain, dans son livre, des détails nécessaires sur quelques villes remarquables.

L'auteur de cette Description a voulu éviter de pareilles omissions. Tous les lieux importans sont mentionnés dans son ouvrage; et comme il s'est fait une loi de [n'omettre aucun trait vraiment caractéristique de l'histoire espagnole, surtout depuis le commencement du dernier siècle, il s'est trouvé dans l'obligation de mentionner une foule d'endroits qu'on ne trouverait dans aucune autre description de l'Espagne.

Il s'est surtout occupé de cette partie de l'histoire de la Péninsule qui embrasse la guerre de la Succession, les règnes de Philippe V et de ses successeurs, et la guerre des Français en Espagne de 1808 à 1814. Il s'est livré avec d'autant plus de zèle à ce travail, que pour mieux faire connaître l'Espagne il avait à rappeler des souvenirs bien glorieux pour la nation française.

Nous avons joint à cette Description une Carte dressée par M. Selves, lithographe de l'Université, sous la direction de l'auteur. Il sera facile de se convaincre, à l'inspection de cette carte, combien la lithographie, pratiquée par un artiste habile, peut approcher de la netteté du burin.

DESCRIPTION

GÉOGRAPHIQUE, HISTORIQUE, MILITAIRE
ET ROUTIÈRE

DE L'ESPAGNE.

Les formalités exigées ayant été remplies, les contre-facteurs seront poursuivis suivant la rigueur des lois.

Cet ouvrage se trouve aussi à

Agen...chez	Noubel.	Londres...	{ Bossange, Dulau, Treuttel et Würtz.
Aix-la-Chap.	Laruelle.		
Angers....	Fourrié-Mame.		
Arras.....	Topino.	Lorient....	{ Caris, Fauvel.
Bayonne...	Bonzom.		
Berlin.....	Schlesinger.	Lyon.....	{ Bohaire, Faverio, Maire.
Besançon..	{ Deis, Girard.		
Blois.....	Aucher-Eloi.	Manheim...	Artaria et Fontaine.
Bordeaux..	{ Mme Bergeret, Lawalle jeune, Melon, Coudert, Gassiot, Gayet.	Mans.....	Pesche.
		Marseille..	{ Chardon, Maswert, Moissy, Camoin, Chaix.
Bourges....	Gilles.	Metz.....	{ Devilly, Thiel.
Breslau....	Korn.		
Brest.....	{ Le Fournier-Desp., Egasse, Michel.	Mons.....	Leroux.
		Montpellier.	{ Sevalle, Gabon fils.
Bruxelles..	{ Lecharlier, Demat, Stapleaux, Lacrosse.	Moscou....	Fr. Riss père et fils.
		Nancy....	Vincenot.
		Nantes.....	Busseuil.
Caen......	Mme Belin-Lebaron.	Naples.....	{ Borel, Marotta et Vanspandoch.
Calais.....	Leleux.		
Cambrai...	Giard.	Nîmes.....	Melquiond.
Chartres...	Hervé.	Niort......	Elies-Orillat.
Clermont-F.	Thibaud.	Orléans....	Huet-Perdoux.
Dijon.....	{ Lagier, Noellat, Tussa.	Rennes....	{ Duchesne, Molliex.
Dunkerque	{ Bronner-Beauwens, Létendart-Delevoye.	Rouen....	{ Frère, Renault, Dumaine-Vallé.
Florence...	Piatti.	Saint-Brieux.	Lemonnier.
Francfort...	Bronner.	Saint-Malo..	Bottier.
Gand.....	{ Dujardin, Houdin.	Saint-Pétersbourg	{ C. Weyer, Saint-Florent.
Genève....	{ Paschoud, Mangez-Cherbuliez.	Stockholm..	Cumelin.
		Strasbourg..	Levrault.
Havre.....	{ Duflo, Chapelle.	Toulouse..	{ Vieusseux, Senac.
Lausanne...	Fischer.	Turin....	{ Ch. Bocca, Pic.
Leipsick...	{ Grieshammer, Zirges.	Valenciennes.	Lemaître.
Liége.....	{ Desoër, Collardin.	Vienne.....	Shalbacher.
		Warsovie...	Klugsberg.
Lille......	Vanackere.	Ypres.....	Gambart-Dujardin.

DE L'IMPRIMERIE DE PILLET AÎNÉ.

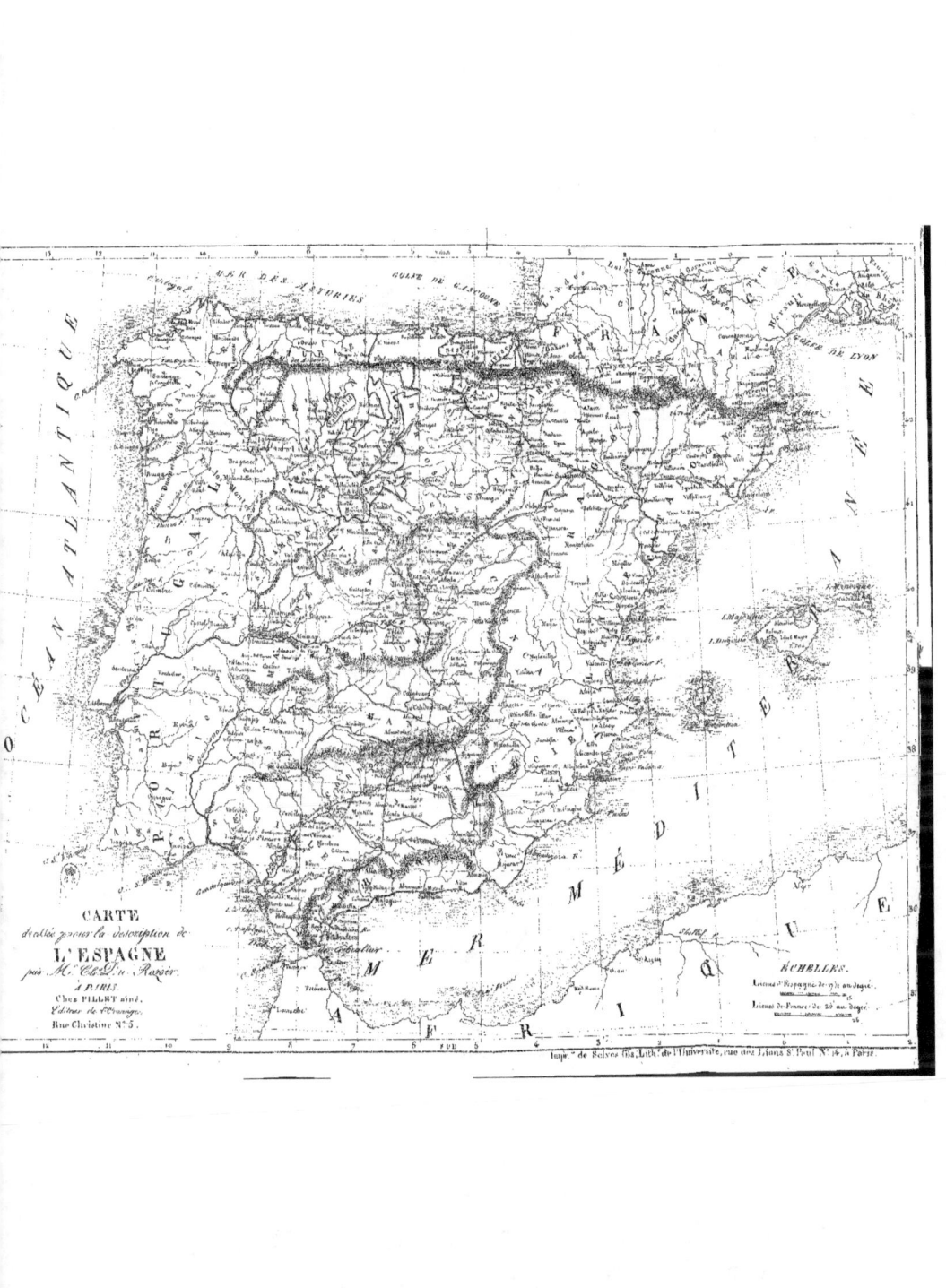

DESCRIPTION

GÉOGRAPHIQUE, HISTORIQUE, MILITAIRE
ET ROUTIÈRE

DE L'ESPAGNE;

CONTENANT

DES DÉTAILS SUR TOUS LES LIEUX REMARQUABLES,
ET LES PARTICULARITÉS LES PLUS INTÉRESSANTES DE L'HISTOIRE
DE CETTE MONARCHIE;

Ornée d'une Carte lithographiée.

Et suivie d'une table analytique des matières; et de tables des pays,
des noms d'hommes, et des auteurs cités.

PAR M. CH. DU ROZOIR.

A PARIS,

CHEZ PILLET AINÉ, IMPRIMEUR-LIBRAIRE,
ÉDITEUR DE LA COLLECTION DES MŒURS FRANÇAISES,
RUE CHRISTINE, N° 5.

1823.

PRÉFACE.

Les grands événemens dont l'Espagne est le théâtre depuis quinze ans, et le rôle important que la France représentée par un prince, digne neveu du plus sage des rois, est appelée à remplir aujourd'hui au delà des Pyrénées, ont tourné tous les regards vers cette Péninsule, jusqu'alors si peu connue du reste de l'Europe.

Il nous a semblé qu'un livre capable de donner dans un cadre raccourci une connaissance suffisante de la monarchie espagnole était encore à faire. Nous avons tâché d'atteindre ce but. Nous avons essayé de donner dans cette *Description géographique, historique, militaire et routière de l'Espagne*, tout ce qu'il importe de savoir pour se faire une idée exacte de ce pays, où la nature est si belle et si variée, où les monumens sont si nombreux, si magnifiques, et dont l'histoire, sous les Romains comme sous les Goths, sous les Alphonse, les Ferdinand et les Charles-Quint comme sous les Bourbons, a toujours été si riche en grands événemens et en beaux caractères.

Deux époques ont surtout fixé notre attention : c'est la guerre de la Succession qui au commencement du siècle dernier mit un Bourbon sur le trône d'Espagne; et la dernière guerre qui, de 1806 à 1814, eut pour résultat d'empêcher le descendant de Philippe V de perdre sa couronne.

Nous avons eu soin de rassembler sur les princes de la maison de Bourbon qui ont régné en Espagne depuis 1700, une foule de détails peu connus, et qui ont trouvé leur place particulièrement dans la description des deux Castilles, où Philippe V et ses successeurs, Ferdinand VI, Charles III et Charles IV ont fait leur résidence habituelle.

Dans la description particulière que nous avons donnée de chaque lieu digne d'être mentionné, nous avons compris les souvenirs politiques ou guerriers qui s'y rattachent ; et quant aux positions militaires, quant aux mouvemens importans des armées, nous les avons indiqués aussi souvent qu'il était possible de le faire, sans tomber dans des détails arides ou dénués d'intérêt pour ceux qui n'ont point donné leur attention aux études stratégiques.

Les hommes qui aiment à retrouver les

brillans souvenirs des armes françaises, verront avec plaisir les noms des Vendôme, des Berwick, des Crillon, des Richelieu, des Suchet, des Soult, des Victor, des Lefebvre, des Moncey, des Bessières, des Montbrun, des Sebastiani, des Colbert, etc., revenir souvent dans les pages de notre livre.

Notre impartialité nous a fait une loi de ne pas omettre non plus ceux des généraux anglais Wellington, Graham, Rowland Hill, Lowry Cole, ces rivaux de la valeur et de la tactique françaises.

Le même sentiment, joint à l'intérêt bien puissant qui s'attache au spectacle d'un peuple combattant pour son roi et pour son pays, nous a rendu facile la tâche de rappeler les actions des Castanos, des O'Donnel, des Cuesta, des Palafox, des Albuquerque, et de tant

PRÉFACE.

d'autres guerriers espagnols qui se sont montrés les dignes héritiers des Pélage et des Orduño.

Pour la division des provinces d'Espagne, qui est fort compliquée et mal présentée chez les géographes français et anglais, nous avons suivi la carte de Lopez qui, si elle laisse quelque chose à désirer sous d'autres rapports, est pour cette partie d'une exactitude parfaite.

L'*Itinerarium Hispaniæ* de Martinus Zeillerus, imprimé à Amsterdam, chez Walkenier, 1656, petit volume qui renferme bien des choses qu'on ne trouve pas ailleurs; *le Voyageur Français* de l'abbé Laporte, ouvrage dont on tire beaucoup de fruit quand on le consulte avec précaution; les *Voyages de Twiss* et de *Townsend*, aussi instructifs qu'agréables à lire; un petit livre, publié en

Angleterre, en 1808, sous le titre de *Statistical and Geographical Survey of Spain and Portugal*, esquisse exacte à laquelle il ne manque que d'être un peu moins sèche; le *Tableau historique de l'Espagne*, par M. Bourgoing, qui ne décrit que ce qu'il a vu, et qui juge tout en philosophe éclairé, tolérant et impartial; enfin, l'*Itinéraire descriptif* de M. Delaborde, ouvrage tout-à-fait digne de sa réputation, nous ont été particulièrement utiles parmi une foule d'auteurs qu'il serait trop long d'énumérer, et que nous avons compulsés avec soin.

Deux écrivains qui ont fait la guerre en Espagne, MM. de Rocca et de Naylies, nous ont également fourni des détails précieux sur les événemens qu'ils ont vus de si près.

Telles sont, avec les relations officielles

de la dernière guerre, et les anciens historiens les plus estimés, les autorités sur lesquelles nous avons appuyé nos recherches. Heureux si nous ne nous sommes jamais égarés sur les pas d'aussi excellens guides!

DESCRIPTION
GÉOGRAPHIQUE,
HISTORIQUE, MILITAIRE ET ROUTIÈRE
DE L'ESPAGNE.

DÉTAILS GÉNÉRAUX SUR L'ESPAGNE.

L'ESPAGNE, en langue espagnole *España*, forme, avec le Portugal, au sud-ouest de l'Europe, une vaste péninsule, qui ne tient au continent que par sa partie nord-est. De ce côté l'Espagne est bornée par la France, et la chaîne des Pyrénées forme une ligne naturelle de frontières entre les deux royaumes. Les limites de l'Espagne sont en outre au nord le golfe de Biscaye, à l'ouest l'Océan-Atlantique et le Portugal, au sud l'Océan et la Méditerranée, qui baigne aussi ses rivages à l'est. L'Espagne est située entre les 36eme et 44eme degrés de latitude nord, et son extrémité occidentale est au 12eme degré de longitude du méridien de Paris.

Ce pays a dans sa plus grande longueur 220 lieues, dans sa plus grande largeur 195 lieues, et contient 15,005 lieues et demie carrées de 20 au degré, à raison de 690 habitans par lieue carrée, selon le géographe espagnol Antillon.

Presque toutes les parties de l'Espagne sont coupées de montagnes. La chaîne la plus considérable est celle des Pyrénées, qui s'étend depuis la baie de Biscaye jusqu'à la Méditerranée, dans une longueur de 67 lieues : ce sont les limites naturelles de la France et de l'Espagne, et il est à croire que la politique ne pourra jamais les changer. Dans ces montagnes il y a un grand nombre de passages plus ou moins connus pour aller d'Espagne en France : nous en signalerons les principaux, en parlant des provinces frontières de l'Espagne. Dans l'intérieur, on trouve deux chaînes principales, l'une qui, commençant au cap Finistère, parcourt toute la partie septentrionale de ce pays et va se joindre aux Pyrénées occidentales, dont elle semble la continuation. Cette chaîne de montagnes, auxquelles l'on a conservé leur antique nom de Cantabriennes, offre les aspects les plus variés et présente les positions militaires les plus importantes. La *Sierra de Rio* (1), la *Sierra de Leon*, et d'autres chaînes moins considérables dépendent de cette vaste continuation des Pyrénées.

Une seconde chaîne de montagnes, qui commence en Portugal, parcourt la partie méridionale de l'Espagne; elle comprend les montagnes de l'Andalousie, la *Sierra Morena*, la *Sierra de Ronda*, et d'autres encore. Au nord de cette chaîne, la *Sierra Nevada*, et les *Alpuxarras* au sud peuvent être considérées comme ses embranchemens. Nous ferons une mention plus détaillée de ces montagnes à mesure qu'en parcourant les provinces, elles nous offriront des souvenirs historiques et militaires. Nous ajouterons seulement que la direction de ces différentes chaînes se porte de l'est à l'ouest, et que, dans les provinces occidentales, leurs sommets sont moins élevés que ceux des montagnes qui s'étendent du nord au sud.

Fleuves, rivières et canaux.

On compte environ deux cents rivières grandes ou petites en Espagne, nombre bien

---

(1) *Sierra*, en espagnol, veut dire montagne.

peu considérable en comparaison de l'étendue du pays et du nombre infini de ses montagnes; et encore, parmi toutes ces rivières, en est-il bien peu qui méritent le nom de fleuve par leur largeur et par l'étendue de leur cours.

Citons les principaux; les moins considérables trouveront leur place dans la description particulière des provinces, toutes les fois qu'un souvenir intéressant viendra s'y rattacher.

Le Minho (*Minius*) prend sa source dans la Galice, près de *Castro del Rey*. Après avoir traversé cette province, il suit la frontière, entre le Portugal et la Galice, et se décharge ensuite dans l'Océan, après un cours d'environ 52 lieues. Il est très-poissonneux; on y pêche principalement du saumon, et surtout de l'esturgeon d'une grosseur prodigieuse. Le Minho tire son nom du vermillon (*minium*), que l'on recueille abondamment sur ses bords.

Le Douro (*Durius*), ou plutôt *Duero*, sort de la *Sierra de Urbion*, non loin de Soria, vers les frontières de l'Aragon et de la Vieille-Castille. Il traverse presqu'en entier l'Aragon, de l'est à l'ouest, ainsi que le royaume de Léon et le Portugal, et va porter le tribut de ses eaux à l'Océan-Atlantique, après avoir parcouru un espace d'environ 116 lieues.

Le Tage, en espagnol *Tajo* (*Tagus*), autrefois célèbre par le sable d'or qui se mêlait à ses flots argentés, prend sa source dans la Nouvelle-Castille, aux confins de l'Aragon, près d'Albarrazin; traverse toute la Nouvelle-Castille, où il passe à Tolède, puis l'Estramadure espagnole et portugaise, et enfin va se perdre dans l'Océan, au dessous de Lisbonne. Le Tage est le plus grand fleuve de la Péninsule; l'étendue qu'il parcourt est de 120 lieues.

La Guadiana (*Anas*) commence à la *Sierra de Alcaraz*, dans la Manche, coule pendant 4 lieues pour se perdre auprès de la petite ville d'Alcaraz, et va reparaître à 2 lieues, au nord de Mançanares. Ce fleuve, sorti de la Manche, arrose la province de Tolède, l'Estramadure, et, en Portugal, l'Alentejo; puis il se jette dans le golfe de Cadix, près d'Ayamonte. Rien de plus irrégulier que son cours. La Guadiana n'est point navigable.

Le Guadalquivir (*Bétis*) a sa source vers les confins du royaume de Murcie, au pied de la *Sierra-Segura*, traverse l'Andalousie, à laquelle il donna anciennement le nom de Bétique; passe à Cordoue, à Séville, et tombe dans l'Océan, au golfe de Cadix.

L'Ebre (*Iberis*), qui a donné son nom à l'antique Ibérie, ou qui l'a reçu d'elle, est le seul grand fleuve de la Péninsule dont la direction soit de l'ouest à l'est. Il prend sa source à l'extrémité septentrionale de la Vieille-Castille, dans les montagnes de *Santillana*, et va se perdre dans la mer Méditerranée, après avoir traversé la Vieille-Castille, l'Aragon et la Catalogne. On sait que ce fleuve formait, de ce côté, la limite du vaste empire de Charlemagne, même après la funeste bataille de Roncevaux. L'étendue de son cours est de 120 lieues.

Si l'Espagne a peu de rivières considérables, elle est encore plus dépourvue de lacs, dont il est bien peu qui méritent d'être mentionnés. On cite cependant le lac de Benavente, abondant en poissons et l'étang d'Albufera. La chaleur du soleil transforme en sel l'eau d'un lac près d'Antequera, dans l'Andalousie.

On voit ainsi que tout ce pays est médiocrement fourni d'eau; les habitans en éprouvent quelquefois la disette dans certains cantons, et des saisons entières se passent sans que la pluie vienne rafraîchir la terre brûlée par le soleil.

Depuis un siècle, plusieurs plans magnifiques ont été conçus pour faciliter et étendre la navigation des grandes rivières de l'Espagne; mais si les conceptions ont été gigantesques, l'exécution s'est réduite à peu de chose.

En 1784, sous Charles III, on projeta un canal pour établir une communication entre le Tage, la Guadiana et le Guadalquivir; mais ce plan, qui aurait introduit un commerce actif entre les provinces centrales, fut bientôt abandonné.

Quelques canaux existent cependant en Espagne; le plus considérable est celui d'Aragon, qui s'étend le long de l'Ebre, depuis Tudela dans la province de Navarre, jusqu'à Sastago dans l'Aragon, où cette rivière commence à devenir navigable. Ce canal, conçu depuis long-tems, a été enfin mis heureusement à exécution sous les règnes de Charles III et de Charles IV, et sous le ministère du comte de Florida Blanca.

Le canal de Castille commence à une demi-lieue de Reynosa et descend au sud, et tant en partie projetée qu'en partie exécutée, il vient jusqu'à Simancas, établissant ainsi la communication entre la Pisuerga et le Duero. Il fut commencé en 1753, sous le règne de Ferdinand VI : depuis long-tems les travaux sont abandonnés, et l'éboulement des terres commence à combler la partie de ce canal qui a été achevée.

Le canal de Mançanarez, qui commence à Madrid, devait établir une communication utile entre la rivière dont il porte le nom, et le Xarama, sur un espace de 4 lieues ; la moitié seulement a été exécutée.

Enfin le canal de Murcie, appelé aussi le canal de Lorca, qui n'est pas non plus achevé, traverse cette ville. Il commence dans la partie septentrionale du royaume de Grenade, passe par le nord de Huescar, vient à Lorca, puis par le nord-est à Murcie, où il joint la Segura.

Climat et sol.

Le climat de l'Espagne présente des différences notables, selon la situation des provinces. Vers le sud et le long des rivages de la Méditerranée, il est chaud et humide ; dans le nord il est plus sec et plus froid. Cependant, dans certaines provinces montagneuses, la température est tellement chargée d'humidité, que les habitans ne peuvent empêcher leurs grains et leurs fruits de moisir, et le fer de leurs instrumens aratoires de se rouiller. Dans les pays de plaine, vers le sud surtout, l'été est d'une chaleur intolérable, mais des nuits très-froides succèdent ordinairement aux jours les plus chauds. Ces variations de l'atmosphère, et principalement la multitude des eaux stagnantes, rendent le climat de l'Espagne moins salubre et moins favorable à la longévité que celui des contrées plus septentrionales de l'Europe. Voilà sans doute la cause de ces épidémies qui viennent si fréquemment dépeupler les villes de la Péninsule. L'hiver fait rarement sentir ses rigueurs dans les vallées et dans les cantons méridionaux. Il ne gèle que très-rarement en Espagne ; mais sur les montagnes le froid a autant d'intensité que sur celles du Tyrol. Plusieurs des sommets les plus élevés sont couverts d'une neige éternelle. Le plus terrible des fléaux qui frappent l'Espagne, est ce funeste vent du sud-est qui vient d'Afrique, et qu'on appelle le *solano* ou le *medina*. Il amène avec lui, non-seulement les maladies et la mort, mais encore les crimes et les désordres : il aigrit les ames comme il dessèche les corps. Ses effets sont tels, que, sous son influence, il se commet plus de meurtres et de crimes en trois jours, que durant tout le reste de l'année. Dans les montagnes de la Galice règne, au contraire, un vent dont la fraîcheur porte le calme dans les ames, et entretient la vigueur et l'agilité du corps. Les gens du pays l'appellent le *gallego :* aussi vit-on plus longtems dans la Galice que dans le reste de l'Espagne. Il n'est pas rare d'y voir des individus qui aient passé cent ans. On raconte que, dans la paroisse de Saint-Jean de Poyo, l'an 1724, le curé donna la communion à treize personnes, dont les âges réunis faisaient quatorze cent quatre-vingt-dix-neuf ans ; la plus jeune avait cent un ans, et la plus vieille cent vingt-sept ans.

Dans plusieurs provinces de l'Espagne les arbres conservent leur verdure toute l'année, et quand les feuilles sont tombées elles commencent à repousser dès le mois de janvier.

Le sol de toute l'Espagne est, à très-peu d'exceptions près, extrêmement fertile. Il est en général léger, et porte presque toujours sur des lits de gypse ou plâtre de Paris, qui est un excellent engrais. Il produit, selon la différence des grains, et selon que la saison est plus ou moins favorable, de 10 à 40, et même jusqu'à

100 pour un. Dans les provinces du milieu le sol est plus sec et plus sablonneux que près des côtes de la mer et sur les rives des fleuves; cependant il est encore d'une étonnante fertilité. La canne à sucre, le riz, et les autres végétaux des pays les plus chauds y réussissent comme les céréales des climats les plus tempérés.

Productions naturelles.

L'Espagne est une des plus riches contrées de l'Europe pour le nombre et la variété des productions. Malheureusement l'industrie de ses habitans ne répond pas à l'activité de ce sol, si favorisé de la nature.

Les productions du règne animal consistent en chevaux, ânes, mulets, bêtes à laine, chèvres, vers à soie, abeilles, gros bétail, et différentes espèces de coqs. L'Espagne produit quelques oiseaux inconnus dans le reste de l'Europe. Les vautours y sont très-nombreux; et la dernière guerre de la Péninsule n'a fait que multiplier le nombre de ces animaux carnassiers. Mais la gloire de la zoologie espagnole, c'est le cheval. Il a été célèbre dans tous les tems; beau, plein de feu, il est sans doute le descendant immédiat de l'étalon arabe. Malheureusement cette belle race y devient chaque jour plus rare, excepté dans l'Andalousie où les lois en protégent la multiplication. L'âne, en Espagne, est remarquable par son instinct et par une sorte d'élégance dans ses formes.

Les mules d'Espagne sont renommées par la grandeur des services qu'elles rendent; mais leur multiplication a presque anéanti la race des bons chevaux dans les deux Castilles, les Asturies et la Galice. Pour se procurer un nombre considérable de ces mules, qui font pardonner leurs formes sans noblesse par leur utilité, on a consacré exclusivement les belles jumens aux haras de mules qui ont été établis de toutes parts.

La race des brebis espagnoles est depuis long-tems renommée en Europe, comme supérieure peut-être à toutes celles du globe pour la finesse de la toison et la délicatesse de la chair. On sait que la France s'honore d'avoir naturalisé chez elle la race des mérinos; mais comme rien ne peut remplacer les pâturages aromatiques de l'Espagne, cette race, en se reproduisant dans notre pays, où des hivers longs et froids exigent la clôture des troupeaux, ne peut manquer d'être toujours inférieure aux vrais mérinos d'Espagne.

Le règne végétal est aussi riche que varié. Tous les grains, tous les arbres à fruits, toutes les plantes légumineuses et médicinales y croissent presque sans culture. Malheureusement cette *Flore espagnole* si riche est à peine connue. Les forêts produisent des bois de construction pour la marine et pour tous les arts.

La minéralogie de l'Espagne fut autrefois plus importante qu'elle ne l'est aujourd'hui. Les mines d'or et d'argent de ce pays furent, pour les Carthaginois et les Romains, ce que celles du Pérou sont devenues pour les sujets de Charles-Quint et de Philippe II ; mais ces mines sont ou épuisées ou négligées aujourd'hui. Le Tage, qui, du tems des Carthaginois, chariait l'or avec le sable, a perdu cette propriété. Il n'existe plus d'autre mine d'argent en Espagne que celle de Guadalcanal dans la Sierra-Morena. On exploite avec succès en Espagne des mines de fer, de mercure, de plomb, d'antimoine, d'étain, de cuivre, de cobalt, etc. L'ambre et le jais se trouvent dans les Asturies. Il y a aussi des carrières de marbre et d'albâtre, etc.

Caractère et Population.

Le caractère espagnol n'est pas moins intéressant, moins pittoresque que le pays que ce peuple habite. Les Espagnols, jetés par la nature à l'extrémité de l'Europe, ont toujours conservé cette physionomie prononcée qui a mérité, de toute antiquité, à cette nation le noble surnom d'héroïque. L'Espagnol est magnanime, loyal, ennemi de l'intrigue, ami du repos jusqu'à l'indolence, attaché à la religion de ses ancêtres, pour laquelle il est prêt à mourir aussi bien que pour sa patrie. Dans leur manière de vivre, les Espagnols sont d'une sobriété que ne peuvent concevoir les peuples septentrionaux ; cette sobriété peut, à quelques égards, être tout à la fois la cause et l'effet de l'indolence.

Les Espagnols sont, en général, bien faits, d'une constitution forte, capables d'endurer la chaleur, le froid, la fatigue et la faim, à un degré vraiment surprenant. Ils sont passionnés pour la musique et pour la danse. Un orgueil excessif, un mépris souverain pour les autres nations, un esprit vindicatif qui les rend capables des crimes les plus réfléchis pour faire périr un ennemi ; voilà les défauts qui déparent le caractère espagnol. On les dit fort adonnés à la galanterie : rien de plus piquant que la physionomie des femmes espagnoles ; mais chez elles la beauté est assez rare.

En 1801, la population totale de l'Espagne montait à 9,250,000 habitans, de sorte que la France, qui, moins étendue que l'Espagne, contient 30,000,000 d'habitans, renferme une population trois fois plus nombreuse. Dans des tems plus reculés, l'Espagne contenait au moins autant d'habitans que la France; et même, en 1787, elle en avait 10,268,150 (1). Un décroissement aussi rapide dans la population, en moins de quatorze années, présente quelque chose d'effrayant. Combien cette dépopulation n'a-t-elle pas dû faire de progrès pendant la guerre sanglante de 1808 à 1814! La découverte de l'Amérique, qui devait enlever à l'Espagne un grand nombre de ses enfans, l'expulsion des Maures et des Juifs, furent les causes premières et principales de cette décadence. Une cause non moins puissante est le grand nombre d'individus qui, voués au culte des autels, sont condamnés à

1) M. Delaborde l'évalue à 12,000,000 d'individus.

ne pas reproduire leur espèce. Le nombre des ecclésiastiques montait, en 1787, à 513,460 individus, sur lesquels il y avait 35,000 religieuses; c'est près d'un huitième de la population.

Gouvernement.

L'Espagne était, dans l'origine, un royaume électif; mais le droit d'élection a été aboli à une époque bien reculée, et l'hérédité de la couronne est, depuis des siècles, devenue la loi de l'état. Pendant long-tems le pouvoir royal n'en a pas moins continué à être limité dans son exercice par les *cortès* ou états du royaume (1). Mais depuis le commencement du 17e siècle, c'est-à-dire depuis le règne de Philippe V, les anciennes cortès n'ont jamais été assemblées; et jusqu'en 1808 le gouvernement de l'Espagne était une monarchie pure et sans limite, balancée seulement par l'influence du clergé, et par l'opposition aussi ferme que respectueuse de la haute noblesse. L'autorité du roi s'exerçait par plusieurs conseils qui étaient res-

(1) Les dernières cortès tenues en Espagne furent celles d'Aragon, présidées, en 1702, par la reine Marie-Louise-Gabrielle de Savoie, en l'absence de Philippe V, son mari, qui était passé en Italie.

ponsables des mesures imprudentes ou malheureuses qu'ils avaient pu autoriser. Ces conseils étaient au nombre de neuf : 1° le conseil des dépêches, appelé aussi la junte ou conseil privé, qui se composait du roi et des ministres d'état; 2° le conseil d'état, présidé par le roi, dont l'archevêque de Tolède était membre né; 3° le conseil royal des finances, appelé *hazienda*; 4° le conseil suprême de guerre; 5° le conseil suprême de Castille; 6° le conseil suprême d'Aragon; 7° le conseil suprême de l'inquisition; 8° le conseil royal des ordres de chevalerie; 9° le conseil royal des Indes.

Plusieurs de ces conseils, entre autres celui de Castille et des Indes, étaient à la fois conseils du roi et tribunaux de justice; comme tels, ils jouissaient d'une grande indépendance et d'une grande influence auprès du monarque : leurs arrêts étaient sans appel. On sait que ce fut le conseil de Castille qui força Ferdinand-le-Catholique à reconnaître les droits du fils de Christophe Colomb sur la vice-royauté d'Hispaniola; et ce prince inique et absolu fut obligé de rendre au fils une justice qu'il avait toujours refusée au père.

Toutes ces institutions protectrices de la dignité du trône, et qui garantissaient l'intégrité de l'administration publique, ont été renversées ou modifiées depuis 1820 par les nouvelles cortès, qui, depuis quatre ans, ont mis en question tout ce qui existait en Espagne.

Religion.

La religion dominante en Espagne, ou pour mieux dire la seule qui soit tolérée, est la religion catholique romaine, professée dans toute l'orthodoxie de ses dogmes, et dans toute la pompe de ses cérémonies. Ce n'est qu'à Madrid et dans les places maritimes qu'on souffre des individus d'une communion différente. On prétend toutefois que dans quelques provinces il existe encore un assez grand nombre de juifs et de mahométans déguisés. Les progrès de la réforme de Luther et de Calvin, qui commençaient à se faire sentir dans ce pays au 16e siècle, ont été sévèrement réprimés par le terrible tribunal de l'inquisition, institué en 1480 par Isabelle, reine de Castille.

Le suprême conseil de l'inquisition réside à Madrid. Les différens conseils de province sont sous sa direction suprême. Les fonctions du grand inquisiteur sont de la plus haute importance; il ne connaît, en matières politiques, d'autre supérieur que le roi; et en matières purement religieuses, il ose même prétendre à l'emporter sur lui. Cependant de nos jours l'inquisition n'a plus été ce qu'elle était autrefois; elle n'inspire plus la même terreur; son pouvoir a été bien limité, et ses formes sont devenues plus douces et plus circonspectes. L'influence de ce tribunal se borne maintenant à l'examen des livres.

Il y a en Espagne huit archevêchés, quarante-cinq évêchés, cent dix-sept cathédrales, et dix-neuf mille six cent soixante-trois paroisses; enfin on y comptait deux mille cent quarante-six couvens de moines, mille vingt-trois de religieuses, avant la suppression d'une partie de ces établissemens religieux par les cortès.

Revenus. Forces de terre et de mer.

Le revenu de l'Espagne était évalué, y compris celui de colonies, à plus de 280,000,000 fr. La dette publique consistant en *valès* royaux se montait, en 1808, à 1,800,000,000 de réaux (vellon), ce qui équivaut à 450,000,000 de nos francs; mais, depuis cette époque, les revenus, surtout ceux des colonies, ont été presque anéantis, et la dette publique a augmenté dans une proportion effrayante.

Dans l'année 1793, l'armée d'Espagne consistait en 92,723 hommes d'infanterie, 27,110 de cavalerie, total 119,833 hommes, outre 33 bataillons de milice, consistant entièrement en hommes mariés et en agriculteurs.

La marine, d'après les contrôles de la même année 1793, possédait cinquante-sept vaisseaux de ligne, dont plusieurs de 100 à 112 canons ; trente-huit frégates, soixante-sept vaisseaux de moindre grandeur, faisant ensemble 156 bâtimens de guerre, armés de 6,183 canons, et montés par 2,114 officiers, 37,000 matelots, et 12,567 soldats de marine.

Les mêmes causes qui ont détruit en grande partie la force militaire et les revenus de l'Espagne ont exercé une influence encore plus funeste sur sa marine. Le tort fait à l'armée régulière par les événemens qui ont désolé la Péninsule depuis quinze ans n'est rien en comparaison de la perte de ses vaisseaux. Si l'Espagne n'a plus de troupes réglées, tous ses habitans sont devenus bons soldats : ils ont prouvé qu'au besoin ils trouveront des forces pour se faire respecter comme puissance continentale ; mais, pour redevenir ce qu'elle était comme puissance maritime, il faudrait à la Péninsule des siècles et le recouvrement, assurément fort problématique, de ses colonies.

Comme les Espagnols étaient élevés dans l'indolence, et que la profession de soldat était peu considérée parmi eux, ils avaient encore, il y a quinze ans, une sorte d'éloignement pour le service militaire. Néanmoins on a toujours reconnu qu'une fois engagé sous les drapeaux, l'Espagnol supporte les fatigues avec patience et fermeté, obéit avec ponctualité, et qu'il se bat avec courage, surtout quand il est animé par l'enthousiasme de la religion ou de la patrie. Mais le défaut de tactique et d'habileté dans les officiers généraux a rendu les armées espagnoles moins redoutables qu'elles n'eussent été susceptibles de l'être avec l'énergie du caractère national. Les événemens de la guerre de 1808 à 1814 ont confirmé cette observation. En effet, partout où les Espagnols ont eu à combattre les Français en bataille rangée, ils ont à peine donné à leurs ennemis le tems de les vaincre, mais ils ont repris l'égalité, et même la supériorité, dans la guerre de partisans, où tout dépend de l'énergie et de la présence d'esprit de chaque individu.

Manufactures. Industrie.

Dans un pays aussi favorisé de la nature, on devrait s'attendre à voir l'industrie et les manufactures portées au plus haut point de perfection ; mais, sous ce rapport, l'Espagne est demeurée bien en arrière des autres pays, et particulièrement de la France et de l'Angleterre. La période la plus florissante des manufactures espagnoles a été le règne de Charles-Quint. Dans ce tems, Ségovie et Séville étaient les premières villes manufacturières de l'Europe, et les soies espagnoles pénétraient partout, même dans le Levant. La première de ces cités donnait du travail à plus de 13,000 personnes, et la seconde occupait 16,000 métiers. Mais les guerres civiles, jointes aux entraves imposées au commerce, portèrent, sous les règnes suivans, un coup mortel à l'industrie, et elle n'a pu encore recouvrer son ancienne splendeur, malgré les encouragemens qui lui ont été prodigués depuis un siècle. Toutefois, l'attention des rois de la dynastie des Bourbons ne s'est pas inutilement tournée vers cet objet. Le gouvernement inepte des trois derniers monarques autrichiens avait tout fait pour tuer l'industrie. Animé par le noble exemple de son aïeul, le roi Philippe V, dès qu'il eut rétabli la tranquillité dans le royaume qui l'avait adopté, se montra vraiment Espagnol en engageant ses sujets à ne s'habiller qu'avec des étoffes fabriquées dans le royaume. Il défendit ensuite l'introduction d'objets manufacturés chez l'étranger, lorsqu'ils pourraient l'être dans le pays. Ferdinand VI, son successeur, alla plus loin; il établit des manufactures à ses frais, ou les favorisa par des priviléges et des secours pécuniaires. Charles III, qui régna ensuite, suivit le même plan : il augmenta et multiplia les moyens d'encouragement pour l'industrie.

Il y a d'importantes manufactures de tissus de laines à Ségovie, à Séville et dans d'autres places, qui fournissent des draps fins, des couvertures, des flanelles et d'autres articles, d'une excellente qualité. On trouve des fabriques de coton, surtout en Catalogne. Les soieries, qui sont la branche d'industrie la plus considérable de l'Espagne, se fabriquent surtout dans cette dernière province et dans les royaumes de Valence, de Grenade et de Murcie. Les manufactures de toile sont florissantes. Le gouvernement et plusieurs sociétés particulières se sont attachés à accroître ces diverses branches d'industrie, et à étendre la culture du chanvre et du lin. A Carthagène, au Ferrol et dans d'autres villes on fait des agrès et des cordages pour navires. Il y a un grand nombre de tanneries en Espagne ; il est même peu de villes dans lesquelles ce genre d'industrie n'occupe point un assez grand nombre de bras. Dans quelques-unes de ces manufactures, l'apprêt du cuir est porté au plus haut degré de perfection. On compte environ deux cents moulins à papier dans ce pays : la plupart sont établis en Catalogne et dans le royaume de Valence. La porcelaine qui se fabrique dans cette dernière province rivalise avec celle de Saxe. La fabrication du salpêtre, de la poudre et du goudron, dont le gouvernement a le monopole, est très-considérable et se perfectionne chaque jour : les produits de cette fabrication suffisent à tous les besoins du pays. Presque dans toutes les villes d'Espagne il y a des manufactures de savon, mais c'est surtout dans le royaume de Valence et de Murcie que cette industrie occupe un grand nombre de bras. Il n'y a qu'une seule manufacture de tabac dans toute l'Espagne ; elle est établie à Séville, où elle forme un établissement considérable : elle travaille pour le compte du roi, qui, comme on voit, est, pour un grand nombre d'objets, le grand manufacturier du pays. La fabrique de tabac de Séville donne un produit d'environ vingt millions. Les fabriques de métaux sont presque entièrement négligées en Espagne; seulement le roi a, dans les Asturies et en Biscaye, des fontes de boulets, de bombes, et des fabriques de fusils, de mousquets, carabines, etc. Deux belles fonderies royales de canons existent à Barcelone et à Séville. La manufacture des glaces de Saint-Ildefonse est portée à un degré de perfection inconnu au reste de l'Europe, et qui, depuis quinze ans, a excité l'émulation des fabricans de France. De belles tapisseries se font à Madrid : ces deux manufactures appartiennent encore au roi.

Littérature. Beaux-arts.

Les Espagnols ont naturellement une singulière aptitude pour les sciences et pour les lettres. Un grand nombre d'ouvrages profonds et ingénieux de la vénérable antiquité, du siècle de Charles-Quint et de celui de ses successeurs immédiats, prouvent ce que le génie espagnol aurait été capable de produire, si l'inquisition n'était venue arrêter en Espagne l'essor de l'esprit chez les nationaux, et empêcher l'introduction des productions littéraires ou scientifiques de l'étranger. Aussi les Espagnols de bonne foi conviennent-ils qu'il y a loin de l'état actuel des sciences et des lettres parmi eux à celui du tems des *Mendoza*, des *Herrera*, des *Quevedo*, des *Calderon*, des *Lopes de Vega*, des *Cervantes*, des *Mariana*, des *Sepulveda*, des *Solis*. On ne se fait pas d'idée combien la liberté de la presse était naguère encore restreinte en Espagne. Aucun ouvrage nouveau ne pouvait être publié sans avoir subi six examens différens. L'importation des livres étrangers était également assujettie aux difficultés les plus gênantes. Joignez à cela que les universités de l'Espagne, sans en excepter celle de Salamanque, n'ont plus rien qui réponde à leur ancienne réputation. On y suit encore les vieilles routines. Dans ce pays, d'ailleurs, ceux qui se consacrent aux lettres ne jouissent pas encore de cette considération qui échauffe et encourage le génie. Néanmoins, il y a beaucoup plus qu'on ne croit de savans qui cultivent dans le silence les sciences exactes, l'histoire et la jurisprudence de leur pays. Plusieurs de ces hommes conservaient en portefeuille des ouvrages dignes de faire honneur à la nation, et qui, n'ayant rien à redouter du grand jour de l'impression, étaient soigneusement soustraits à la censure ombrageuse de l'inquisition. Si l'on en juge par le nombre des écrivains qui fleurirent au siècle de Charles-Quint et des Philippe, que de richesses littéraires l'Espagne aurait à offrir aujourd'hui aux autres nations de l'Europe, sans toutes les entraves qui arrêtent chez elle le développement de l'esprit humain! Qu'il nous soit permis de faire l'inventaire de quelques-uns de ces trésors. L'*Araucana* de don Alonso de Ercilla y Zuniga est le meilleur poëme épique que possèdent les Espagnols. La réputation de Lopes de Vega et de Calderon est universelle, et ce n'est pas un de leurs moindres titres de gloire, aux yeux d'un Français du moins, d'avoir fourni des scènes à notre grand Corneille. L'immortel ouvrage de Cervantes est du petit nombre de ces monumens élevés par le génie, dont les beautés vierges et sublimes sont devenues classiques chez toutes les nations. On a fait l'éloge de Mariana, historien de sa patrie, en disant qu'il a imité Tite-Live. L'*Histoire de la Conquête du Mexique*, par Solis, rappelle également par le style les grands maîtres de l'antiquité. Les romans de chevalerie sont nombreux en Espagne, et ceux qui, après avoir lu Cervantes, peuvent encore aimer ce genre, trouvent que quelques-uns sont dignes de la vogue qu'ils obtinrent autrefois. Le *Diable boiteux* par Louis Perez de Guevera, la *Vie d'Estevanille Gonzalez*, l'*Histoire de Lazarille De Tormes* sont d'excellens romans, bien qu'ils peignent souvent une nature un peu triviale. L'Espagne a produit enfin dans l'ordre des jésuites une foule de théologiens et de casuistes très-célèbres, entre autres Suarez, Rodriguez, Sanchez, Molina, Escobar et Mariana, qui est le même que l'historien.

Les règnes de Charles III et de Charles IV ont vu produire, sinon des hommes de génie, du moins quelques sujets distingués dans la science et la littérature. Le père Fiejoo, dans son *Theatro critico*, a osé aborder franchement les difficultés de la critique historique. Le père Sarmiento a publié quelques bons ouvrages critiques. On doit au père Isla, jésuite, le *Fray Gerundio*, ouvrage plein de sel, dans lequel il se montre pour les mauvais prédicateurs ce que Cervantes avait été pour les chevaliers errans. Don Thomas Yriarte est connu par un poëme sur la musique et par de jolies fables. Plusieurs Espagnols, entre autres MM. Isquierdo, Ortega et Cavanilla, ont écrit avec profondeur sur la science des Buffon et des Linnée. Beaucoup ont publié et publient tous les jours d'excellens mémoires sur l'exploitation des mines, sur l'agriculture, l'art hydraulique, et sur plusieurs autres branches de l'économie rurale et politique. Depuis environ 60 ans les gens de lettres espagnols se sont consacrés avec zèle et succès à la traduction des bons ouvrages français et anglais. On a vu mourir dernièrement un littérateur espagnol dont les ouvrages prouvent un grand savoir et une saine critique, c'est M. Llorente.

Les arts qui parlent aux yeux n'ont pas été négligés en Espagne. Les églises, les couvens, les palais y arrêtent à chaque pas l'attention du voyageur. La construction des ponts y est portée à un degré de perfection et de magnificence qui n'est égalée chez aucun peuple de l'Europe. Le petit nombre de canaux que possède l'Espagne rappelle pour la solidité les ouvrages des Romains. L'école de peinture espagnole est aussi peu connue qu'elle mériterait de l'être. A la tête des peintres de cette nation on citera toujours L'Espagnolet, Murillo et Jordan. Plus moderne, Mengs mérite de leur être comparé. L'art typographique a produit en Espagne quelques chefs-d'œuvre dignes d'être placés presqu'à côté de nos Didot, c'est l'édition de *don Quichotte,* donnée en 1781 par Ibarra ; c'est un ouvrage national par lequel, selon l'expression de M. Bourgoing, les Espagnols ont voulu donner un démenti à l'Europe, qui croyait chez eux tous les arts au berceau. Les amateurs connaissent la magnifique édition de *Salluste*, que l'infant Gabriel a traduit dans sa langue, et le bel ouvrage *de Nummis Hebræo-Samaritanis* de Bayer, précepteur de ce prince, tous deux sortis des presses de Benoît Montfort, imprimeur à Valence. Depuis 50 ans la gravure a fait de grands progrès en Espagne ; mais il lui reste encore beaucoup à faire.

Colonies.

Aucune contrée de l'Europe ne pouvait le disputer à l'Espagne pour l'étendue et la richesse de ses colonies, avant que les funestes événemens de 1808 et des années suivantes eussent détaché l'Amérique espagnole de la mère-patrie. Mais, comme aucun traité n'a encore ratifié cette scission violente, et que la force seule s'est mise à la place du droit, nous ne pouvons présenter que comme appartenant toujours à l'Espagne les colonies américaines dont l'indépendance n'a encore été reconnue par aucune puissance européenne.

L'Espagne possède, en Afrique, les villes d'Oran, de Ceuta, Mélilla et quelques autres, les Canaries et un petit nombre d'autres îles.

En Asie, les îles Philippines, les Carolines, et quelques autres îles d'une moindre importance.

Dans l'Amérique septentrionale, le Nouveau-Mexique, la Californie et le Vieux-Mexique.

On sait que la Floride, qui appartenait à l'Espagne, a été, dans ces dernières années, cédée par le roi Ferdinand VII aux États-Unis d'Amérique.

Dans l'Amérique méridionale, les Espagnols possèdent la Terre-Ferme, appelée aussi province de Carracas ou Venezuela; la Guiane espagnole, la Nouvelle-Grenade, le Pérou, le Chili, le Cucuman, le Paraguay, ou province de Buenos-Aires, et les îles Falkland ; enfin, parmi les Antilles, Cuba, Porto-Ricco et quelques autres îles moins importantes.

Il serait dérisoire de vouloir évaluer les revenus des colonies espagnoles dans un moment où elles sont livrées depuis plus de quinze ans à tous les fléaux de la guerre.

Division de l'Espagne.

Les géographes divisent ordinairement l'Espagne en quinze provinces, savoir :

    Catalogne.
    Royaume d'Aragon.
    Royaume de Navarre.
    Biscaye.
    Principauté des Asturies.
    Royaume de Galice.
    Royaume de Valence.
    Royaume de Murcie.
    Royaume de Grenade.
    Andalousie.
    Estramadure.
    Royaume de Léon.
    Nouvelle-Castille.
    Vieille-Castille.
    Royaume de Majorque.

Telle est la division qu'offrent les traités de géographie et les cartes faites hors de l'Espagne ; mais dans ce pays elle est à peu près nulle pour la pratique. L'Espagne présente, à cet égard, une bigarrure encore plus compliquée que n'était la division de France avant la révolution.

Pour le régime administratif, la monarchie est divisée en vingt-deux provinces de la *couronne de Castille*, et en quatre de la *couronne d'Aragon*.

Les vingt-deux provinces de la *couronne de Castille* sont :

Le royaume de *Galice*, les provinces de *Léon*, *Zamora*, *Salamanque*, d'*Estramadure*, de *Burgos*, de *Palencia*, de *Toro*, de *Valladolid*, de *Ségovie*, d'*Avila*, de *Soria*, de *Cuença*, de *Guadalaxara*, de *Madrid*, de *Tolède*, de la *Manche*; et les royaumes de *Murcie*, de *Grenade*, de *Jaen*, de *Cordoue* et de *Séville*.

Les quatre provinces de la *couronne d'Aragon* sont : le royaume d'*Aragon*, le royaume de *Valence*, la principauté de *Catalogne* et le royaume de *Majorque*.

Chacune de ces vingt-six provinces a son intendant particulier; et elles peuvent, sous le rapport administratif, être comparées aux anciennes généralités de la France.

Trois autres provinces forment des états à

part, qui n'ont ni intendans ni douanes, et qui ne sont pas soumis au régime fiscal du reste de l'Espagne : ce sont la province de *Biscaye*, le royaume de *Navarre* et la principauté des *Asturies*. On pourrait, à quelques égards, les comparer à nos anciens pays d'états.

L'Espagne est en outre divisée en treize gouvernemens militaires, dont les chefs portent le titre de capitaines généraux de province. Les siéges de ces commandemens ou capitaineries générales sont : *Barcelone* pour la principauté de Catalogne, *Pampelune* pour le royaume de Navarre, *Saint-Sébastien* pour le Guiposcoa (subdivision de la Biscaye), la *Corogne* pour la Galice, *Zamora* pour la Vieille-Castille, *Badajoz* pour l'Estramadure, *Madrid* pour la Nouvelle-Castille, *Valence* pour les royaumes de Valence et de Murcie, *Palma* pour le royaume de Majorque, *Malaga* pour la côte de Grenade, *le port Sainte-Marie* pour l'Andalousie, enfin *Ceuta* pour les présides d'Afrique, et *Sainte-Croix de Ténériffe* pour les îles Canaries.

Sous le rapport ecclésiastique, l'Espagne est divisée en huit métropoles ou archevêchés, et en quarante-cinq évêchés.

Les huit archevêchés sont : *Saragosse, Burgos, Saint-Jacques de Compostelle, Valence, Grenade, Tolède* et *Séville*.

L'archevêché de *Saragosse*, dans l'Aragon, a sept évêchés suffragans, savoir : *Jaca, Huesca, Balbastro, Tarraçona, Albarrazin* et *Teruel*, dans cette province ; enfin *Segorbe* au royaume de Valence.

L'archevêché de *Burgos*, dans le royaume de la Vieille-Castille, a trois évêchés suffragans, savoir : *Pampelune*, dans la Navarre ; *Calahorra*, dans la Vieille-Castille ; *Palencia*, dans le royaume de Léon.

L'archevêché de *Saint-Jacques de Compostelle*, en Galice, a treize évêchés suffragans, savoir : quatre dans cette même province, *Mondenedo, Orense, Tuy* et *Lugo*; quatre dans le royaume de Léon, *Astorga, Zamora, Salamanque*, et *Ciudad-Rodrigo*; trois dans l'Estramadure, *Plasencia, Coria, Badajoz*; un dans la principauté des Asturies, *Oviedo*; enfin, le treizième, *Avila*, dans la Vieille-Castille.

L'archevêché de *Tarragone*, dans la principauté de Catalogne, a sept évêchés suffragans, savoir : *Urgel, Lérida, Solsone, Vich, Gironne,*

Barcelone et *Tortose*, dans cette même province.

L'archevêché de *Valence* a deux évêchés suffragans, savoir : *Orihuela*, dans la province de ce nom, et *Mallorca*, capitale de l'île et royaume de Majorque.

L'archevêché de *Tolède*, dans la Nouvelle-Castille, a huit évêchés suffragans, savoir: quatre dans la Vieille-Castille, *Osma*, *Valladolid*, *Ségovie*, *Siguenza*; un dans la Nouvelle-Castille, *Cuença*; deux en Andalousie, *Jaen* et *Cordoue*; enfin l'évêché de *Murcie*, dont l'évêque réside à Carthagène.

L'archevêché de *Séville* a deux évêchés suffragans, savoir : *Cadix* et *Guadix*, sans compter l'évêché de *Canarie* en Afrique.

L'archevêché de *Grenade* a deux évêchés suffragans, savoir : *Almeria* et *Malaga*, dans le royaume de Grenade.

L'archevêque de Tolède est primat d'Espagne.

L'évêché de *Léon*, dans le royaume de ce nom, n'est pas soumis à la dépendance d'un métropolitain ; il dépend immédiatement du pape.

Dans notre description de l'Espagne, nous

avons rattaché à la division convenue des géographes français, en quinze provinces ou royaumes, la division réelle en vingt-neuf provinces. Nous eussions pu ne présenter que la dernière, mais nous avons pensé que notre livre eût été d'un usage moins commode s'il n'eût pas réuni les deux systèmes.

Voici le tableau successif des provinces avec leurs subdivisions :

Principauté de Catalogne.
Royaume d'Aragon.
Royaume de Navarre.

Biscaye. . . . . { Province de Guiposcoa.
Province d'Alava.
Señorio de Biscaye. }

Principauté des Asturies.
Royaume de Galice.
Royaume de Valence.
Royaume de Murcie.

Andalousie. . . . . { Royaume de Grenade.
Royaume de Jaen.
Royaume de Cordoue.
Royaume de Séville. }

Province d'Estramadure.

Royaume de Léon. . . . . . . { Province de Palencia.
Province de Valladolid.
Partido de Toro.
Province de Léon.
Province de Zamora.
Province de Salamanque. }

Royaume de Castille (vieille)	Les montagnes de Burgos et de St.-Ander. Province de Soria. Province de Ségovie. Province d'Avila.
Royaume de Castille (nouv.)	Province de Guadalaxara. Province de Madrid. Province de Cuença. Province de Tolède. Province de la Manche.
Royaume de Majorque.....	Ile de Majorque. Ile de Minorque. Ile d'Iviça, etc.

PRINCIPAUTÉ DE CATALOGNE.

La Catalogne, située au nord-est de l'Espagne, a 55 lieues de longueur sur 36 dans sa plus grande largeur. Au nord, elle est séparée de la France par les Pyrénées, bornée à l'est par la Méditerranée, au sud par le royaume de Valence, et à l'ouest par l'Aragon. Elle est arrosée par 26 rivières, dont 10 se jettent dans la mer. L'Ebre est la plus considérable; elle a cinq ports principaux sur la Méditerranée, dans une étendue d'environ 50 lieues de côtes. Elle contient un archevêché, sept évêchés, une université, quinze colléges, 297 villes, 22 places de guerre, etc.

Cette province renferme 1,200,000 habitans; elle est partout bien cultivée. L'hiver y est accompagné de gelées et de neiges dans la partie septentrionale qui avoisine les Pyrénées. Mais dans la partie méridionale, et particulièrement le long des rivages de la mer, la température est très-douce. A l'exception de quelques cantons qui forment des plaines délicieuses, cette province est entièrement coupée de montagnes; et ces montagnes, loin d'être stériles, sont couvertes de forêts et de riches vergers. Les plaines et les vallées sont consacrées à l'agriculture et à la nourriture des troupeaux ; enfin le long des côtes, les pêcheries offrent des produits considérables. Les principales productions de la Catalogne sont : le blé, le vin, la soie, les oranges, les noisettes et d'autres fruits, le lin, le chanvre, les métaux et le liége. Les manufactures de soie et de coton sont dans l'état le plus florissant, et cette province fait le commerce le plus considérable de toute l'Espagne. On exporte annuellement des ports de la Catalogne 50,000 pipes de vin et d'eau-de-vie. On pêche de beau corail sur les côtes.

Les Catalans sont braves, honnêtes, industrieux ; et l'on ne peut leur reprocher cette indolence qui caractérise la plus grande partie de la population espagnole.

La Catalogne fut une des premières provinces d'Espagne conquises par les Romains. Ils y établirent leur domination dès le commencement de la seconde guerre punique. Lors de la dissolution de l'empire d'Occident, elle fut enlevée aux Romains par Euric, roi des Goths, vers l'an 470. Les Maures la conquirent sur les Goths l'an 712 ; et les Français, sous Charlemagne, l'affranchirent du joug des Arabes l'an 778. La Catalogne fut alors comprise dans les marches de l'Espagne, fondées par ce conquérant. Sous Louis-le-Débonnaire, les Catalans se rendirent indépendans : leur province forma une principauté sous le nom de comté de Barcelone, qui fut gouvernée par une famille française depuis l'an 839 jusqu'à l'an 1172, que la Catalogne fut unie au royaume d'Aragon, en conservant toutefois ses priviléges. Au milieu du 17ᵉ siècle, elle fut encore une fois réduite sous le joug de la France; mais elle fut rendue à l'Espagne, par le traité des Pyrénées, l'an 1659. Pendant la guerre de la Succession, la Catalogne se soumit, en 1705, à l'archiduc Charles, bien que trois ans auparavant elle eût prêté serment à Philippe V, petit-fils de Louis XIV. Ce ne fut qu'en 1714 que ce monarque força les Catalans à se rendre à discrétion. Après sa victoire, il abolit les priviléges, dont ce peuple avait si souvent abusé pour se révolter contre ses princes. Depuis ce tems, une sorte de haine a toujours divisé les Castillans, qui se montrèrent si fidèles au roi Philippe V, et les Catalans, qui embrassèrent si vivement la cause de son compétiteur. Au commencement de la révolution française, en 1792, les Catalans firent une invasion dans le Roussillon, et y commirent les plus grands excès. Lors du soulèvement général de l'Espagne, en 1808, contre Napoléon, les Catalans prouvèrent combien ils étaient désormais attachés au sang de leurs rois. Ils furent des premiers à se lever en masse, et il se forma en Catalogne une armée composée de nationaux, et en partie des troupes de Valence, Murcie et Grenade. Ils défendirent avec courage leurs nombreuses places fortes, dont plusieurs soutinrent des siéges mémorables, tels que Barcelone, Roses, etc.; et la Catalogne, malgré sa proximité de la France, ne fut jamais entièrement soumise aux armes de Napoléon.

Passages de France en Catalogne.

De France en Catalogne, il n'y a qu'une route de poste, qui est du Boulou à la Jonquera; mais depuis le col de Bélistre, le plus voisin de la mer Méditerranée jusqu'au val d'Aran, il y a à travers les Pyrénées soixante et quinze passages, dont vingt-huit sont praticables pour les gens à cheval, et quelques-uns même pour l'artillerie.

Voici le nom et la situation de ceux de ces passages qui sont les plus utiles à connaître en allant de l'est à l'ouest, c'est-à-dire des côtes de la Méditerranée à la frontière de l'Aragon.

Col de Bélistre, le plus près de la mer Méditerranée, conduit de Bagnols à Roses par Ilsoca, Valdiri, Cadaquez.

Col de Bagnols, conduit de Bagnols à Espolla.

Col de Perthus, grande route de Perpignan, conduit du Boulou par le petit village appelé Perthus, à la Jonquera.

Le col de Porteil, qui conduit de Maurellias vers Cabrera.

Col del Fache, entre Montalba et Massanet.

Col des Orts, par lequel, en 1792, les Espagnols entrèrent à Saint-Laurent-de-Cerda, et de là envahirent deux districts français.

Col de Collile, conduit du village du Tech, sur la rivière du même nom, à Monas.

Col d'Aric, conduit de Prats de Mollo à Campredon.

Col de Jeganne, conduit de Thuès sur la Tet à Campredon.

Col de Nouzons et col de Coulade, conduisent de Prats-de-Baloguer aux environs de Ribas.

La montagne de *Puginal* offre deux cols qui aboutissent à Ribas.

De Livia (France) à Puycerda se trouve également une route à travers les montagnes.

Villes et lieux remarquables de la Catalogne.

Quand on vient de France en Espagne par la route de Perpignan, on trouve, au sortir du fort de Bellegarde, *cet orgueilleux dominateur des vallées circonvoisines :*

Le col de Perthus, qui sépare le département français des Pyrénées-Orientales, de la province espagnole de Catalogne.

La Jonquera à un quart de lieue du col de Perthus, bourg à l'entrée d'une vallée qui n'a d'autre ressource que la culture des arbres à liége qui couvrent les montagnes voisines. De la Jonquera, on aperçoit encore la forteresse imposante de Bellegarde.

En s'enfonçant dans la Catalogne, toujours dans la même direction du nord au sud, on remarque, avant d'arriver à Figuères, cette longue file d'éminences, sur lesquelles les Espagnols avaient établi, dans un espace de 4 lieues, quatre-vingt-trois redoutes, qui furent enlevées, en 1794, par l'armée française aux ordres du général Pérignon, avec une rapidité, une intrépidité qu'on n'a peut-être pas assez célébrées. Là, se livra une bataille décisive, dans laquelle périt le comte de La Union, général des troupes espagnoles; cette victoire fut suivie de la reddition, presque sans coup férir, de la forteresse de Figuères. (7 frimaire an 3, 1794.)

SAINT-LAURENT DE LA MONGA, à une lieue sud-ouest de la Jonquera, vers la source de la rivière de la Monga, possédait en 1794 une superbe fonderie de canons; l'armée française, qui pénétra alors en Catalogne, n'y laissa pas pierre sur pierre.

FIGUÈRES compte 4000 habitans. Sa forteresse, bâtie sous le règne de Ferdinand VI, est une des plus belles de l'Europe. Aucune place n'a été munie avec une telle profusion de tous les moyens de défense. Dans la dernière guerre d'Espagne, elle tomba pourtant en 1808 au pouvoir des Français, qui la perdirent ensuite pour la reprendre le 19 août 1811.

En se dirigeant vers l'occident, on trouve :

CAMPREDON, à 8 milles de la Jonquera, 24 lieues au nord de Barcelone, située sur une éminence près de la rivière du Ter (1). Elle a une citadelle, dont

(1) Il ne faut pas confondre cette rivière avec le Tech, petite rivière de France qui baigne les murs d'Elne, du Boulou,

les Français ruinèrent les fortifications en 1689. Ils s'en emparèrent de nouveau le 5 octobre 1793; puis au mois de messidor an 2 (1794.) Son territoire offre d'excellens pâturages, et ses manufactures de laines la rendent florissante. Un chemin conduit du col de Jeganne, frontière de France, à Campredon.

Ribas, à l'ouest de Campredon, aux pieds de la montagne de Puginal.

Puycerda, au nord-est de Ribas, capitale de la Cerdagne sur la Sègre, à très-peu de distance de la forteresse française de Mont-Louis. On trouve dans ses environs des carrières de jaspe de diverses couleurs, et des eaux minérales.

En suivant le cours de la Sègre, de l'est à l'ouest, on rencontre :

Belver, à quelque distance de cette rivière.

La Seo d'Urgel (*Setelcis*) sur la rive droite de la Sègre, très-ancienne ville, évêché, capitale (1) d'un comté de ce nom, commande à une plaine la plus fertile en grains de toute la Catalogne, et qui est environnée de côteaux couverts de vignobles. Ce riche pays allait voir doubler ses ressources par un canal d'irrigation dérivé de la Sègre, au moyen duquel plus de 300,000 journaux de terres devaient être arrosés ou améliorés ; et deux cent treize villages ou gros bourgs allaient profiter de ces travaux : déjà ils com-

---

d'Arles, de Prats de Mollo, et d'autres petites places du département des Pyrénées-Orientales.

(1) *Seo*, en espagnol, veut dire métropole.

mençaient avec activité, sous les auspices de Castanos, capitaine général de la Catalogne, lorsque la guerre civile est venue interrompre cette entreprise, méditée dès le tems de Philippe II. Un souvenir, également très-récent, se rattache à la Seo. Ses murs ont été le dernier boulevard de l'armée de la Foi. Le général royaliste Romagosa défendit cette ville pendant plusieurs mois contre les efforts de Mina, général des cortès (1822).

Castel-Ciudad, petit fort, très-voisin d'Urgel, sur la Sègre.

Balaguer (*Bergusia*), sur la Sègre, au pied d'une côte escarpée, qui domine une campagne magnifique : elle a un château fort. Les Français prirent cette ville en 1645; les Espagnols la reprirent en 1650. Elle a été, dans la dernière guerre, plusieurs fois prise et reprise par les deux nations.

Lérida, sur la Sègre, avec un très-beau pont : évêché, très-ancienne ville, était la capitale du pays des *Illergetes*, long-tems avant la première invasion des Romains en Espagne. Ce fut dans les champs de Lérida que Scipion remporta une victoire signalée contre Hannon, général carthaginois, l'an 537 de Rome ; et que Jules-César triompha des lieutenans de Pompée, après la bataille de Pharsale. L'an 1149 après J. C., Raymond Bérenger, dernier comte de Barcelone et roi d'Aragon, conquit Lérida sur les Maures. Cette ville fut vainement assiégée en 1646 par le comte d'Harcourt, et en 1674 par le grand

Condé, à qui le cardinal Mazarin n'avait fourni, ni assez d'argent, ni assez de troupes, ni assez de munitions. En 1707, lors de la guerre de la Succession, Lérida fut emportée par Philippe d'Orléans. Cette ville est souvent nommée dans les détails des opérations militaires pendant la guerre de 1807 à 1814. Ce fut sous ses murs que le maréchal Suchet gagna sur le général Odonnel, comte de La Bisbal, un avantage considérable, le 23 avril 1810. Lérida, qui était alors au pouvoir des Français, fut évacuée par eux au mois de février 1814, d'après un ordre supposé que leur avait envoyé le baron d'Eroles, sous le chiffre du maréchal Suchet.

La Sègre (*Sicoris*), qui baigne les différentes villes dont nous venons de parler, prend sa source au pied des Pyrénées, et sera éternellement célèbre par cette campagne dans laquelle, plus qu'en aucune autre peut-être, Jules-César déploya les talens d'un grand capitaine. Le cours de cette rivière, dont les débordemens lui opposèrent il y a dix-huit siècles des obstacles qu'il ne put surmonter qu'à force de constance et de génie, est encore ce qu'il était alors, toujours un bienfait, mais souvent un fléau pour le pays qu'elle arrose. La ville de Lérida est, plus que toute autre, exposée à ses ravages.

Alcaraz, misérable village, le dernier de la Catalogne de ce côté, fut autrefois une place forte, conquise sur les Maures en 1149. A un demi-quart de lieue de ce village, on voit deux blocs en pierre de taille qui marquent les limites entre la Catalogne et l'Aragon.

En revenant à Figuères pour aller à Gironne, on passe la Fluvia.

La Fluvia, rivière sans pont, que l'on passe à gué quand les eaux sont basses, ou dans un bac quand elles sont élevées, et qui déborde souvent. A ce nom se rattachent plusieurs glorieux faits d'armes des Français en 1794, et le souvenir d'un brillant combat d'avant-garde, soutenu par le général Souham dans la dernière guerre d'Espagne : le 14 novembre 1808, les Espagnols, au nombre de 6,000, commandés par le général Alvarès, vinrent en plusieurs colonnes attaquer les points de *Navata*, *Pontons*, *Armodas* et *Garrigas*, occupés par les Français; mais Souham les rejeta au delà de la Fluvia, en leur faisant éprouver une perte considérable.

Olot, petite ville située près de la source de la Fluvia, est remarquable par l'étonnante industrie de ses habitans. Il n'est aucun genre de fabriques auquel ils ne s'adonnent.

Castel-Follit, fort sur une hauteur inaccessible entre Figuères et Olot, a été tout récemment une des places dans lesquelles les soldats de la Foi se sont maintenus contre les troupes des cortès.

Le Col d'Oriols, passage et hameau entre Figuères et Gironne.

Gironne, au sud de Figuères, évêché sur le Ter, ville tres-ancienne, appelée par les Romains *Geronda*, donnait son nom au fils aîné des rois d'Aragon. Sa population est de 6,000 hommes et ses manufactures florissantes. Sa cathédrale, dédiée à la Vierge, est belle et richement ornée. Cette ville, que la nature et l'art ont contribué à rendre forte, fut souvent assiégée par les Français, tant dans le moyen âge, que dans les tems modernes ; savoir : en 787, par Louis, roi d'Aquitaine, fils de Charlemagne : en 1656, par les Français ; puis en 1694. En 1705, elle ouvrit ses portes à l'archiduc Charles d'Autriche, compétiteur de Philippe V; et ne se rendit qu'en 1711 au duc de Noailles. Assiégée l'année suivante par les Autrichiens et les Catalans, elle fut défendue par le comte de Brancas, qui les força à lever le siége. Dans la dernière guerre d'Espagne, Gironne a été plusieurs fois prise et reprise. « On dirait, dit un écrivain moderne, qu'il est dans » sa destinée de connaître tous les maux de la guerre. » .... Rarement une génération s'éteint sans avoir » vu l'ennemi sous les murs de la ville : chaque ré- » volution de la péninsule s'est fait sentir jusque » dans ses vieux donjons : tous les peuples qui ont » pénétré en Espagne les ont visités et démantelés : » partout on y trouve des ruines et des traces d'anciens » désastres (1). » Gironne est à 16 lieues au nord de Barcelone.

HOSTALRIC, au sud-ouest, et sur la route de Gironne à Barcelone : c'était une petite ville que le maréchal de Noailles prit d'assaut en 1694 ; il en fit raser les forti-

(1) M. Jaubert de Passa, *Voyage en Espagne* dans les années 1816, 1817, 1818 et 1819. — Paris, 1823.

4

fications : ce n'est plus aujourd'hui qu'un chétif village.

Revenons sur nos pas, et faisons connaître les principaux lieux de la côte de Catalogne, depuis la frontière de France jusqu'à l'embouchure de la Tordera.

En venant de Perpignan par cette direction, la dernière ville française que l'on traverse est *Port-Vendres*, (*Portus Veneris*); les Espagnols la prirent en 1793, et furent contraints de l'évacuer en 1794 (prairial an 2). De là, après avoir traversé Bagnols, dernier bourg des Pyrénées-Orientales, de ce côté, on entre en Espagne par le *Col de Belistre*, et l'on se trouve dans la petite province du Lampourdan.

Le Lampourdan forme la partie septentrionale du diocèse de Gironne ; c'est une vaste plaine très-fertile en toutes sortes de graines et de fruits. Les Français l'ont occupé pendant un an, en 1794, lors de la guerre de Catalogne.

La Selva-Alta, La Selva-Baxa sont deux bourgs presque sur le bord de la mer ; le premier est en quelque sorte enterré dans un bassin au milieu des rochers; le second, plus considérable, au bord de la baie de la Selva, est un petit port qui n'est pas sans activité. Le vin de la Selva, à peine connu hors du Lampourdan, est comparable à ceux de Frontignan et Xérès. Nos troupes eurent des cantonnemens dans ces deux bourgs en 1794. Dans la dernière guerre d'Espagne et pendant le siége de Roses, un grand nombre de miquelets et d'Anglais, débarqués, occupaient le port de Selva ; ils en furent repoussés par le général

Fontana qui les culbuta dans la mer et leur prit vingt-
quatre pièces de canon (6 novembre 1808).

Le cap Creuz, au nord-ouest de Roses, remarquable par son aspect pittoresque.

Cadaquez, petit port assez marchand, tout voisin
de Rosas.

Rosas, à 4 grandes lieues à l'est de Figuères, forteresse et port de mer qui donne son nom à un petit golfe. A un quart de lieue se trouve le village et
fort de *la Trinité*, qui a le double objet de défendre
l'entrée du golfe et de protéger la place de Roses. Les
Français prirent Roses en 1693. Le traité de Riswick
le rendit à l'Espagne en 1697 ; un siècle plus tard
Roses et le *Bouton* (car c'est ainsi que les républicains
baptisèrent ou plutôt débaptisèrent le fort de la Trinité), devinrent le théâtre d'un des plus brillans exploits de l'armée des Pyrénées-Orientales ; les Français, à qui rien n'est impossible quand l'enthousiasme
guerrier les anime, établirent leur artillerie, pour
foudroyer le *Bouton*, au sommet de rochers escarpés
où les chasseurs les plus audacieux auraient à peine
osé poursuivre le gibier (1794). Dans la dernière
guerre d'Espagne, la forteresse de Roses fut investie,
le 6 novembre 1808, par les généraux Reille et Pino ; les
hauteurs de *San-Pedro*, qui défendent la ville, furent enlevées avec impétuosité par les Italiens. La garnison fit
plusieurs sorties malheureuses. Le 23 novembre, la brèche du fort de la Trinité était au moment d'être praticable, lorsque les Anglais débarquèrent dans la ville un

renfort de 400 hommes : ce secours prolongea de quelques jours la résistance de cette place, qui se rendit, le 6 décembre suivant, au général Gouvion Saint-Cyr.

Le port de Roses n'est pas très-fréquenté ; il est cependant formé par une baie immense, dans laquelle pourraient mouiller les plus gros vaisseaux ; mais cette baie est beaucoup trop vaste, et son entrée beaucoup trop large pour qu'on y soit à l'abri des vents et des attaques extérieures.

Castillon de Ampurias, petite ville sur la Monga, et non loin de son embouchure.

Ampurias, un peu au dessous de l'embouchure, très-ancienne ville, connue par les Romains sous le nom d'*Emporium*. Caton l'ancien gagna sous ses murs une victoire mémorable, et la soumit l'an 195 avant J.-C. Elle a donné son nom à la petite province du Lampourdan.

On trouve ensuite l'embouchure du Ter.

La Bisbal, bourg à une lieue au sud de l'embouchure du Ter, érigé en comté en faveur d'Odonnel, un des plus vaillans défenseurs de l'Espagne pendant la guerre de 1808 à 1814.

Palamos, petite ville très-forte, située au fond d'une baie qui forme un bon port. Il y a un môle d'environ 500 pieds de longueur pour couvrir les vaisseaux. Les Français la prirent en 1794.

Martorell, au sud-ouest de Palamos, lieu peu connu, mais qu'il ne faut pas confondre avec un autre de même nom, dont nous parlerons ci-dessous.

Tordera, village qui prend son nom d'une petite rivière qui se jette dans la mer, et qui donne le sien à un promontoire. Un chemin de 8 lieues, qui ne s'écarte jamais des bords de la mer, conduit de ce village à Barcelone.

Malgra, Pineda, villages voisins de la Tordera, où l'on fabrique des ancres, de l'eau-de-vie et de la dentelle.

Calella, à une lieue de là, près de la mer; population, 2,400 habitans; fabriques très-florissantes.

Canet de Mar, Arenz, villages sur les bords de la mer, où règne la plus grande activité.

Mataro, ville à 5 lieues de Calella, et au N. E. de Barcelone; elle compte 9,600 habitans; elle a des fabriques très-florissantes, des vins excellens, des verreries renommées. Mataro est l'*Illuro* des Romains. Rien de plus riche que la culture de ses environs; on y voit des bosquets d'orangers et de palmiers.

Barcelone (*Barcino*), évêché, capitale de la Catalogne, sur la Méditerranée, près de l'embouchure du Llobregat et du Bezos, fut fondée par Amilcar Barca, père d'Annibal. Population, 130,000 habitans. Cette ville est très-bien bâtie; la cathédrale est grande, magnifique et ornée de deux tours. On remarque aussi le palais de l'inquisition, le palais épiscopal, plusieurs couvens, ainsi que le palais du capitaine général, l'arsenal, la bourse, et le palais où s'assemblaient les états du pays. Son port est spacieux et commode. Barcelone passa tour à tour sous la domination des Romains, des Goths, des

Maures et des Français. Elle eut ensuite ses souverains particuliers, connus sous le nom de comtes de Barcelone, et qui étaient alliés au sang royal de France. L'an 1151, Raymond Bérenger, l'un d'eux, devint roi d'Aragon. Barcelone est aujourd'hui l'une des premières villes de l'Espagne ; elle est la résidence d'un capitaine général ; ses fortifications la rendent inattaquable du côté de la mer ; du côté de la terre, ses approches sont défendues par une citadelle située à la pointe du nord-est, et par le fort de *Montjuich*, élevé sur une montagne, à la pointe sud-est. Cette forteresse, qui a un gouverneur particulier, domine la ville, le port et la citadelle de Barcelone, et présente le spectacle le plus imposant. Les manufactures de cette ville ont toujours été très-florissantes ; elles consistent en toiles, mousselines, nankins, velours, dentelles, rubans de fil, broderies, gazes, verreries et souliers, dont, en 1808, on évalua l'exportation à 700,000 paires. Il y a une fonderie de canons et plusieurs belles fabriques et magasins d'armes. Barcelone est située dans un des terroirs les plus fertiles et les mieux cultivés de la Catalogne. Ses environs, couverts d'un nombre infini de maisons de campagne, semblent ne former qu'un immense faubourg. Un canal d'arrosage traverse la plaine de Barcelone ; il reçoit les eaux du Bezos et les distribue dans une foule de petits canaux, forçant ainsi un torrent ennemi de l'agriculture à doubler les riches produits d'une terre féconde. Le climat de Barcelone passait autrefois pour très-sain; dès 1808, les habitans se plaignaient déjà qu'il était moins salubre; on frémit encore aujourd'hui au souvenir de la peste qui infecta cette ville il y a deux ans. Le dévouement des médecins français, et surtout des sœurs de Sainte-Camille, qui vinrent partager les dangers des habitans pour adoucir leurs maux, est un trait qui honore notre pays.

A Barcelone se rattache la mémoire de nombreux événemens militaires; elle se révolta souvent sous les princes de la maison d'Autriche. Dans la guerre de la Succession, elle succomba, en 1697, sous les armes du duc de Vendôme, après 52 jours de tranchée ouverte; mais elle ouvrit bientôt après ses portes aux Impériaux. L'archiduc Charles y résida, depuis 1705 jusqu'en 1711, sous le nom de Charles III. En 1706, Barcelone osa se défendre contre Philippe V, son souverain, qui l'assiégeait en personne; enfin quand toute l'Espagne, toute la Catalogne s'étaient soumises, Barcelone persistait encore dans sa rébellion. Elle soutint, en 1713 et 1714, un siége mémorable contre les forces réunies de la France et de l'Espagne, commandées par le maréchal de Berwick. On trouve fréquemment le nom de Barcelone dans le récit des événemens de la dernière guerre. Le général Duhesme y était, au mois de novembre 1808, avec une division de troupes italiennes. Après la prise de Roses, le général Gouvion Saint-Cyr se dirigea sur Barcelone ; il dispersa tous les ennemis qui se trouvaient aux environs de cette place, fit sa jonction avec le général Duhesme, et entra dans Barcelone le 17 décembre. Au moyen de cette jonction, 40,000 Français se trouvèrent réunis dans la capitale de la Catalogne. Lors des événemens funestes qui signalèrent la fin de la guerre d'Espagne, le maréchal Suchet commandait à Barcelone au mois d'août 1813.

LINAS, village en avant de Barcelone, près duquel le général Gouvion Saint-Cyr mit en déroute, le 15 décembre 1808, les troupes commandées par les généraux Vivez et Reding qui voulaient s'opposer à ce qu'il entrât dans cette capitale.

Le LLOBREGAT, petite rivière qui est le *Rubricatus* des anciens, prend sa source dans les montagnes qui sont au nord de la Catalogne, et a son embouchure au dessous de Barcelone, dans la Méditerranée. En 1808, les Espagnols avaient sur sa rive droite, au delà de Barcelone, un camp retranché qui fut forcé le 18 décembre par le général Gouvion Saint-Cyr qui leur prit vingt-cinq pièces de canon. Mais un souvenir plus récent et plus doux se rattache encore au nom de ce fleuve, c'est la construction du *canal de Castanos*, commencé en 1817 et terminé en 1818, qui assure l'irrigation et qui a doublé les produits de la campagne qui s'étend au sud-est de Barcelone, c'est-à-dire, de huit bourgs ou villages. Cet ouvrage, remarquable par sa solidité, a été fait avec autant de célérité que d'économie, par don Thomas Soler, sous les auspices du capitaine général Castanos (1).

De Barcelone, si l'on remonte le cours du Llobregat, on trouve :

MARTORELL, l'*Atelobis* des Romains, petite ville à 9 lieues nord-ouest de Barcelone, bâtie au confluent de la Noya et du Llobregat, sur lequel il y a deux beaux ponts. Les habitans en sont fort industrieux. Près de cette ville, on voit les restes d'un arc de triomphe, de construction romaine. Non loin de Martorell est un défilé où, dans la dernière guerre d'Espagne (février 1814), le général anglais Copons surprit et força à capituler les garnisons françaises qui, après avoir évacué plusieurs forteresses de la province, s'étaient réunies pour gagner la frontière de France.

LA NOYA, qui arrose Martorell et ses environs, est une petite rivière fort capricieuse, qui désole souvent la contrée, dont elle est cependant le principal moyen de vivification. Elle sert aux travaux de beaucoup d'usines et de papeteries.

Le MONT-SERRAT, *mont coupé et scié*, non loin de Martorell, tire son nom de sa forme bizarre et extraordinaire ; car cette montagne est formée d'un assemblage étonnant de cônes immenses placés les uns au dessus des autres sur une assise de rochers élevés à plus de trois mille pieds au dessus du niveau de la mer. De loin on prendrait cet amas pour l'ouvrage de la main

(1) Voy. le *Voyage en Espagne* de M. Jaubert de Passa.

des hommes, mais de près on ne tarde pas à s'apercevoir que c'est la production de la nature. Ces rochers, vus à quelque distance, paraissent absolument nus, et l'on n'y aperçoit nulle trace de végétation; mais, à mesure qu'on approche, ces lieux sauvages prennent un aspect plus riant : on y trouve des bosquets d'arbres toujours verts, des plantes aromatiques de toutes espèces, et des retraites charmantes habitées par des hermites. « Ils sont, dit M. Bourgoing, au
» nombre de treize ou quatorze; leurs hermitages
» sont répartis sur la croupe de la montagne et oc-
» cupent un espace de près de deux lieues jusqu'à
» son sommet. Le plus élevé, celui de Saint-Jérôme,
» a une vue magnifique sur des plaines immenses. De
» là on découvre des rivières dont on suit le cours,
» des villes, quelques îles et la vaste mer. Les ha-
» bitans de ces retraites solitaires sont peu sensibles
» sans doute à ces beautés de tous les jours; mais ils
» y mènent une vie douce, tranquille, agréable
» même, sans travail commandé, sans inquiétude
» sur leur subsistance, sans remords, mais non pas
» sans austérités. Au milieu de leurs richesses sta-
» gnantes, au sein de l'abondance, ils se bornent pour
» eux-mêmes à une heureuse médiocrité, et l'hospi-
» talité qu'ils exercent envers les voyageurs est pres-
» que leur seule dépense (1). » On conserve dans le monastère du Mont-Serrat une image de la Vierge, trou-

---

(1) *Tableau de l'Espagne moderne*, tome III, pag. 260-261.

vée, dit-on, en 880, dans une caverne par des bergers. La vieille église ne suffisant pas au concours des pélerins, Philippe II en bâtit une nouvelle qui fut achevée par Philippe III. Elle est très-belle, ornée de trois jeux d'orgues et d'un autel tout doré. L'image de la Vierge est sur cet autel, et elle est éclairée par plus de 90 lampes d'argent. Le Mont-Serrat, pendant la révolution, a servi d'asile à plusieurs prélats émigrés.

MANRESA (*Minorissa*), au confluent du Cardonero et du Llobregat; elle a un grand nombre de manufactures de toiles, de taffetas et d'indiennes. Population, 8,000 habitans.

VICH (*Lusa*), évêché au nord de Barcelone, sur une petite rivière qui se jette dans le Ter, et dans une plaine très-agréable, où se trouve le *Mont-Seni* qui est fort élevé, et abondant en pierres rares et précieuses. Cette ville ayant, lors de la guerre de la Succession, embrassé le parti de l'archiduc Charles, fut alors presque ruinée. Dans la dernière guerre d'Espagne, le général Souham remporta près de Vich une victoire sur les Espagnols, le 20 février 1810.

CARDONA (*Athanagia*), sur le Cardonero, jolie et forte ville, est le titre d'un duché; elle est célèbre par une mine inépuisable de sel de diverses couleurs.

SOLSONA, métropole d'un vaste diocèse. Cette ville, située sur une hauteur près du Cardonero, se ressent de l'éloignement de la capitale et des côtes; cependant un de ses derniers évêques a fait de très-heureux efforts pour vivifier sa résidence, en donnant des encouragemens à l'industrie. On y travaille le fer avec succès. L'orfévrerie, les toiles de coton, les dentelles occupent une grande partie de ses habitans.

De Barcelone à Lérida, près des frontières de l'Aragon, il y a 25 lieues d'Espagne (31 lieues de France). On trouve sur cette route :

IGUALADA, petite ville assez peuplée, possède une fabrique d'armes à feu.

CERVERA, bâtie sur une éminence : population 5,000 ames. Elle a une université qui fut fondée en 1717, par Philippe V, à l'époque où il supprima toutes celles de la Catalogne. Elle a été assiégée deux fois : l'une en 1652, au nom du Roi d'Espagne, lors de la révolte de la Catalogne ; l'autre fois, pendant la guerre de la Succession d'Espagne, par les armées combinées des Catalans et des Allemands. C'est presque la seule ville de la province qui ait gardé au roi Philippe V la foi qu'elle lui avait jurée. En sortant de Cervera on traverse la vaste plaine d'Urgel (qu'il ne faut pas confondre avec la ville frontière de ce nom).

MONTBLANCO, au sud-est de Cervera, chef-lieu d'une viguerie et d'un comté ; elle était anciennement affectée comme apanage aux fils des rois d'Aragon.

TAREGA, petite ville de 2,000 habitans, est au bout de la plaine d'Urgel ; elle fait un commerce considérable en grains, en vins et en huiles.

BELLPUCHE, petite ville de 1,200 habitans, à 5 lieues de Lerida, mal bâtie, mais remarquable par un couvent de franciscains et par une église digne de la curiosité des voyageurs ; cette église fut construite en 1507, aux frais de Raymond de Cardona, vice-roi de Sicile.

En revenant à Barcelone, si l'on suit les côtes de la mer pour gagner la frontière du royaume de Valence, on trouve d'abord :

San Feliu, grand village orné de très-belles maisons, non loin du Mont-Juich.

On traverse ensuite le Llobregat sur un beau pont de 540 pas de long, à un endroit nommé *Molinos del Rey*.

Venta-Nova, ou *Ostal de Ordal*, se présente deux lieues plus loin ; près de cet endroit, la route tourne sur le flanc d'une montagne très-escarpée ; il n'y a d'autre passage qu'un chemin, tracé sur le roc, où l'on a établi une communication entre les deux parties de la montagne, par le moyen d'un double rang d'arcs d'une hauteur considérable. Cette construction très-moderne rappelle, par sa grandeur et sa hardiesse, les ouvrages des Romains. Le défilé d'Ordal, dans la dernière guerre, fut témoin d'un de ces brillans faits d'armes qui illustrèrent, en la retardant, la retraite des Français de l'Espagne. Le général Bentinck y fut battu, les 15 et 16 septembre 1813, par nos troupes, et forcé de se retirer sur Tarragone.

Villa-Franca de Pañadez, ville ancienne, dont on rapporte la construction à Amilcar Barca, fut la première colonie carthaginoise dans la péninsule, et s'appela *Carthago Vetus* ; population 6,000 ames; son principal commerce consiste en eaux-de-vie.

Arbos, Vendrell, petites villes qui n'ont rien de remarquable.

Torre de Bara, placé sur une éminence, au nord de la mer, a une espèce de port ; non loin de là se trouve un arc de triomphe, de construction romaine et d'ordre corinthien ; les savans espagnols ne doutent pas qu'il ne soit du tems de Trajan. A une lieue de là est un autre monument, beaucoup plus ruiné par le tems, qu'on appelle la *Tour des Scipion*, parce que la tradition veut que ces deux généraux romains, après avoir été accablés par les forces carthaginoises, aient été enterrés en cet endroit.

Alta fulla, ville bâtie presque à neuf, et située sur le bord de la mer.

Tarragone (*Tarraco*), archevêché sur la Méditerranée, université fondée en 1532 par le cardinal Cervantes, et détruite plus tard par Philippe V. (*Voy.* Cervera.) Ses plus beaux édifices sont la cathédrale, sous l'invocation de sainte Thècle et l'église de Notre-Dame-du-Miracle, bâtie en partie des marbres d'une antique église. C'est la patrie de Paul Orose, disciple de saint Augustin, auteur d'une Histoire universelle, écrite en latin. Aujourd'hui Tarragone existe plutôt pour rappeler sa grandeur passée que pour exciter l'attention par son état actuel ; elle abonde en débris de monumens romains : tels sont les restes d'un cirque, d'un amphithéâtre, d'un palais de l'empereur Auguste, et surtout les vestiges d'un aqueduc de six à huit lieues de cours, qui fut rétabli en 1786. Tarragone, bâtie bien avant les Carthaginois, puisqu'on y reconnaît encore des constructions cyclopéennes qui ont résisté aux siècles destructeurs, Tarragone devint, sous la domination romaine, la capitale de la *Province Tarraconaise* ou *Espagne citérieure*. On y comptait alors 600,000 familles, c'est-à-dire 2,400,000 individus; mais son éclat s'éclipsa d'abord sous les Visigoths; Euric, leur roi, s'en empara et la détruisit en 467; elle fut dévastée de nouveau par les Maures en 714. Alphonse-le-Batailleur, roi d'Aragon, la leur enleva en 1220. Lors de la révolte de la Catalogne contre Philippe IV, en 1640, elle fut assiégée et prise par les troupes de ce prince. Pendant la guerre de la Succession, elle se donna, en 1705, à l'archiduc, et ouvrit ses portes à des troupes anglaises, qui, après la paix d'Utrecht, en 1713, mirent le feu à la ville en se retirant. De cette époque date sa décadence totale; son intérieur est triste et désert. Elle a une belle cathédrale. En 1793, on ajouta la construction d'un fort aux ouvrages qui défendaient cette ville. Dans la dernière guerre d'Espagne, Tarragone fut prise par le maréchal Gouvion Saint-Cyr, le 21 décembre 1808. Quelques mois après, les Espagnols reprirent cette place; mais le maréchal Suchet s'en rendit maître le 28 juin 1811, et Tarragone resta au pouvoir des Français jusqu'au 17 août 1813, que ce même général en fit sauter les fortifications, après avoir repoussé victorieusement lord Bentinck, qui se disposait à faire le siége de cette place.

Villa Seca, ancienne ville, qu'on prendrait pour le plus triste village si elle ne conservait encore une partie de ses murailles et de ses portes.

Salona, petit port, au sud de Tarragone, qui sert de débouché au commerce de Ruez, bourgade moderne, située dans les terres, à 4 lieues nord-ouest de Tarragone.

Cambrils, village situé sur le bord de la mer. Son église a pour clocher une ancienne tour carrée. Ce fut dans cette place que se retira, le 19 août 1813, le général anglais Bentinck, après avoir fait une tentative infructueuse sur Tarragone. (*Voy.* ce nom.)

L'Hospitaled, à une lieue au delà de Cambrils, est un vieux bâtiment gothique, entouré de hautes murailles et flanqué de tours. Il y a une verrerie et une auberge.

Le Col de Balaguer, fameux défilé au bord de la mer. Sur la montagne qui le domine, on a bâti un petit fort.

Ici, jusqu'aux bords de l'Ebre, rien de plus désert et de plus isolé que le reste de cette route. « Je doute, » dit M. Bourgoing (1), qu'au centre de la Sibérie, » autour du golfe de Bothnie, un voyageur soit plus » dépourvu de ressources et se croie plus abandonné » de l'univers. »

Amposta, petite ville sur la rive droite et à 3 lieues au dessus de l'embouchure de l'Ebre. Elle fut témoin,

---

(1) *Tableau de l'Espagne moderne*, tome III, pag. 250.

le 19 avril 1813, d'un combat entre quatre mille Français de la garnison de Tarragone et la division de l'armée espagnole aux ordres du duc del Parque. Les Français furent obligés de céder à la supériorité du nombre.

Tortose, située sur la rive gauche de l'Ebre, à 4 lieues de la mer. C'est une ville épiscopale, qui contient 16,000 ames. Elle est assez florissante, et riche, surtout, par le commerce de poisson. Les habitans ont acheté, au prix de grosses sommes avancées au roi, le droit de construire une digue à l'embouchure de l'Ebre. Elle forme un saut ou cascade qui empêche le poisson de la Méditerranée de remonter dans ce fleuve. Par ce moyen, ils se sont rendus maîtres du débit de poisson dans tout l'Aragon. A une lieue de cette ville sont les fameuses carrières de marbre connues sous le nom de jaspe de Tortose. Cette place fut prise par les Français en 1749. Dans la dernière guerre d'Espagne, le maréchal Suchet s'en rendit maître, le 1ᵉʳ janvier 1811. Les environs de Tortose, couverts, il y a quelques années, de plus de trois cents métairies ou maisons de campagne, ont été en partie ruinés ou démolis à cette époque.

San-Carlos est une petite ville construite en 1792, avec une sorte de magnificence, au bord de la mer, au milieu des antiques baraques de la *Rapita*, vis-à-vis de la pointe des *Alfaques*, nom d'une langue de terre étroite qui est la prolongation de la rive gauche de l'Ebre, à l'embouchure de ce fleuve. On a commencé de creuser un petit canal, et construit un beau chemin depuis San-Carlos jusqu'à Amposta. Ce canal, s'il eût été continué, aurait rendu navigable l'embouchure de l'Ebre, obstruée par des bancs de sable, qui chaque jour s'y amassent; mais, depuis la mort de Charles III, qui avait commencé l'exécution de cet utile projet, ce grand travail est abandonné.

La Cenia, petite rivière, forme la limite de la Catalogne et du royaume de Valence.

ROYAUME D'ARAGON.

Ce royaume, ainsi que la Catalogne, est borné au nord par les Pyrénées, qui le séparent des départemens de l'Arriége et de la Haute-Garonne; au sud, par le royaume de Valence et la Nouvelle-Castille; à l'ouest, par la Nouvelle et la Vieille-Castille; à l'est, par la Catalogne et le royaume de Valence. Le nord et la partie méridionale de ce pays sont montagneuses; la partie du milieu est plus unie, sèche et sablonneuse. L'Ebre, dans lequel viennent se jeter plusieurs autres rivières peu considérables, traverse l'Aragon du nord-ouest au sud-est, et le divise en deux parties à peu près égales.

L'Ebre, ce fleuve qui servit jadis de bornes aux conquêtes de Charlemagne, est un de ces objets agrandis par la magie de l'histoire, et qu'on trouve fort inférieurs à leur réputation. Il prend sa source sur la frontière des Asturies, côtoie la Biscaye et la Navarre, traverse l'Aragon, et la partie méridionale de la Catalogne, où il va se jeter dans la mer Méditerranée ; mais il n'est guère navigable qu'au dessous de Saragosse. Parmi les autres rivières, les principales sont : l'Aragon, le Vero, le Gallego, la Cinca, le Xalon, le Guadalaviar.

Dans beaucoup d'endroits, le manque d'eau rend l'Aragon peu favorable aux travaux de l'agriculture ; mais là où le pays est suffisamment arrosé, il produit du blé, de l'huile, du safran ; le lin et le chanvre y viennent en abondance, et cette dernière production surtout est d'excellente qualité. On y trouve du sel et du salpêtre. Il y a aussi des mines de fer très-multipliées, et quelques mines de plomb et de cuivre. L'Aragon est riche en alun, en émeri, en cobalt, en jais, en cristal, en sel gemme. Il y a des carrières de plâtre et de marbre de diverses espèces. On connaît l'excellente qualité des laines de l'Aragon.

Cette province est peu peuplée ; on y compte seulement 623,308 habitans, population bien peu proportionnée avec la vaste étendue de cette province, qui est une des plus grandes de l'Espagne ; car elle a 66 lieues du nord au sud, et 40 lieues de l'est à l'ouest.

L'Aragon répond à l'ancienne Celtibérie, qui renfermait différens peuples, dont les principaux étaient les *Jacetani*, les *Lacetani*, les *Vescitani*, les *Celtiberi* et les *Ilergetes*. Après avoir passé de la domination des Romains à celle des Goths, l'Aragon tomba au pouvoir des Maures en 714. Le canton de *Sobrarbe*, conquis par les Français en 806, fut le premier domaine enlevé sur eux, et devint un petit royaume chrétien, qui se soutint jusqu'à l'an 1067, que les rois de Sobrarbe, en multipliant leurs conquêtes, donnèrent à leurs états le nom de royaume d'Aragon. Ce fut en 1118 qu'Alphonse Ier, roi d'Aragon, conquit Saragosse, et réunit sous sa domination toute la province aragonaise. L'an 1151, Raymond Bérenger, comte de Barcelone, réunit la Catalogne au royaume d'Aragon. Le roi Jayme ou Jacques Ier y joignit, l'an 1239, le royaume de Valence; et dès cette époque, la monarchie d'Aragon devint une des plus considérables de la chrétienté, et joua un rôle important en Europe jusqu'en 1474, que, réuni à la couronne de Castille par le mariage de son roi, Ferdinand-le-Catholique, avec Isabelle, héritière des royaumes de Castille et de Léon, l'Aragon s'éclipsa, pour ainsi dire, dans la nouvelle étendue de la monarchie espagnole, dont il ne fut plus qu'une province. Les anciens rois d'Aragon n'avaient qu'une autorité extrêmement bornée; ils ne pouvaient ni faire les lois ni les changer sans le concours des états du pays. Un magistrat, intermédiaire entre le roi et la nation, modérait le pouvoir du premier et défendait les intérêts des peuples; il se nommait *justicia mayor*; c'est lui qui, à l'avènement des rois, prononçait, au nom des états, cette fameuse formule : « Nous qui sommes » autant que vous, et qui pouvons plus que vous, vous » faisons notre roi, à condition que vous n'enfrein- » drez point nos priviléges; sinon, non. » L'arrestation de Jacques Ier en 1224, qui fut retenu prisonnier dans son palais, et gardé à vue pendant vingt jours, pour une contravention aux droits d'un de ses sujets, prouve que cette fameuse formule n'était point un jeu. Philippe II mit fin à la grande autorité du *justicia mayor*, en faisant trancher la tête à Jean de la Nuza le 20 décembre 1591. Ainsi fut détruite cette haute dignité; mais l'Aragon conservait toujours une portion de ses priviléges. L'adhésion de l'Aragon au parti de l'archiduc Charles fournit à Philippe V un motif de traiter cette province en pays conquis; l'ayant donc réduite à son obéissance par la force des armes, il supprima entièrement les états le 29 juin 1707, et l'Aragon fut dès lors soumis aux lois, usages et coutumes de la couronne de Castille.

Villes et lieux principaux.

Plusieurs routes conduisent de France en Aragon. Elles sont moins fréquentées que celles de la Jonquera en Catalogne et d'Irun en Biscaye; mais il n'en est pas moins utile de les faire connaître.

De Saint-Gaudens, ancien pays de Comminge (département de la Haute-Garonne), on trouve sur l'extrême frontière *Bagnères le Luchon*, bourg dans la vallée du même nom, au pied des Pyrénées, près de l'endroit où la Pique reçoit les rivières de Go et de Leaune : là se rencontrent deux chemins qui tous deux aboutissent à *Venasque*.

VENASQUE, dans l'ancien comté de Ribagorce, petite ville sur la rivière d'Essera, à 19 lieues à l'ouest d'Urgel, et à 31 lieues au nord-est de Saragosse. Il y a une forteresse avec une garnison, et l'on y a établi la douane. On trouve des mines d'argent, de cuivre et de plomb dans les montagnes qui l'avoisinent. Les laines qu'on recueille abondamment dans la vallée de Venasque sont, après celles d'Albarrazin, les meilleures de l'Aragon. On y nourrit des chevaux estimés.

En suivant la route qui conduit de Venasque à *Balaguer* (Catalogne), on trouve *San Pedro de Taberna*, *Campo*, *Roda*, *Bennevarri*.

BENNÉVARRI ou *Benavarre*, à 6 lieues au sud de Venasque, ville capitale du comté de Ribagorce. Benavarre contient 3,000 habitans. Son territoire est très-fertile en vins : on y recueille beaucoup de laines.

De cette ville, en se dirigeant toujours vers le sud, on entre en Catalogne par *Traga*, *Belpuch* et *Balaguer*.

En reprenant la même route à Campo, on trouve à sa droite :

AINSA, dans le Ribagorce, au sud-est de Venasque et au nord-est de Bennevarri, et au confluent de l'Ava et de la Cinca, était la capitale du royaume de

Sobrarbe, fondé par Aznar. Ce petit pays avait pris son nom de la montagne d'*Arve*, sur laquelle il est en grande partie situé.

Un embranchement de la route de Venasque à Bennevari conduit à *Balbastro*. (Voyez ci-après.)

Une autre route de France en Aragon est celle de *Tarbes*, département des Pyrénées. Après avoir laissé derrière soi *Bagnères de Bigorre, Baréges et Lus*, on franchit les Pyrénées, et le premier endroit qu'on rencontre en Aragon est *Fanto*. De là la route se dirigeant vers l'est conduit à Ainsa.

Une troisième route est celle de *Pau*, chef-lieu du département des Basses-Pyrénées. Après avoir traversé l'*Aruns*, on entre en Espagne par le *Pic-du-Midi*. On rencontre, à son entrée dans ce pays, le village de *Sallent* à 64 milles au nord de Saragosse, dans la vallée de Tena, une des plus grandes et des plus agréables de l'Aragon. De ce village deux routes mènent en France à travers les Pyrénées, l'une par la vallée d'*Aspe*, l'autre par la vallée d'*Osseau* ; cette dernière route est la plus facile.

En rentrant en Espagne, on trouve après Sallent les forts de *Santa-Elena* et de *la Torre* ; puis un bourg appelé *Viescas*. Ici la route se dirige encore vers l'est ; on traverse *Fiscal*, on laisse à sa gauche *Castelar*, et on arrive à *Ainsa*.

La quatrième route est celle d'Oloron dans le département des Basses-Pyrénées. On entre en Espagne par *Santa-Christina*, puis laissant à sa gauche *le Pic-du-Midi*, on arrive à *Jaca*.

JACA, évêché, place forte sur la rivière d'Aragon, qui, selon quelques auteurs, a donné son nom à ce royaume. On trouve dans les environs d'excellens pâturages, et l'on y recueille une grande quantité de laine. Il y a dans Jaca quelques fabriques de gros lainages. Cette ville fait aussi une petite exportation de grains. Les montagnes de Jaca offrent de très-beaux marbres. Dans la dernière guerre d'Espagne la garnison française qui défendait Jaca rendit cette forteresse au général Mina, le 17 février 1814.

La route de Jaca à Saragosse est par *Bernues*, *Ancanego*, *Ayerbe*, *Ariasona*, *Guerrea*, *Castejon de Val de Jaca*, *Cuera*, *Nueva*. Nous remarquerons parmi ces places :

AYERBE, forteresse, qui dans la dernière guerre d'Espagne fut évacuée par les Français, le 13 juillet 1813. La garnison se joignit à la troupe du général Paris, en retraite depuis Saragosse, et alla se renfermer dans Jaca.

Entre Jaca au nord, la frontière de Navarre à l'ouest, l'Ebre au sud et la route de Jaca à Saragosse, on trouve *Sos*, *Morillo*, *Sadava*, *Luna*, *Exea*.

Sos, petite ville, sur la frontière de Navarre, à deux lieues de Sanguessa, dans une campagne fertile en grains et en beaucoup d'autres productions. C'est la patrie de Ferdinand V, surnommé le *Catholique*.

Exea, petite ville dont les environs ont des pâturages excellens et de nombreux troupeaux.

Ces deux dernières villes font partie d'un territoire nommé des *Cinq Villes*, qui sont avec *Sos et Exea*, *Un Castillo*, *Sadava* et *Tauste*, dont les principales richesses consistent en grains et en bêtes à cornes. Ces terres sont arrosées par le canal royal de Tauste, qui prend ses eaux sur la rive gauche de l'Ebre.

Huesca, au sud de Jaca, sur l'Yssuela, ville ancienne, dans une charmante situation, au milieu d'une plaine bornée de tous côtés par des côteaux bien cultivés et fertiles en vins estimés. Il y a un évêché, une université, une académie, un hôpital, une salle de spectacle. Les rues sont belles, la cathédrale est grande, d'un goût gothique, et bien ornée. On fabrique dans cette ville de gros draps. On y fait une exportation de blé considérable. Dans la dernière guerre d'Espagne, cette place fut évacuée le 13 juillet 1813, par la garnison française qui l'occupait, et qui alla se renfermer dans Jaca. Huesca est l'ancienne *Osca* des Romains, où Sertorius fut assassiné. Près de cette ville est un village nommé *Aragon*.

Balbastro (*Bergiduna*), évêché, au sud-est de la précédente, sur le Vero. Le territoire est fertile en vins et en huile. Les habitans se livrent à la fabrication et au commerce des cuirs.

Monçon, forteresse assez importante, sur la Cinca, au sud de Balbastro. C'est dans cette ville qu'on a jadis tenu les cortès d'Aragon. C'est à Monçon que fut conclu, en 1626, un traité entre la France et l'Espagne, au sujet de la Valteline, sous le ministère du cardinal de Richelieu. A la fin de la dernière guerre d'Espagne, les Français en retraite évacuèrent ce fort en février 1814, croyant obéir à un ordre de M. le maréchal Suchet, qu'avait supposé le baron d'Eroles. (*Voy*. Lérida, *Catalogne*.)

FRAGA, forteresse, au sud de Monçon, sur la Cinca ; population 3,000 habitans. Fraga soutint plusieurs siéges sous les Maures. Alphonse Ier, dit le *Batailleur*, roi d'Aragon, fut tué presque sous ses murs, en 1134, à la bataille de *Sarinena*, où les Aragonais furent taillés en pièces par les Maures. Elle fut prise en 1147 par Raymond Bérenger. Lors de la guerre de la Succession, l'archiduc Charles s'en empara, en 1705, mais peu après elle fut reprise par les troupes de Philippe V. Fraga dépend du diocèse de Lérida en Catalogne, et elle est à 3 lieues d'Alcaraz, dernier village de cette province.

PEÑALVA, à 5 lieues de Fraga, route de Saragosse, village situé dans une plaine où, le 15 août 1710, les troupes de l'archiduc Charles firent éprouver un échec à celles de Philippe V.

Toute la route de Fraga à Saragosse, qui est de 22 lieues, parcourt un pays stérile, et où l'on marche des journées entières sans rencontrer une seule habitation. Le peu de villages qu'on traverse présentent l'image de la dépopulation et de la misère, à l'exception de Villafranca.

Villafranca de Ebro, dans une riante et fertile campagne, possède une très-belle église.

Saragosse ou Zaragoza, capitale de l'Aragon, est une ville belle et peuplée, l'ancienne *Cesarea Augusta*. On y compte 17 grandes églises et 14 beaux monastères, sans parler des autres moins considérables ; elle a deux ponts sur l'Ebre, l'un de pierre et l'autre de bois, qui cependant est d'une grande beauté. Cette ville est mal percée ; la plupart des rues sont étroites et pavées avec des cailloux bruts, sur lesquels on marche avec peine. Quelques-unes cependant sont d'une largeur et d'une régularité remarquables, principalement la *Calle Santa*, ou rue Sainte, ainsi nommée pour avoir été arrosée du sang d'un grand nombre de martyrs. Elle est bordée par des palais de plusieurs grands seigneurs, entre lesquels on remarque celui du vice-roi. Le monument le plus connu de tout Saragosse est l'église de Notre-Dame du Pilar, célèbre par le concours extraordinaire des pélerins qui y affluaient, non-seulement de toute l'Espagne, mais encore des royaumes étrangers : la sainte Vierge est placée dans une chapelle, sur un pilier de marbre, en un lieu si obscur qu'on ne pourrait la découvrir sans la quantité de lampes toujours allumées qui éclairent l'enceinte. La niche, la robe et la couronne de la Vierge sont couvertes de pierres précieuses : tout autour sont des anges d'argent massif, tenant des flambeaux à la main ; la balustrade est d'argent, et les murs sont couverts des monumens de la reconnaissance des fidèles (1). Saragosse était autrefois la résidence des rois d'Aragon ; c'est dans leur

(1) Le cardinal de Retz, dans ses *Mémoires*, parle de cette fameuse chapelle avec un ton de raillerie assez curieux chez un prince de l'Eglise.

« Ce même gentilhomme du vice-roi, dit-il, me fit voir
» tout ce qu'il y avait de remarquable à Saragosse. (J'étais
» toujours caché, comme je l'ai dit, sous le nom de marquis
» de Saint-Florent.) Mais il ne fit pas la réflexion que *Nuestra*
» *Señora del Pilar*, qui est un des plus célèbres sanctuaires
» de toute l'Espagne, ne se pouvait pas voir sous ce titre. On
» ne montre jamais à découvert cette image miraculeuse
» qu'aux souverains et aux cardinaux. Le marquis de Saint-
» Florent n'était ni l'un ni l'autre ; de sorte que, quand on
» me vit dans le balustre avec un justaucorps de velours
» noir et une cravate, le peuple infini qui était accouru de
» toute la ville au son de la cloche qui ne sonne que pour
» cette cérémonie, crut que j'étais le roi d'Angleterre. Il y
» avait, je crois, plus de deux cents carrosses de dames, qui
» me firent cent et cent galanteries, auxquelles je ne répon-
» dis que comme un homme qui ne parlait pas trop bien
» espagnol. Cette église est belle en elle-même ; mais les or-
» nemens et les richesses en sont immenses, et le trésor
» magnifique. L'on m'y montra un homme qui servait à allu-
» mer les lampes qui sont en nombre prodigieux, et l'on me
» dit qu'on l'avait vu sept ans à la porte de cette église avec
» une seule jambe ; je l'y vis avec deux. Le doyen avec tous les
» chanoines m'assurèrent que toute la ville l'avait vu comme
» eux, et que, si je voulais encore attendre deux jours, je
» parlerais à plus de 20,000 hommes, même du dehors, qui
» l'avaient vu comme ceux de la ville. Il avait recouvré la

palais, hors de la ville, qu'est le tribunal de l'inquisition. Saragosse est la métropole d'un archevêché; elle a une université, une académie des arts, une école d'agriculture et de commerce; on y trouve quelques distilleries, quelques manufactures de soie et de coton, et un grand nombre de fabricans de chapeaux. Un établissement qui honore Saragosse est une *casa de la Misericordia,* maison de la Miséricorde, où les jeunes gens des deux sexes trouvent de l'occupation. L'Ebre n'est pas navigable à Saragosse, à cause des rochers dont cette rivière est remplie. C'est la patrie de saint Vincent, martyr; de Prudence, évêque et poète latin; d'Antoine Augustin, un des plus illustres prélats qui aient occupé le siége de Tarragone.

Au nom de cette ville se rattachent plusieurs événemens militaires importans. Dans la guerre de la Succession, la bataille de Saragosse, livrée le 20 août 1710, à une lieue et demie de cette capitale, sur les bords du Galliego, rivière qui se jette dans l'Ebre, fit perdre momentanément l'Aragon à Philippe V et mit la cause de ce prince à deux doigts de sa ruine.

Pendant la dernière guerre d'Espagne, au mois de

» jambe, à ce qu'il disait, en se frottant de l'huile de ces lam-
» pes. On célèbre tous les ans la fête de ce prétendu miracle
» avec un concours incroyable de peuple; et il est vrai qu'en-
» core à une journée de Saragosse, je trouvai les grands
» chemins couverts de gens de toute sorte de qualité qui y
» couraient. » (*Mémoires du cardinal de Retz,* tome III,
pag. 409-410-411.)

juillet 1808, les Français mirent pour la première fois le siége devant Saragosse. Durant six semaines ils livrèrent vainement quarante assauts à cette courageuse cité. Le 14 août ils furent obligés de se retirer devant une division d'Espagnols venue de Valence, qui les poursuivit sans relâche jusqu'en Catalogne ; mais c'était là seulement le prélude des maux que la guerre allait faire subir à Saragosse. Après la victoire de Tudela, remportée le 23 novembre 1808, Napoléon dirigea tous les efforts de ses troupes contre Saragosse. La garnison, commandée par Palafox, était composée de 50,000 hommes, outre 10,000 hommes échappés à la défaite de Tudela ; les subsistances étaient assurées par d'immenses magasins, et les assiégés avaient 200 pièces de canon. L'enthousiasme religieux se joignit au patriotisme pour animer les défenseurs de Saragosse. Les moines excitaient leur zèle d'autant plus sûrement, que les premiers ils donnaient l'exemple du courage. L'image de Notre-Dame du Pilar contribuait encore à augmenter la pieuse confiance des Espagnols. Depuis le 27 novembre 1808 jusqu'au 20 janvier 1809, les Français, commandés par les maréchaux Mortier, Moncey, et par le général Junot, avaient fait à peine quelques progrès, lorsque Lannes, duc de Montebello, vint prendre le commandement du siége. Tout change alors de face ; le général d'artillerie Rogniat seconde dignement Montebello. Tandis que l'artillerie française foudroie incessamment la ville et met à jour l'église du Pilar, le génie militaire emporte plusieurs quartiers par la mine et par la sappe. Enfin le 21 février Saragosse fut prise de vive force.

Le 8 juillet 1813, après la bataille de Vittoria, une division française, aux ordres du général Paris, fut vaincue devant Saragosse par le général Mina, qui la força à la retraite et lui fit un grand nombre de prisonniers.

Monte-Torrero, position avancée qui défendait les approches de Saragosse, et dont le maréchal Moncey s'empara le 21 décembre 1808 ; il enleva tous les canons, fit un grand nombre de prisonniers ; et cet avantage, joint à tous ceux que remportèrent les Français le même jour, les mit en état de cerner entièrement la ville.

Saint-Lambert (les hauteurs de), près de Saragosse, dont la division Suchet chassa les Espagnols le 21 décembre 1808. Ils y avaient pratiqué des redoutes qui servaient de troisième ligne de défense à la place de Saragosse.

San-Gregorio (les hauteurs de), d'où le général Gazan culbuta les Espagnols le 21 décembre 1808. Elles étaient munies de redoutes adossées aux faubourgs de Saragosse, et qui défendaient les routes de Sueva et de Barcelone.

Galliego, village près duquel était une grande manufacture où s'étaient retranchés 500 Suisses. Le général Gazan les y força, après avoir enlevé les hauteurs de San-Gregorio, le 21 décembre 1808.

Saint-Joseph, couvent près de Saragosse, que

Junot, duc d'Abrantès, enleva le 16 janvier 1809. Le petit-fils du grand Buffon, qui faisait ses premières armes dans cette campagne, monta des premiers à l'assaut, et fit admirer son courage par toute l'armée.

PERDIGUERA, bourg sur la rive gauche de l'Ebre, à 2 lieues de Saragosse, où, vers le 20 janvier 1809, 15,000 espagnols s'étaient réunis. Le maréchal Mortier les attaqua avec trois régimens; et malgré leur nombre, et la belle position qu'ils occupaient, les culbuta et les mit en déroute. Ils furent reçus dans la plaine par un régiment de hussards, qui les tailla en pièces. Neuf pièces de canon et plusieurs drapeaux furent les trophées de cette rencontre.

ZUERA, à 3 lieues au nord de Saragosse, où, vers le 20 janvier 1808, s'étaient rassemblés 4000 Espagnols. L'adjudant commandant Gasquet, avec trois bataillons, les culbuta et leur prit 4 pièces de canon.

En revenant sur la frontière de la Catalogne on trouve :

MEQUINENZA (*Octogesa*), ancienne ville bien fortifiée au confluent de l'Ebre et de la Sègre, à 6 lieues de Lérida. Pendant la dernière guerre d'Espagne, cette forteresse fut, en 1813, une de celles que les Français conservèrent jusqu'au dernier moment. Elle protégea leur retraite. Ce fut dans cette place que le général Severoli se replia, après avoir abandonné Alcanitz. Les Français n'évacuèrent Mequinenza qu'au mois de février 1814, encore fût-ce par une ruse de guerre du baron d'Eroles, qui leur transmit un ordre supposé du maréchal Suchet. (*Voy*. Lérida, Catalogne).

De Mequinenza, une route qui longe la rive droite de l'Ebre conduit à Saragosse par *Sastago*, *Quinto* et *Fuentes*.

SASTAGO, c'est à ce bourg que le canal d'Aragon doit communiquer à l'Ebre. Ce canal, commencé en 1529, par Charles-Quint, suspendu en 1538, repris en 1566 sous Philippe II, abandonné de nouveau, fut repris encore en 1770, sous Charles III, et presque achevé sous Charles IV. Il prend à Tudela en Navarre, et il aura, quand il sera terminé, 26 lieues et demie; mais il s'arrête à une lieue au-dessus de Saragosse. Il fournit à l'arrosement des prairies qui l'environnent jusqu'à 3 lieues à la ronde. Il a 60 pieds de largeur sur 9 de profondeur, et porte de très-grosses barques. De Sastago, l'Ebre est navigable jusqu'à la mer.

De Saragosse aux frontières de la Nouvelle-Castille, par *Calatayud*, on trouve sur une route de 20 lieues :

ALMUNIA, petite ville de 3,000 habitans dans une situation délicieuse, à 7 lieues au sud de Saragosse.

CALATAYUD, à 13 lieues de Saragosse, fut rebâtie près des ruines de l'ancienne *Bilbilis* par Ajub, général maure, au confluent de Xalon et de la Xiloca, à l'extrémité d'une vallée délicieuse, fertile en grains, vins, huile et fruits. Cette ville resta sous la domination des Maures jusqu'en 1118, et fut prise par Alphonse Ier, roi d'Aragon. Elle est grande, bien peuplée et industrieuse. Elle a une université. On y compte 1,500 maisons, 10 églises, 15 couvens et 12 fabriques de savon. On y fait un grand commerce de chanvre. Le poète Martial, né à Bilbilis, vante le fer de sa patrie, et la bonne trempe que l'eau du Xalon donnait à ce métal. Dans la dernière guerre d'Espagne, les troupes espagnoles, vaincues à Tudela en novembre 1808 par les Français, éprouvèrent dans leur retraite un échec considérable près de Calatayud.

En parcourant la partie de l'Aragon qui s'étend depuis le Xalon jusqu'aux frontières de la Nouvelle-Castille, on trouve :

Taraçona, évêché, ancienne ville vers les frontières de la Vieille-Castille et de la Navarre, sur la Queillas, au nord-ouest de Saragosse. Elle est partagée en haute ville bâtie sur un rocher, et basse ville qui est dans la plaine. Son territoire est très-fertile. Dans la dernière guerre d'Espagne, ce fut dans la direction de Taraçona que les Français poursuivirent l'aile gauche de l'armée d'Andalousie, vaincue à Tudela le 23 novembre 1808. Le 13 janvier 1809, le maréchal Victor remporta une victoire complète près de cette ville sur l'armée du général espagnol Venegas.

Borja, petite ville assez riche à 4 lieues à l'ouest de Saragosse, et à la même distance au sud de Taraçona ; son territoire est très-fertile en vins.

Alagon (*Alba Bona*), ville ancienne au confluent du Xalon et de l'Ebre, à 6 lieues à l'ouest de Saragosse. Ce fut dans cette ville que, pendant la dernière guerre d'Espagne, le général Lacoste fut chargé par Napoléon de réunir tous les équipages de mines et matériel nécessaires pour le siége de Saragosse (novembre 1809).

Aranda, petite ville au nord-ouest de Calatayud, sur l'extrême frontière de Castille.

Il est une seconde route de Saragosse en Castille-Nouvelle par *Daroca*, et qui n'est que de 14 lieues. On y remarque :

Carmena, petite ville à 7 lieues au sud de Saragosse, célèbre par la bonté de ses vins. Population 2,000 habitans.

Daroca, ville très-ancienne sur la Xiloca, placée entre deux montagnes. Elle est exposée à de fréquentes inondations. Pour l'en préserver on a creusé un souterrain de 780 pieds de long, pour donner de l'écoulement aux eaux qui la menacent. Les bords de la Xiloca sont d'une rare fécondité : le vin de Daroca est estimé. C'est dans le voisinage de cette ville qu'Alphonse-le-Batailleur, roi d'Aragon, vainquit les Maures en 1121.

A deux lieues au delà de Daroca on est dans la province de Cuença, dépendante de la Nouvelle-Castille ; et une petite tour carrée, élevée sur une éminence, marque les limites des deux provinces.

En parcourant le pays au sud-est de Saragosse jusqu'aux frontières de Catalogne et de Valence, on trouve :

Alcanitz, ville sur la route de Saragosse à Valence,

à 3 lieues au sud de Mequinenza, traversée par le Guadalope, avec un beau pont de pierre. On voit dans ses environs les restes d'un canal creusé par les Maures. C'était une commanderie de l'ordre de Calatrava. La plaine d'Alcanitz est d'une admirable fertilité : elle produit surtout d'excellens fruits. On y trouve quelques mines de jais. Pendant la dernière guerre d'Espagne, le 26 janvier 1809, le général Vattier, avec 500 Français, mit en déroute près de cette ville 5,000 Espagnols, leur tua 600 hommes, et leur fit mettre bas les armes. Le colonel Carrion de Nisas, ancien tribun, se distingua dans cette action. Au mois de juillet 1813, lors de l'évacuation de l'Espagne par les Français, le général Severoli abandonna cette place, après avoir fait sauter les fortifications.

Caspe, petite place entre Alcanitz et Mequinenza, sur la rive gauche de l'Ebre avec un pont.

Belchite (*Belia*), petite ville sur la rivière d'Almonazir ; ses environs offrent d'excellens pâturages, on y recueille une grande quantité de laines, on y fabrique des draps communs et de gros lainages.

Montalvan ou Montalban, très-forte ville sur le Rio-Martin, à 13 milles au sud de Saragosse.

Teruel ou Tervel (*Turbula*), au sud de la précédente, sur la route de Saragosse à Valence, est une ville considérable, située au confluent du Guadalaviar et de l'Alambra. Les excellentes laines que fournissent les troupeaux qui paissent dans ses campagnes, sont pour elle une source abondante de richesses. M. Bourgoing dit qu'au nom de cette ville se rattache l'histoire de deux amans, qui est aussi touchante que celle d'Héloïse et d'Abeilard, et qui a inspiré plus d'un poète espagnol. Leurs restes sont conservés avec un respect tendrement religieux dans un des couvens de Teruel.

ALBARRAZIN (*Lobetum*), sur la Turia, au sud de la précédente, ville forte et l'une des plus anciennes de l'Espagne. C'est la résidence d'un évêque. Elle était déjà célèbre du tems des Maures, sur qui elle fut conquise par Jacques II, vers la fin du 13e siècle. Elle fut définitivement réunie à la couronne d'Aragon par Pierre IV, son successeur. La grande plaine dont Albarrazin est le chef-lieu, est également belle et riche, et doit sa fertilité à la rivière qui la parcourt. Elle produit en abondance du blé et autres grains, de l'huile, du lin, du chanvre, des fruits exquis. La culture des mûriers y prospère, les pâturages sont excellens, et les laines d'Albarrazin sont supérieures à toutes celles de l'Aragon. On y fabrique beaucoup de draps très-communs ; il y a une manufacture de draps demi-fins. C'est de cette ville que, dans la dernière guerre d'Espagne, le général Palafox, commandant en chef l'armée d'Aragon, fit au général français Lefebvre Desnouettes, qui l'avait sommé de se rendre, une réponse énergique (28 août 1809), et qui mérite par le style et par les principes de devenir un monument pour l'histoire.

On trouve une carrière de plâtre au dessus du sommet de la montagne d'Albarrazin. Dans les environs il y a cinq à six fabriques de fer.

BIELSA, à l'est d'Albarrazin, bourg situé dans les montagnes qui séparent l'Aragon de la Nouvelle-Castille : on y exploite des mines de fer.

ROYAUME DE NAVARRE.

En sortant de l'Aragon vers le nord-est, on entre dans le royaume de Navarre, une des provinces de l'Espagne qui sont bornées par les Pyrénées. On l'appelle aussi Haute-Navarre pour la distinguer de la Basse-Navarre, portion de cet ancien royaume, située au delà des Pyrénées, et qui fait partie de la France.

Cette province est bornée au nord par les Pyrénées, au sud par la Vieille-Castille et l'Aragon, à l'est par la Biscaye, à l'ouest par l'Aragon. Elle a 18 lieues environ de longueur de l'est à l'ouest, et 14 du sud au nord. C'est un pays très-montagneux, surtout dans sa partie septentrionale, qui est couverte par la chaîne des Pyrénées. Ses montagnes sont très-élevées et prennent différens noms : les plus importantes de ses vallées sont celles de *Roncevaux*, de *Lescou*, de *Bastan* et de *Roncals*. Les deux dernières, entourées de tous côtés de montagnes escarpées, ont su se conserver une administration particulière qui, en assurant leur indépendance, ont maintenu l'égalité parmi les habitans. La Navarre est arrosée par l'Ebre, dont le cours la sépare de la Vieille-Castille, et qui ensuite traverse du nord-ouest au sud-est la partie de cette province qui confine à l'Aragon. On y compte encore plusieurs autres petites rivières, entre autres l'Aragon, la Queillas, l'Irati et la Bidassoa. La Navarre est inférieure pour la fertilité aux autres provinces de l'Espagne ; mais l'activité de ses habitans, l'art et l'industrie l'ont rendue très-productive. On y recueille du blé, du seigle, de l'orge, du maïs, du vin, des fruits et des légumes, mais très-peu d'huile ; elle est riche en fer, en cuivre, en sel, en marbre, etc. On y voit d'excellens pâturages qui nourrissent de nombreux troupeaux. Les habitans de la Navarre se distinguent de ceux des autres provinces par leur franchise, leur politesse, leur activité et leur aptitude aux arts mécaniques. La population est de 287,382 habitans. Depuis la conquête de la Navarre par Ferdinand-le-Catholique, en 1512, le pays est gouverné par un vice-roi, et le roi d'Espagne n'en tire aucun revenu ; car tous les impôts et toutes les contributions sont employés aux dépenses publiques de la province. La plupart des marchandises étrangères y entrent librement et sans payer de droits. Elles n'y sont sujettes qu'à *Agreda*, première douane de la Vieille-Castille du côté de la Navarre.

Passages de France en Navarre.

Pour aller de France dans la Navarre, il y a un grand nombre de chemins plus ou moins difficiles ; mais la route principale est par *Saint-Jean-Pied-de-Port*, ancienne capitale de la Navarre Française.

En sortant de cette ville on suit une route à gauche de laquelle on trouve la chapelle d'*Orisson*, le château ruiné du *Pignon*, puis l'on entre en Navarre par le *col de Bentarle*. La route suit ici le flanc oriental de la montagne d'*Altobiscar*; on passe le *col d'Albagnete*, puis on arrive à *Roncevaux*, à 7 lieues de Saint-Jean-Pied-de-Port.

Une autre route, ou plutôt un autre chemin, descend plus directement de Saint-Jean-Pied-de-Port à Roncevaux. En le suivant on passe par le village d'*Arnegui*, et l'on traverse *Uhalde*, dernier hameau français; puis l'on entre en Espagne dans le *Val Carlos*, une des vallées de la Navarre, par *Undarola* ou *Luzaïde*, villages qui se touchent. De là, on traverse *Harcha Plate*, on laisse *Oreilla*, *Recaregare* et le *mont d'Altobiscar* à l'ouest; enfin on passe le col d'*Albagnete*, et l'on arrive à *Roncevaux*. Ce dernier chemin est moins fréquenté que le premier.

Un autre passage plus à l'est que le précédent, part également de Saint-Jean-Pied-de-Port. Avant de sortir de France, on côtoie long-tems la *Nive*, et l'on rencontre *St.-Michel* et *Berval*, puis on entre en Espagne par *le col de Irriburetta*, route qui conduit à la fonderie royale d'*Orbaïzeta* sur la rivière de la *Lagarza*; on arrive ensuite au village d'*Orbaïzeta* sur l'Irati; de là en suivant toujours cette rivière, on trouve *Orbara*, *Aribe*, etc.

En allant toujours de l'est à l'ouest, nous trouvons à signaler plusieurs autres passages.

D'abord le chemin par *St.-Etienne de Baigorry*, capitale de la vallée du même nom, appartenant au département des Basses-Pyrénées. On suit au sud la rivière des *Aldudes*, on traverse le bourg français de *Notre-Dame-des-Aldudes*, dont il est question dans les rapports des opérations de Wellington contre l'armée d'Espagne aux ordres du maréchal Soult. (24 juillet 1813.) De là se dirigeant un peu vers l'est, on traverse le hameau d'*Urepel*, on passe deux fois la petite rivière d'*Imilestegui*. *Arcoleta* est le premier endroit qu'on rencontre en Espagne; puis l'on trouve, en descendant vers le midi, *Viscarette*, *Lincoin*; de là on arrive à *Curbiry*, *Urdanitz*, etc.

De Notre-Dame-des-Aldudes, si l'on tire directement au sud, on entre en Espagne par le col d'*Isterbey*; le chemin conduit à la fonderie royale d'*Enguy* dans le val du même nom, où l'on coule des bombes et des boulets.

Un autre chemin du col des Aldudes prenant directement à l'ouest, conduit en Navarre, vallée de Bastan, par *Berderis*, petit lieu fortifié; de là le chemin conduit à *Elizondo*, capitale de la vallée de Bastan, toujours en allant de l'est à l'ouest.

De *St.-Etienne de Baigorry*, on entre directement en Espagne, en se dirigeant par le col d'*Yspeguy*, fortifié par des redoutes; de là, le chemin qui côtoie l'*Aranca* conduit à *Elizondo*.

En allant toujours vers l'ouest, on pénètre en Espagne par un autre chemin. Après être sorti de

France par le petit village d'*Ainhoué*, à une lieue d'*Espelette*, on passe le pont d'*Oholdisun*, sur l'*Aisaguerie*, petite rivière qui se jette dans la Nivelle, laquelle a son embouchure dans l'anse de St.-Jean-de-Luz. Du pont d'*Oholdisun*, le chemin conduit à *Urdax*, *St.-Estevan*, etc.

A l'ouest, un chemin qui par divers embranchemens remonte jusqu'à Bayonne, conduit par les hauteurs de *Rhune* à *Etchalar*, petit fort sur le *Sari*, ruisseau qui se jette dans la Bidassoa.

De Saint-Jean-de-Luz, si l'on veut entrer en Navarre, on trouve un chemin de pied qui passe par *Urrugne* et qui conduit au mont de *Commissari*, dont les redoutes marquent la frontière des deux états. On rencontre ensuite *Berra*, premier bourg de la Navarre, situé près de la Bidassoa, puis le château d'*Aguerre*, près duquel se trouve un pont sur la Bidassoa; de là, le chemin conduit à *Lezaca*.

Le flanc occidental du mont de Commissari est traversé par un autre chemin qui conduit au petit fort d'*Elsaudry*; de là, le chemin aboutit à Berra. Un autre passage, encore plus occidental, de Navarre en France, est par le pont d'*Andalaza* sur la Bidassoa.

Enfin, une dernière route conduit de France en Navarre à travers la vallée de Bastan. En voici les divers points :

En venant de Bayonne, on passe la Bidassoa comme pour aller en Biscaye, mais de là on se dirige sur-le-champ vers l'est, et l'on entre en Navarre. On trouve d'abord une chartreuse. On arrive à *Maya* ; on entre ensuite dans la vallée de Bastan, et l'on traverse le village d'*Elizondo*.

Trois lieues au dessous de ce village, on trouve la *Venta de Belate*, sur le penchant d'une haute montagne. Parvenu au pied, on entre dans un vallon semé de grains et planté de vignes; puis, après avoir traversé une plaine peu étendue, on arrive à Pampelune, à 3 lieues et demie d'Elizondo, et à 7 lieues de la frontière de France.

Villes et lieux principaux.

Roncals, petit bourg fortifié, au nord-est de la Navarre, à une distance égale de la frontière de France et de celle de l'Aragon, est situé au milieu des montagnes, et donne son nom à une des vallées de la Navarre.

Roncevaux, bourg peu considérable avec une abbaye de chanoines réguliers, est fameux dans les romans de chevalerie et dans l'histoire fabuleuse du moyen âge. On a prétendu que Charlemagne y fut défait en 778, et que Roland, son neveu, ainsi que les douze pairs de France, y sacrifièrent leur vie. Cette bataille, ou du moins les circonstances merveilleuses dont on a cherché à l'embellir, ont été démontrées fausses par la critique. Mais une célébrité récente et plus historique se rattache aujourd'hui au nom de Roncevaux : c'est dans le défilé de Roncevaux que, le 24 juillet 1813, était placée l'aile droite de l'armée anglo-espagnole qui menaçait la frontière de France. Le 25, le maréchal Soult, avec trente ou quarante mille hommes, attaqua le poste du général Byng, et tourna le général Lowry Cole, qui venait à son secours, ce qui força l'ennemi à faire un mouvement rétrograde vers Pampelune.

Viscarette, village près du défilé de Roncevaux, où le général Lowry Cole prit position, le 24 juillet 1813, avec une réserve destinée à soutenir l'aile droite de l'armée anglaise (*Voyez* Roncevaux).

Zubiri, forteresse près de Roncevaux, vers laquelle le général Lowry Cole se retira, pendant la nuit, après avoir été tourné, le 24 juillet 1813, dans le défilé de Roncevaux. Là se livrèrent plusieurs combats de position très-acharnés, notamment le 27 juillet 1813.

Huarte, village au sud de Zubiri, près de Pampelune, offre une position vers laquelle se replia, le 27 juillet 1813, une division anglaise qui, après n'avoir pu se maintenir à Zubiri, voulait au moins protéger le blocus de Pampelune.

Olaz, Villaba sont deux villages tout près du précédent, qui furent compris dans le mouvement opéré par la division du général Lowry Cole pour protéger le blocus de Pampelune, le 27 juillet 1813.

Lanz, bourg qui donne son nom à une des vallées de la Navarre, fut témoin d'un combat très-vif entre les Français et l'armée anglaise, les 27, 28, 29 juillet 1813.

Ostiz, au sud de Lanz, est une des plus fortes positions militaires dans cette contrée, que la nature semble avoir faite exprès pour une guerre de chicane. Les 29 et 30 juillet 1813, les Français s'étant rendus maîtres de cette position, y résistèrent, avec un courage héroïque, à la supériorité des forces de Wellington, qui les cernait de toutes parts.

Sorausen, village sur la route d'Ostiz à Pampelune, dans la vallée de Lanz, était occupé, le 27 juillet 1813, par une portion de l'armée anglaise. Il y eut, le 28, un très-vif combat sur ce point, dans lequel les Français furent repoussés avec une perte énorme. Le prince d'Orange, aujourd'hui prince royal des Bays-Bas, eut un cheval tué sous lui dans cette affaire.

Lizasso, autre village de la vallée de Lanz, où les Français, chassés des positions d'Ostiz et de Sorausen, se maintinrent valeureusement dans la journée du 30 juillet 1813, contre les Anglais.

Elizondo, bourg principal de la vallée de Bastan, si souvent mentionnée dans les rapports officiels des opérations qui, vers la fin de la dernière guerre d'Espagne, ouvrirent aux Anglais l'accès des provinces méridionales de France. C'est dans cette vallée et dans celle de Lanz et de Roncevaux que Wellington et le maréchal Soult firent admirer leurs savantes combinaisons. Mais les Français, accablés par le nombre, et battus sur toute leur ligne depuis Ostiz jusqu'à

Roncevaux, furent obligés de se replier le 31 juillet 1813 vers Saint-Jean-Pied-de-Port.

Maya, au nord d'Elizondo, village considérable, donne son nom à un défilé, *Puerto de Maya*, qui forme l'entrée de la vallée de Bastan. Il était occupé le 25 juillet 1813, par une division anglaise et portugaise, aux ordres des généraux Rowland Hill et Amaranda. L'armée d'Espagne, commandée par le maréchal Soult, les força dans cette position après le combat le plus soutenu; mais le 31, le major Byng se saisit de ce passage; et le résultat de tant de sang répandu pendant six jours, fut que les armées française et anglaise se trouvèrent réciproquement dans la même position qu'elles occupaient au 25 juillet. Enfin, le 31 août, quand Wellington dépassa les frontières de France, le Puerto de Maya fut encore témoin d'un combat meurtrier.

Saint-Estevan, bourg de la vallée de Bastan.

Donna-Maria, bourg dans la même vallée, où les Français se replièrent après avoir été chassés de toutes leurs positions depuis Sorausen; ils y soutinrent, le 31 juillet 1813, contre les généraux Rowland Hill et Dalhousie, un combat par suite duquel ils furent délogés de ce défilé qui touche à la frontière de France.

Invitia, village sur lequel, le 31 juillet 1813, Wellington fit un mouvement par le *Col de Belate* pour tourner la position des Français qui se défendaient dans le défilé de Donna-Maria.

Etchalar, petit fort sur le Sari qui se jette dans la Bidassoa, est une des villes de la vallée dite *las cinco villas de Navarra*. Les 30 et 31 août 1813, lors de la malheureuse tentative faite par le maréchal Soult pour dégager Saint-Sébastien et Pampelune, les Français soutinrent, pendant deux jours de suite, dans le défilé d'Etchalar les attaques du comte Dalhousie, et furent enfin repoussés. Le 7 octobre suivant, lorsque les Anglais forcèrent de ce côté la frontière de France, ce même défilé fut de nouveau témoin de la vigoureuse résistance des Français, qui cédèrent encore une fois à la supériorité du nombre.

Rhune, montagne près d'Etchalar, qui défendait l'approche du camp français de Sarre, frontière de France. Le 7 octobre 1813, cette position fut enlevée à la baïonnette par les Anglais et les Espagnols, et le camp de Sarre forcé.

Santa Barbara, hermitage situé sur un rocher, près de la montagne de Rhune; il fut également enlevé à la baïonnette par les Anglais, le 7 octobre 1813. (*Voy.* l'article précédent.)

Zagarramurdi, position dans laquelle les Français furent forcés par le comte Dalhousie, le 31 août 1813, lors des combats qui ouvrirent à Wellington l'entrée de la France.

Lezaca, un peu à l'ouest d'Etchalar dans la vallée des Cinq-Villes, fut pendant les mois de juillet, août, septembre et octobre 1813, le quartier général de

Wellington, et le centre des opérations qui amenèrent l'entrée des Anglais en France.

Lefora, bourg voisin du précédent; Wellington y eut son quartier général le 9 octobre 1813; c'est de là qu'il publia ce fameux ordre du jour pour témoigner son mécontentement des excès commis par les troupes anglaises entrées la veille en France. Le prudent général déclarait que les officiers coupables seraient renvoyés en Angleterre, pour être punis selon le bon plaisir du prince régent.

Verra ou Berra, l'une des cinq villes sur les bords de la Bidassoa, et tout près de la frontière de France. Le pont de Verra, *puente de Vera*, est un des principaux passages de la Bidassoa. Ce fut sur ce pont que, le 31 août 1813, l'artillerie anglaise foudroya l'arrière-garde de l'armée française, en retraite après une vaine tentative pour dégager Saint-Sébastien et Pampelune. Le 7 octobre 1813, dans la bataille livrée entre Soult et Wellington, et qui décida de l'entrée des Anglais en France, le pont de Verra était un des points avancés qui défendaient l'approche du camp de Sarre (France). Les généraux français Vandermaesen et Lamartinière furent tués dans cette affaire, où les deux principaux chefs déployèrent tant de génie.

Andara, bourg près de Lezaca, où, le 31 juillet 1813, les Français passèrent à gué la Bidassoa pour attaquer les Espagnols commandés par le général don Manuel Freyre, qui occupaient les hauteurs de Saint-Martial. L'action dura avec acharnement toute la journée; mais les Français furent repoussés. On donne à ce combat le nom de *combat de Saint-Martial.*

Salin, bourg près du précédent, également sur la Bidassoa, où, le même jour, 31 juillet, une division de l'armée française passa les gués pour attaquer les hauteurs entre Lezaca et la Bidassoa. Cette tentative réussit; mais le mauvais succès de l'attaque des hauteurs de Saint-Martial, par l'autre partie de notre armée, détermina les Français, vainqueurs sur ce point, à se retirer pendant la nuit.

En revenant vers la frontière d'Aragon, on trouve :

Sanguessa (*Iturissa*); on y compte 3,000 habitans. Le débordement de la rivière d'Aragon en fit périr un grand nombre en 1787. Cette ville est le chef-lieu d'une des cinq juridictions, nommées *merindades*, qui partageaient la Navarre. Il y a quelques distilleries d'eau-de-vie dans cette ville.

Xaviero, près de Sanguessa, bourg qui a donné son nom à saint François Xavier, apôtre des Indes.

Tafalla, jolie petite ville sur la rivière de Cidaco, à l'ouest de la précédente, fut autrefois une des principales villes de la Navarre, et pendant quelque tems la résidence des monarques de ce pays; elle avait alors une université. Les états de Navarre y furent tenus en 1473. Le climat de cette ville est très-salubre, et les environs d'une étonnante fertilité; ils produisent surtout d'excellent vin. Population, 3 à 4,000 habitans. Cette ville est à 6 lieues de Pampelune, et la route qui y conduit traverse un pays riche et peuplé.

PAMPELUNE, sur la petite rivière d'Arga, capitale de la Navarre, chef-lieu de mérindade, évêché, université, fut bâtie par Pompée, après la défaite de Sertorius. Elle est protégée par un fort et par une citadelle, construits par Philippe II. Population, 14,000 habitans. Cette ville a des rues larges et quelques édifices assez beaux. Elle est assez commerçante. Il s'y tient plusieurs foires, une entre autres, le 29 juin, qui est une des plus considérables de l'Espagne. On s'occupe beaucoup de négoce à Pampelune; mais il y a peu de fabriques. Il n'y a que quatre manufactures secondaires : une de parchemin, une de draps grossiers, une de faïence et une de cuirs.

Pendant la dernière guerre d'Espagne, Pampelune, qui est une des meilleures forteresses du côté de la France, acquit une grande importance : ce fut de cette ville que les Français tirèrent tous les projectiles nécessaires pour le siége de Saragosse. Après leur défaite à Vittoria, les Français, commandés par le maréchal Soult, firent une terrible tentative pour faire lever le blocus de cette ville au comte de La Bisbal (au mois de juillet 1813). Cette tentative échoua par les efforts réunis des armées anglaise, espagnole et portugaise; le blocus fut converti en siége, et dirigé par don Carlos d'España, qui fut grièvement blessé en repoussant une sortie des assiégés. La garnison française se rendit au général d'España le 31 octobre de la même année, environ vingt jours après l'entrée des Anglais en France.

Pour aller de Pampelune dans la Vieille-Castille, qui en est à 19 lieues, on traverse du nord au sud :

Capparoso, village ;

Valtierra, autre village, près duquel on trouve une mine de sel gemme.

Au sud de Pampelune, on rencontre les villes suivantes :

Olite, très-jolie ville, située dans une contrée agréable et fertile. Les anciens rois de Navarre y ont fait leur résidence, et l'on voit encore leur palais, qui est magnifique. C'est le chef-lieu d'une des cinq juridictions de Navarre.

Tudela, à seize lieues au sud de Pampelune, à une lieue à l'ouest des frontières de l'Aragon, sur la rive droite de l'Ebre, à l'endroit où la rivière de Queillas se jette dans ce fleuve. C'est la seconde ville de la Navarre ; elle a un évêché, un beau palais, un pont de dix-sept arches sur l'Ebre ; elle est en outre le chef-lieu d'une des cinq juridictions. Population, 7000 habitans. Son territoire est très-fertile en vins, huile, blé, fruits exquis, chanvre et légumes. On y élève beaucoup de bestiaux. Il y a des manufactures de draps, de savon, de briques, de tuiles et de poterie. Tudela fut, dans la dernière guerre, le théâtre de plusieurs actions importantes. Les 8 et 9 juin 1808, il y eut un combat près de cette ville entre les Français et les Espagnols, qui commençaient à se soulever. Six mois après, les champs de Tudela furent témoins d'une victoire décisive, remportée par les maréchaux Lannes et Moncey, sur les généraux Castanos et Palafox. L'armée d'Andalousie montait à 45,000 hommes; quatre mille Espagnols restèrent sur le champ de bataille; trois mille hommes, trois cents officiers, douze colonels, furent pris avec trente pièces de canon et sept drapeaux. La victoire de Tudela frappa la gauche du système de défense des Espagnols (23 novembre 1808).

Peralta, à 4 lieues au nord-ouest de la précédente, assez près de la route de Pampelune. Ses environs produisent un vin estimé. On y fabrique des toiles.

Lerin, ville dans laquelle 1,200 Espagnols, venus du camp de Saint-Roch, furent culbutés et faits prisonniers par la division du général Granjean (27 octobre 1808).

Cascante, bourg au sud de Tudela, au delà de l'Ebre, sur l'extrême frontière de l'Aragon, à 2 lieues de Taraçona (Aragon). Ce fut près de Cascante qu'à la bataille de Tudela, le 23 novembre 1808, la ligne gauche de l'armée que commandait spécialement Castanos fut enfoncée à la baïonnette, par le général Lagrange, qui fut blessé dans l'action.

Corella, à l'est de Cascante, au delà de l'Ebre, près de la frontière de la Vieille-Castille. Population, 4,000 habitants. Il y a une manufacture de jus de réglisse, dont on exporte une grande quantité pour le nord de l'Europe.

Fitero, à une lieue au sud de Corella, ville célèbre par les eaux thermales de son couvent de Bernardins, qui sont fréquentées par un grand nombre de malades, et où se trouvent toutes les commodités et même tous les agrémens nécessaires.

En remontant le cours de l'Ebre, qui sépare la Navarre de la Vieille-Castille, on trouve :

Lodosa, sur la rive gauche de l'Ebre, avec un pont sur lequel, le 20 novembre 1808, les maréchaux Lannes et Moncey firent leur jonction, et concertèrent leurs dispositions pour la bataille qui fut livrée le surlendemain à Tudela.

Viana, sur la rive gauche de l'Ebre, à l'extrémité orientale de la Navarre; ville ancienne. L'héritier présomptif du roi de Navarre portait jadis le nom de prince de Viana. Les environs abondent en mûriers. On y entretient de nombreux troupeaux. Le 27 octobre 1808, les Espagnols, qui occupaient cette ville et ses alentours, furent battus par le corps d'armée française aux ordres du maréchal Moncey.

Estella, au nord-ouest de Viana, sur l'Ega, qui la traverse et qu'on y passe sur quatre ponts. Les rues en sont belles et régulières. On y fabrique de gros lainages; il y a quelques distilleries d'eau-de-vie. Dans la dernière guerre d'Espagne il y eut, le 19 novembre 1809, un engagement près de cette ville, entre le général français Simon et la troupe de Mina, qui se dispersa, pour se rallier aussitôt après que les Français se furent éloignés.

BISCAYE.

La Biscaye est bornée au nord par ce vaste golfe de l'Océan que l'on appelle *golfe de Biscaye* ou *de Gascogne*; au sud, par la Vieille-Castille; à l'est, par la Navarre; et à l'ouest, par la province de Burgos, qui fait partie de la Vieille-Castille. On y compte 270,000 habitans. Elle se divise en trois provinces différentes : la *Biscaye propre*, le *Guipuscoa* et l'*Alava*. Chacune de ces trois provinces a son gouvernement particulier. Dans celles de Biscaye et de Guipuscoa, les ordres du roi ne sont exécutés qu'après que l'administration leur a donné son *exequatur*. Chacune d'elles a tous les ans son assemblée générale, où l'administration rend compte de l'emploi des deniers publics. Là se réunissent les députés de toutes les communes qui sont élus par les *ayunt amientos* (corps municipaux), lesquels le sont eux-mêmes, chaque année, par tous les citoyens actifs; et pour concourir à cette élection, il faut posséder une certaine propriété. Les trois provinces se taxent elles-mêmes pour subvenir à leurs dépenses particulières; et elles ne paient au roi d'autres impositions qu'un don gratuit (*donativo*), qu'on leur demande rarement, et qui est toujours fort modique. Les états le répartissent entre leurs diverses communes d'après un cadastre.

M. Bourgoing, qui écrivait sous l'influence des idées républicaines, fait à cette occasion une observation propre à donner à réfléchir à ceux qui s'occupent des affaires actuelles de l'Espagne. « Ces élémens » du gouvernement démocratique représentatif, dit-il, » quoiqu'ils n'aient pas le degré de perfection qu'exi- » gent certains publicistes modernes, avaient fait » croire, lors de l'invasion de la Biscaye par nos » troupes, et même lors des négociations de la paix, » que ces provinces étaient propres, autant par leurs » principes politiques que par leur position, à devenir » partie intégrante de la république française. On se » trompait. Les Biscayens, tout jaloux qu'ils sont de » leurs libertés, sont attachés à la domination espa- » gnole; et si leur fierté répugne au joug d'un roi » despote, leur politique s'accommode fort bien d'un » roi protecteur. » (1)

Ce pays est presque entièrement couvert de montagnes et de rochers, mais admirablement bien cultivé. Les Biscayens s'adonnent particulièrement à la culture de leurs vergers, et doivent à leur infatigable activité l'avantage de recueillir les meilleurs fruits de l'Espagne, et surtout des poires et des pommes. Ils font une grande quantité de cidre, et cette boisson

(1) *Tableau de l'Espagne moderne*, tome I, pag. 13.

remplace abondamment pour eux le vin qui leur manque. Il y a cependant des vignobles en Biscaye, mais ils sont peu étendus, et le vin qu'on y recueille n'est pas de garde. L'agriculture y est très-perfectionnée, ainsi que l'éducation des bestiaux. Le Guipuscoa, cependant encore plus montagneux que le reste de la Biscaye, ne produit pas de blé; mais l'Alava fournit abondamment du riz et toutes sortes de grains. Les mines de la Biscaye consistent principalement en plomb et en fer; elles fournissent non-seulement aux besoins de cette province, mais à une exportation considérable. La pêche qui se fait le long des côtes est fort importante, et les Biscayens, nés pour la mer, sont les meilleurs marins de toute l'Espagne. Au commencement du siècle dernier, on y faisait une pêche considérable de baleines; mais cette source de richesses s'est tarie, les baleines s'étant retirées vers le nord. L'heureuse situation de ce pays sur la mer et le voisinage de la France donnent lieu à un commerce très-florissant.

Un ardent amour de la liberté joint à un grand courage et à un attachement invincible à ses vieilles et sages institutions, forment le caractère du Biscayen. Joignez-y une grande franchise et beaucoup d'activité. Les Biscayens sont très-fiers de leur naissance; ils se disent tous nobles. Il est très-facile de sourire de ce préjugé quand on n'en connaît pas l'honorable origine. Ils se prétendent et sont réputés nobles parce que leurs ancêtres conservèrent dans leurs âpres montagnes le dépôt sacré de la religion et du sceptre de leurs rois. Le sang maure n'a jamais été mêlé avec celui de ces vieux chrétiens : voilà la source de cette glorieuse distinction. On devrait en tout cas pardonner ce ridicule à un peuple dont la première noblesse est dans le caractère. Il est reconnu que dans l'espace de quarante ans on n'a pas vu un seul procès criminel dans toute la province.

Il n'y a qu'une seule route de France en Biscaye. En venant de *Bayonne* et de *Saint-Jean-de-Luz*, on entre en Espagne après avoir traversé la *Bidassoa*, limite naturelle et politique des deux royaumes. La forteresse d'*Irun* se présente alors, et la route qui traverse la Biscaye du nord-est au sud-ouest conduit à Tolosa, Vittoria, etc.

Sur la rive de la Bidassoa qui appartient à la France, on voit une montagne célèbre, la montagne de Louis XIV.

La Bidassoa a vers cet endroit une petite île qui est devenue fameuse par la conférence entre le cardinal Mazarin et don Louis de Haro, qui eut pour résultat la paix des Pyrénées, en 1659. Quelques jours après, Louis XIV et Philippe IV y eurent une entrevue, suivie de la remise de l'infante Marie-Thérèse d'Autriche, qui, destinée à devenir reine de France, fut le gage de la réconciliation entre les deux couronnes. Cette île, alors nommée l'*Ile des Faisans*, a depuis cette époque pris le nom d'*Ile de la Conférence*. Quarante-un ans après, l'Ile des Faisans fut témoin des adieux du duc d'Anjou, petit-fils de Louis XIV, proclamé roi d'Espagne, avec les princes ses frères (1701). Petite, stérile, inhabitée, cette île n'a dû sa renommée, comme tant de personnes médiocres qui font du bruit dans le monde, qu'à une heureuse circonstance. La Bidassoa donna lieu autrefois à beaucoup de contestations entre les souverains de France et d'Espagne. Un traité entre Louis XII et Ferdinand V termina ces différends. Il fut stipulé qu'ils percevraient également les droits sur cette rivière. On passe la Bidassoa sur un pont de bois construit aux frais des deux monarchies. Ce fut encore sur la Bidassoa, près de Fontarabie, que se fit, en 1526, l'échange du roi François Ier, prisonnier en Espagne, contre ses deux fils qu'il donnait en otage. « Il y avait, dit Mézerai, » un grand bateau à l'ancre dans le milieu de la ri- » vière. En même tems les Espagnols mirent le roi » dans une petite barque, et les Français, les fils du » roi dans une autre, et en même tems ils les échan- » gèrent, les faisant passer par le grand vaisseau d'où » ils les faisaient passer dans leurs barques. » Après le traité de Cambrai, conclu, en 1529, avec Charles-Quint, le maréchal de Montmorenci se rendit à Andaye pour apporter les 1,200 mille écus stipulés pour la rançon des deux fils de François Ier; et le 1er juin 1530, il échangea cette somme avec les deux princes *au même endroit et de la même sorte* qu'ils l'avaient été avec leur père. Pendant la dernière guerre d'Espagne, le duc de Wellington, trois mois après la bataille de Vittoria, et le jour même de la victoire de Vera, passa la Bidassoa, pour entrer en France, le 7 octobre 1813; mais ce ne fut point sans éprouver une vive résistance de la part des Français, qui avaient établi sur les hauteurs de *Mandale* des retranchemens que les Anglais enlevèrent à la baïonnette.

PROVINCE DE GUIPUSCOA.

Cette province, qui est la seule partie de la Biscaye qui confine aux frontières de France, est bornée au nord par le golfe de Gascogne, à l'est par le département des Basses-Pyrénées et par la Navarre espagnole, au sud par l'Alava, et à l'ouest par la Biscaye propre. Elle a 18 lieues de l'est à l'ouest, et 12 du nord au sud.

Villes et lieux principaux.

Irun, première ville d'Espagne en venant de Saint-Jean-de-Luz, sur la Bidassoa, petite et mal bâtie, offre une position militaire très-importante. Elle fut plusieurs fois le théâtre d'événemens qui l'ont rendue plus célèbre que bien des grandes villes. En 1638 elle fut prise par le prince de Condé. Dans la dernière guerre d'Espagne elle fut sans cesse traversée par les corps qui venaient de France se perdre dans la Péninsule. Les habitans étaient si animés contre les Français, bien qu'ils fussent obligés de dissimuler leur haine, qu'ils tenaient un compte exact des soldats et des officiers qui entraient en Espagne, et de ceux qui en sortaient blessés; et c'était d'après leurs rapports que les *guerillas* combinaient leurs opérations. Après la bataille de Vittoria, Wellington se porta sur cette place pour arrêter la retraite des Français (24 juillet 1813).

Fontarabie (*Fons rapidus*), à l'ouest d'Irun, est une des plus fortes villes de l'Espagne. Elle est située au bord de la mer, sur la rive gauche de la Bidassoa. Cette ville a soutenu bien des siéges contre les Français; elle fut prise l'an 1521 par l'amiral Bonivet, sous François Ier; mais les Espagnols la reprirent deux ans après. Philippe IV la gratifia du nom de cité pour récompenser le courage avec lequel ses habitans se défendirent en 1638 contre le prince de Condé. En 1660 ce fut à Fontarabie que l'infante d'Espagne Marie-Thérèse épousa Louis XIV par procureur. Les Français prirent cette ville le 14 thermidor an 2 (1794).

Rentaria ou Renteira, bourg, sur le bord de la mer, mais sans port : cette petite place a été ceinte de murailles en 1320. Il y a des fabriques de fer.

Le Port du Passage, voisin de Fontarabie, est, selon M. Bourgoing, peut-être le plus sûr qu'il y ait en Europe. Il forme un bassin de deux lieues de longueur sur une lieue de largeur, couvert de tous côtés par de hautes montagnes. C'est là où se tenaient souvent les flottes royales quand le roi d'Espagne avait une marine. L'entrée de cette vaste baie communique à la mer par un défilé que forment deux rochers, et que deux vaisseaux ne pourraient traverser de front. Le Port du Passage fut pris en 1638 par le prince de Condé, qui s'empara en outre de douze vaisseaux espagnols. C'est là que dans la dernière guerre fut embarquée, le 1er novembre 1813, la garnison française prisonnière après la reddition de Pampelune.

Le fort du Figuier, près du Port du Passage, fut pris en 1638 par le prince de Condé.

Saint-Sébastien est la capitale du Guipuscoa et la résidence du capitaine général de cette province. Cette petite ville, très-bien bâtie, ne tient au continent que par une langue de terre basse et étroite. Son port, formé par des jetées pour quinze ou vingt bâtimens, est dominé par une éminence sur laquelle est un château construit à la moderne, où l'on entretient une forte artillerie. Du côté de la terre, elle est défendue par de bonnes murailles. On trouve dans cette ville des fabriques de cuir, des tanneries et une fabrique d'ancres pour la marine royale et d'agrès pour les navires. Il y a beaucoup de forges, et ses lames d'épée sont estimées; on y fait un grand commerce d'exportation de laines de Castille. Population, 12,000 habitans. Ils jouissaient avant la révolution d'un privilége singulier : quand ils traitaient avec le roi d'Espagne en personne, le prince était obligé de se tenir tête nue. Les Français prirent Saint-Sébastien le 16 thermidor an 2 (1794). Lors de la dernière guerre d'Espagne et des désastres des Français, cette place, que les Anglais assiégeaient par terre et par mer, fut presque entièremeut changée en un monceau de ruines. La ville fut prise le 31 août 1813, et ce ne fut que huit jours après, le 8 septembre, que la garnison française, qui s'était retirée dans le château, se rendit au général Thomas Graham.

Saint-Barthelemy (le couvent de), à 300 toises des fortifications de Saint-Sébastien, formait la troisième ligne de la défense de cette place, lors du siége de cette ville par le général Graham, qui le fit enlever de vive force le 16 juillet 1813.

Saint-Martin, village près de Saint-Sébastien, qui fut brûlé pendant le siége de cette place par les Anglais. (*Voy*. les articles précédens.)

Sainte-Claire, petite île près de Saint-Sébastien, où les Anglais débarquèrent le 27 août 1813, s'y établirent et élevèrent des batteries pour foudroyer cette place.

Après Saint-Sébastien, en suivant toujours le bord de la mer, on trouve :

Guetaria, petite ville qui a un bon port et un fort château. C'est la patrie du fameux navigateur Sébastien Cané, à qui l'empereur Charles V donna pour devise un globe terrestre avec ces paroles : *Primus me circumdedisti*, c'est-à-dire, *tu m'as le premier parcouru tout entier*.

Deva, sur la rivière de ce nom, petit port qui est devenu peu sûr à cause d'une barre que la Deva forme à son embouchure. On y faisait la pêche de la baleine dans le siècle dernier, lorsque ce cétacée était commun dans ces parages.

Motrico, à l'ouest de Deva et sur l'extrême frontière du Guipuscoa, petit port assez dangereux pendant la marée montante, à cause d'un rocher qui est placé à son entrée, et que la mer laisse à découvert à la marée descendante.

De Motrico la route descend un peu au sud et conduit à Bilbao (Biscaye propre). Plusieurs routes traversent l'intérieur du Guipuscoa; l'une prend à Irun et conduit à Tolosa. On trouve dans cette direction :

Oyarzun, petite ville près de laquelle est une très-belle carrière de marbre veiné. Cette place fut vivement défendue par les Anglais, lorsque les Français firent une si vigoureuse tentative pour l'enlever, afin d'aller dégager Saint-Sébastien (31 juillet 1813).

Tolosa ou Tolosetta, sur les rivières d'Araxès et d'Oria, au centre du Guipuscoa, dont elle est la capitale. Population, 4,200 habitans. Fabriques de clous, fers à cheval, batteries de cuisine en fer étamé, etc.; sabres, armes à feu, cuirs, etc. Les environs sont très-fertiles en grains, en maïs, en châtaignes. La ville est bien bâtie. Les rues sont bien pavées et éclairées pendant la nuit, ce qui est rare en Espagne; mais pendant le jour, des fenêtres sans vitres; et l'obscurité des rues, donnent à Tolosa l'aspect le plus triste. Les Français prirent cette ville au mois de frimaire an 3 (1794). C'est à Tolosa que les anciens états de Biscaye tenaient leurs sessions.

Une autre route conduit du Port du Passage à Tolosa par :

Hernani, jolie petite ville, située dans une vallée fertile qu'arrose l'Oria, et en avant de Saint-Sébastien. C'est de là que le général Graham dirigeait les opérations du siége de cette dernière place. On exploite dans les environs d'Hernani une riche mine de fer.

Alegria, au sud de Tolosa, petite ville où l'on fabrique des fusils, des sabres et quelques instrumens de labourage, est le berceau de la famille des Mendizabal, hommes distingués dans la marine.

Bergara ou Vergara, sur la Deva, au sud de la précédente, petite ville dont la population s'élève à 4,000 habitans. On y fabrique d'excellent acier. Elle est recommandable par les écoles qui y ont été fondées pour toutes les sciences, en 1765, par la société patriotique formée dans la province. Cette ville fut prise au mois de frimaire an 3 (1794), par les Français, qui la mirent au pillage.

Mondragon, au sud de Bergara, petite ville au bord de la Deva; elle est sur une colline remarquable par un grand nombre de fontaines minérales. Le territoire qui l'environne produit d'excellentes pommes dont on fait une espèce de cidre. Il y a des mines de fer, et il se fabrique dans cette ville des armes renommées pour leur bonté.

Salinas, bourg sur la Deva vers la frontière de l'Alava, près duquel il y a une source d'eau salée. Cette saline fournit par an une quantité considérable de sel. La côte par où l'on y arrive est escarpée et fameuse par plus d'un accident. Au nord de Tolosa nous citerons :

Placencia, sur la Deva. Il y a dans cette ville une manufacture d'armes où l'on fabrique d'excellens fusils, des carabines et des pistolets pour les troupes espagnoles. La coutellerie de Placencia est aussi fort estimée.

Aspeytia, à l'ouest de Tolosa, est située dans une vallée fort agréable. Elle a dans son territoire *Loyola*, château où est né saint Ignace, surnommé de Loyola, fondateur des jésuites, dont l'institut a été confirmé par Paul III, en 1540, après beaucoup de contradictions.

PROVINCE D'ALAVA.

Cette province est bornée au nord par le Guipuscoa et la Biscaye propre, à l'est par la Navarre, à l'ouest et au sud par la Vieille-Castille. Elle a 14 lieues de l'est à l'ouest vers le nord, 6 seulement vers son extrémité méridionale, et 10 lieues du nord au sud.

Si les habitans du Guipuscoa et de la Biscaye propre sont tout à la fois marins et agriculteurs, ceux de l'Alava ne se livrent qu'à l'agriculture, et cela tient à la situation de leur pays.

Du Guipuscoa on entre dans l'Alava par le mont Adrien (*Sierra de Adriano*), qui a pris le nom d'un ancien hermite. Cette chaîne particulière, qui dépend des Pyrénées, en forme la partie la plus élevée.

La route qui traverse cette montagne et qui vient de Tolosa, conduit à :

Vittoria, capitale de l'Alava, en latin *Victoria*, fondée par Sanche, roi de Navarre, en mémoire d'une victoire qu'il remporta sur les Maures. Elle est en général mal bâtie et mal pavée ; mais tout y respire l'industrie et l'activité. Elle a, depuis environ quarante ans, une place carrée dont chaque côté a dix-neuf arcades, occupées par des boutiques. On y fait un grand commerce de fer brut et travaillé : on y fabrique des lames d'épée. Vittoria est en même tems l'entrepôt du commerce d'une partie de la Navarre et de la Vieille-Castille. Population, 6,700 habitans. Les Français s'en emparèrent au mois de messidor an 3 (1795). En 1808, lorsque le roi Ferdinand VII, trompé par Buonaparte, alla au devant de lui jusqu'à Bayonne, et qu'il passa à Vittoria, les habitans, mus par un triste pressentiment de ce qui devait se passer, s'opposèrent à la continuation de son voyage, coupèrent les traits de ses chevaux et le conjurèrent de ne pas se confier à Napoléon. Le malheureux roi passa outre, et quinze années de calamités pour l'Espagne et pour lui ont été le résultat de cet inconcevable aveuglement. Vittoria fut, pendant toute la guerre d'Espagne, fatiguée par les passages continuels des différentes armées, que l'ambition de Buonaparte s'obstinait à sacrifier dans la Péninsule. Lorsqu'en 1809 Joseph Napoléon vint prendre possession du trône d'Espagne, son quartier général fut établi le 25 octobre dans cette ville. De là furent prises les dispositions qui assurèrent le succès de cette campagne. Mais, quatre ans après, les champs de Vittoria furent témoins de la victoire décisive que lord Wellington remporta le 21 juin 1813. Les Français étaient commandés par Joseph Napoléon, et conduits par le maréchal Jourdan. Ils perdirent 180 pièces de canon, un drapeau, et eurent plusieurs généraux tués ou blessés.

SABYANA DE ALAVA, village dans les montagnes près de Vittoria, sur la Zadora, était sur le front de l'armée française, à la bataille de ce nom. Il fut enlevé par le général anglais Rowland Hill (21 juin 1813).

ZADORA, rivière qui va se jeter dans l'Ebre, et qui donne son nom à une vallée voisine de Vittoria. C'est sur une hauteur qui domine ce val, qu'était placé le centre de l'armée française, à la bataille de Vittoria. Son aile droite, rangée dans les environs de cette ville, défendait le passage de la Zadora. Les Anglais, qui avaient placé sur ce point d'attaque quatre de leurs divisions, ne purent parvenir à traverser cette rivière qu'après avoir essuyé la plus vigoureuse résistance (21 juin 1813).

PUEBLA DE ARLANZON, dans la vallée de Zadora. C'est contre les hauteurs qui s'étendent jusqu'à ce village, que s'appuyait l'aile gauche de l'armée française, à la bataille de Vittoria. Le général Rowland Hill engagea l'action en s'emparant de ces hauteurs, et s'y maintint malgré les constans efforts des Français. Le général espagnol Murillo fut blessé sur ce point (21 juin 1813).

Arugnez, village dans le val de Zadora, vers lequel s'appuyait la prolongation de l'aile gauche de l'armée française, à la bataille de Vittoria (21 juin 1813).

Gomicha, village derrière Arugnez, où était placée une réserve de l'armée française à la même bataille.

Margina, village voisin de Vittoria dans la direction duquel Wellington se porta le 20 juin 1813 pour reconnaître et attaquer les Français en position autour de cette ville. C'est par ce point que l'aile gauche de l'armée anglaise, commandée par sir Thomas Graham, attaqua l'aile droite de notre armée.

Gamarra Major, Gamarra Menor, villages sur la Zadora, avec un pont; ils sont couverts de hauteurs escarpées, sur lesquelles, à la bataille de Vittoria, l'armée française appuya et concentra sa droite. Le premier de ces villages fut emporté d'assaut par le général Robinson; les Français y perdirent beaucoup de monde et trois canons. Le second fut enlevé par le colonel espagnol Longa (21 juin 1813).

Abechuco, village sur la Zadora, tout près des précédens, avec un pont où était également concentrée une partie de l'aile droite de l'armée française à la bataille de Vittoria. Ce village fut pris après un vif combat sur le pont, dans lequel les Français perdirent trois canons et un obusier. L'occupation de ce village, et celle des deux Gamarra, décida du succès de la journée en faveur de Wellington ; elle coupa aux Français la retraite par le grand chemin de Vittoria en France, et ils furent obligés de prendre la route de Pampelune.

Salvatierra, à 4 lieues à l'est de Vittoria, vers la frontière de Navarre, bourg entouré de murailles au pied du mont Adrien. Il y a plusieurs fabriques de peaux et de cuirs ; ses environs offrent une mine de fer. C'est dans cette place que Wellington porta, le 23 juin 1813, son quartier général après la victoire de Vittoria. (*Voy.* les noms qui précèdent.)

Treviño, à 4 lieues au sud de Vittoria, ville fortifiée, bâtie sur une colline non loin de la rivière d'Ayuda (1).

Une route à l'ouest de Vittoria conduit dans la Vieille-Castille, dont cette ville n'est éloignée que de 4 lieues et demie. Malgré les difficultés du terrain, c'est une des plus belles routes de l'Espagne. On compte jusqu'à 300 villages et hameaux dans la plaine qu'elle traverse.

La Guardia, village au sud de Vittoria, vers la frontière de la Vieille-Castille.

Arminon. Ce village est à une lieue de Miranda de Ebro, première ville de la Vieille-Castille de ce côté. Un peu en avant de Miranda s'élève une colonne de marbre, dont l'inscription indique la limite de l'Alava et de la Vieille-Castille ; monument, dit M. Bourgoing, peut-être un peu trop somptueux pour le sujet.

(1) La carte de Lopez place cette ville dans la Vieille-Castille.

SEÑORIO DE BISCAYA, OU BISCAYE PROPRE.

La Biscaye propre ou seigneurie de Biscaye, qui comprend aussi le pays des quatre villes, est bornée au nord par le golfe de Biscaye, à l'est par le Guipuscoa, à l'ouest par la province de Burgos. Elle a environ 13 lieues de l'est à l'ouest, et 6 du nord au sud. Les priviléges (en espagnol, *fueros*) que la seigneurie de Biscaye conservait sous le gouvernement des rois, étaient fort étendus. Pour eux, le monarque se dépouillait du titre de roi, et n'était plus que le *seigneur*. On montre encore en Biscaye l'antique chêne de *Guernica*, sous lequel Ferdinand-le-Catholique et Isabelle se rendirent pour y jurer aux Biscayens le maintien de leurs *fueros*. Le gouvernement y est représentatif. (*Voy*. ci-dessus *détails généraux sur la Biscaye*.)

Villes et lieux principaux.

En suivant la côte, on trouve, à une lieue de *Motrico*, qui est le port le plus occidental du Guipuscoa :

Lequeytio, port qui ne peut recevoir que de petits navires.

Viennent ensuite :

Hea, le cap Machichago, qui est la partie de la Biscaye la plus avancée dans la mer.

Bermeo ou *Vermeo* (*Vesperies*), petite ville près du cap Machichago, est la patrie du fameux poète Alonzo de Ercilla y Zuniga.

Portugalete, petit port situé sur une colline, à

l'entrée de la rivière d'*Ybaychalval*. Les vaisseaux peuvent s'y tenir en sûreté pendant les gros tems.

Bilbao, évêché, un peu au sud de Portugalete, capitale de toute la Biscaye, située dans une plaine agréable, très-bien cultivée, et protégée par des collines élevées. Cette ville contient 13,000 habitans, dont l'occupation est le commerce. La principale industrie de Bilbao était la tannerie ; mais cette branche est considérablement tombée depuis que les cuirs venant d'Amérique ne peuvent arriver directement à Bilbao, et sont assujettis à de gros droits quand on les embarque dans un autre port de la Péninsule pour le sien (1). La seule ressource de Bilbao est donc le commerce ; mais il est immense : Bilbao reçoit et expédie toutes sortes de marchandises. Là s'embarque la plus grande partie des laines que l'Espagne envoie à l'étranger. Là vient aboutir presque tout ce qui arrive des autres pays de l'Europe pour la partie septentrionale de la Péninsule. On compte à Bilbao environ deux

(1) M. Bourgoing donne l'explication de ce fait. « Les Biscayens, dit-il, ont pour les douanes une aversion qu'en plus d'une occasion ils ont prouvé être insurmontable. Lorsqu'en 1778 le commerce de l'Amérique espagnole fut étendu à plusieurs ports de la métropole, ils auraient pu y faire participer les leurs, s'ils avaient voulu admettre les douanes ; mais ils ont vu dans les employés du fisc les satellites du despotisme, et leur généreuse méfiance a repoussé les bienfaits du souverain. Ils ne peuvent faire d'expéditions pour l'Amérique qu'en les préparant dans les ports les plus voisins de leurs côtes. (*Voy.* tome I, p. 25.)

cents maisons de commerce. Les maisons sont bien bâties, fort hautes, et ont des avant-toits fort saillans, destinés à mettre les habitans à l'abri du soleil et de la pluie, mais dont l'effet est fort peu agréable à la vue. La propreté des rues est entretenue par une foule de conduits, qui amènent l'eau à volonté. On y voit quelques beaux édifices, entre autres, la Boucherie. Cette ville fut fondée, en 1300, par don Diego Lopez de Paro. Au commencement de la dernière guerre d'Espagne, Bilbao était défendue par une garnison de 30,000 hommes, commandés par le marquis de la Romana. Le maréchal Lefebvre les culbuta de toutes leurs positions, au pas de charge, et entra dans Bilbao le 30 octobre 1808; mais les montagnes qui entourent cette ville et celle de Saint-Ander, protégèrent la retraite des Espagnols, dont le plan de guerre était toujours de se disperser devant les masses des troupes françaises.

Guenès, village en avant de Bilbao, dominé par des hauteurs, où le maréchal Lefebvre battit deux fois les Espagnols, le 1er novembre 1808, avant d'entrer dans la capitale de la Biscaye, et le 7 du même mois, après la prise de cette ville.

Valmaseda, bourg au sud-ouest de Bilbao, où, après la prise de cette capitale, entra le maréchal Lefebvre, en poursuivant l'ennemi (7 novembre 1808). Le lendemain, le général Sebastiani attaqua, sur une montagne très-élevée, à la droite de Valmaseda, l'arrière-garde des Espagnols, la culbuta et leur fit un grand nombre de prisonniers.

Durango, à environ 5 lieues au sud-est de Bilbao, ville située dans une vallée entourée de hauteurs. Elle est assez peuplée, et ses habitans sont renommés pour leur habileté à travailler le fer, et surtout la coutellerie. Les pommes que produisent ses environs sont très-estimées.

Mondragon, village entouré de hauteurs, situé près de Durango.

Orduño ou *Orduña*, située, à 6 lieues au sud de Bilbao, dans une vallée agréable, entourée de tous côtés de montagnes. Cette petite ville passe pour être le chef-lieu du pays des quatre villes, qui, outre *Orduño*, sont : *Oquenda*, *Messana*, *Respulda*. Le pays des quatre villes est long et étroit, et se trouve enclavé entre la seigneurie de Biscaye, le Guipuscoa, la Vieille-Castille et l'Alava (1).

Observation sur les provinces de Saint-Ander et de Santillana.

A l'occident de la Biscaye est une province sur laquelle les géographes ne sont pas d'accord : les uns veulent faire arriver jusque là la limite orientale des

---

(1) Cette subdivision de la Biscaye, qui rend assez compliquée cette partie de la géographie de l'Espagne, est en général très-mal indiquée sur les cartes géographiques. Elle ne l'est d'une manière satisfaisante que sur celle de Lopez, imitée par Mentelle, dans sa belle carte de neuf feuilles.

Asturies; et, par conséquent, comprennent dans cette province *Saint-Ander* et *Santillana* : c'est ce que l'on voit dans toutes les anciennes géographies. Les géographes français ou anglais modernes ont, pour la plupart, suivi l'ancienne routine. M. Delaborde fait un mélange assez peu satisfaisant de ces deux divisions : il admet la province appelée *Las Montanas de Sant-Ander*, qui, dit-il, s'étend entre l'Asturie de Santillana, la Vieille-Castille et la Biscaye; mais il ne dit pas, d'après l'autorité des géographes espagnols don Thomas Lopez et Antillon, que cette province appartient maintenant à la Vieille-Castille, *Provincia de Burgos*. La géographie de Guthrie, revue et corrigée par M. Hyacinthe Langlois, a évité cette faute : elle comprend Saint-Ander et Santillana dans la province de Burgos. Cette division, la seule véritable, est observée dans les cartes nouvelles d'Espagne de MM. Mentelle, Lapie et Poirson. Il est fâcheux que M. Brüé, qui vient de publier un atlas très-remarquable pour la beauté de l'exécution, ait laissé s'introduire cette faute dans un ouvrage que tant d'autres mérites rendront fort répandu.

M. Delaborde a fait encore une autre inadvertance; il sépare la province de Saint-Ander de celle de Santillana, qu'il comprend dans les Asturies, faute qui pourrait être excusable puisqu'elle aurait pour elle quelques autorités; mais ce que l'on ne conçoit pas, c'est qu'en séparant ces deux petites provinces, il comprenne dans la première, c'est-à-dire dans celle de Saint-Ander, les ports de *Saint-Martin de la Arena* et de *Saint-Vincent de la Barquera*, qui sont, relativement à Saint-Ander, au delà de Santillana.

M. Bourgoing ne s'est pas trompé sur ce point. Le pays adjacent aux Asturies, dit-il, se nomme *Las Montanas de Burgos*; puis il cite avec exactitude les villes de cette province, etc. (*Tableau de l'Espagne moderne*. Tome II, page 165.)

Pour éclaircir, autant qu'il était en nous, cette difficulté, après avoir consulté un grand nombre de cartes et de livres, nous avons interrogé des Espagnols instruits, qui ont confirmé par leur témoignage la division de Lopez et d'Antillon. Nous avons vu même un jeune homme de Saint-Ander s'offenser presque de la question que nous lui faisions s'il était Asturien, et répondre avec orgueil qu'il était Castillan.

D'après cela, nous allons passer immédiatement à la description des Asturies, et nous ne parlerons des provinces de Saint-Ander et de Santillana, que lorsque nous serons arrivés à la Vieille-Castille.

PRINCIPAUTÉ DES ASTURIES.

Les Asturies sont bornées au nord par l'Océan, au sud par le royaume de Léon, à l'est par cette partie de la Vieille-Castille qu'on appelle las Montanas de Burgos, à l'ouest par la Galice. Cette province a 42 lieues de long sur 19 de large.

Beaucoup d'auteurs divisent les Asturies en Asturies d'Oviedo et Asturies de Santillana ; mais, d'après la division que nous avons dû adopter comme la seule réelle, les Asturies de Santillana dépendent de la province de Burgos dans la Vieille-Castille.

Le sol des Asturies est très-montagneux et très-froid, mais le climat est sain, et il y a des territoires riches, fertiles et très-bien cultivés. On y recueille un peu de blé, mais on n'y fait pas de vin. Les pommes y sont nombreuses, et servent à faire une grande quantité de cidre. On y élève beaucoup de bestiaux et des chevaux renommés pour leur force et pour leur vitesse, mais dont l'espèce devient chaque jour plus rare, par la multiplication exagérée des mules. Il y a quelques fabriques de lainage. Dans les montagnes, on trouve des mines de cuivre, de plomb, de fer, de très-beaux marbres, du cristal de roche, etc. On recueille de l'ambre et du corail sur une partie des côtes : on sait que, sous les Romains, les Asturies avaient des mines

d'or (1). On estime la population des Asturies à 350,000 personnes. « Parcourir les Asturies, dit
» M. Delaborde, c'est visiter le lieu le plus impo-
» sant de l'histoire moderne. On s'y rappelle la fermeté
» noble et vertueuse d'un petit peuple qui sauva une
» grande monarchie. Sur ce sol des héros, on aime à
» sentir qu'avec un esprit fier, un courageux dévoue-
» ment et une volonté énergique, on peut surmonter
» les efforts des conquérans (2). » En effet, les Astures ne furent jamais soumis aux Carthaginois, ni à la république romaine ; et il ne fallut pas moins que toute la puissance d'Auguste pour soumettre ce peuple courageux. Les Astures passèrent avec le reste de l'Espagne sous la puissance des Goths ; mais, lors de la destruction de l'empire de ces derniers en Espagne, ils eurent le courage de se soustraire au joug humiliant de l'infidèle. En effet, après la bataille de Xerès, qui soumit toute la Péninsule aux Musulmans, en 713, Pélage, qui se cantonna dans les montagnes des Asturies, avec ce qu'il y avait de plus résolu parmi les Goths, opposa, selon l'expression de Bossuet, aux infidèles un nouveau royaume par lequel ils devaient un jour être chassés de l'Espagne. Pélage jeta dans les Asturies les fondemens de la monarchie

(1) « *Natura regionis circà se omnis aurifera, miniique et chrysocollæ et aliorum colorum ferax. Itaque exerceri solum jussit. Sic Astures latentes in profundo opes suas atque divitias, dùm aliis quærunt, nosse cœperunt.* » (Florus, *lib.* 4.)

(2) *Itinéraire descriptif de l'Espagne*, tome II, pag. 166-167.

espagnole. Elle forma par la suite une principauté, et depuis l'an 1388, le nom de cette province est devenu le titre des fils aînés des rois de Castille. Pendant la dernière guerre d'Espagne, les Asturies ne furent jamais entièrement soumises au joug de Napoléon. Il y eut des insurrections fréquentes, même à Oviedo (a).

Les côtes des Asturies ont dix-huit ports à peine connus de nom, mais qui ne sont pas sans commerce.

Villes et lieux principaux.

En suivant de l'est à l'ouest la route dite chemin de la Côte, qui longe presque toutes les Asturies, dans une étendue de 40 lieues, on trouve :

LLANÈS, petit port de mer à l'extrémité orientale des Asturies. Un chemin conduit de Llanès à Oviedo, capitale de toute la province.

RIBADESELLA, port situé à l'embouchure de la *Sella*, où l'on pêche une quantité prodigieuse de saumons ; elle a un bon môle et un fond suffisant pour recevoir des vaisseaux de 40 canons.

VILLAVICIOSA sur la Linarès, avec un pont. Ses habitans font quelque commerce.

COLUNGA, au nord de la précédente, avec un pont sur la rivière de même nom.

GIJON, à 4 lieues au nord d'Oviedo, petite ville située au pied d'une montagne, est le port le plus fréquenté de cette côte. Ses rues larges et bien ali-

---

(1) *Cantabrorum et pejor et altior et magis pertinax in rebellando animus fuit.* (Florus *loco citato*.)

gnées en font la plus agréable cité des Asturies. Elle est assez bien fortifiée, et possède l'institut des Asturies, où l'on enseigne les mathématiques, la minéralogie et les sciences navales. Population 3,000 ames. Gijon fut la première capitale des Asturies. Ce fut dans ses murs que Pélage trouva une dernière retraite contre les Sarrasins vainqueurs. Ce n'était alors qu'un bourg de pêcheurs qui devint bientôt une petite ville et la capitale de toute l'Asturie. Pélage et ses premiers successeurs portèrent le titre de comtes de Gijon. Ses environs abondent en légumes, fruits, et surtout en pommes dont on fait d'excellent cidre. Ses pâturages sont couverts de nombreux bestiaux, et la mer lui fournit d'excellens poissons.

Aviles, ville et port sur la rivière de même nom, située dans la baie formée par le cap Peñas, qui s'avance vers le nord. L'entrée de la rivière est défendue par le fort de *San Juan*, qui a un commandant particulier. Aviles renferme quelques beaux édifices. Sa population est de 3,000 personnes. Ses habitans font beaucoup de chaudronneries et divers ouvrages en cuivre. Il y a des fabriques de toile ordinaire et de celle qu'on nomme *beatillas*, étoffe fine et claire à l'usage des religieuses. Une route de 4 lieues conduit d'Aviles à Oviedo.

Cudillero, port situé dans une vallée très-profonde et très-étroite, entre deux hautes montagnes. Le sol de la ville est si bas, que les flots de la mer arrivent jusqu'aux maisons, et que dans les marées hautes la moitié s'en trouve inondée. Le port est beau et protégé par un môle.

Cadavedo, petit port à l'ouest du précédent.

Luarca, à l'ouest, est un des principaux ports des Asturies.

Navia, située sur la Navia, qui arrose une plaine fertile. C'est un port assez considérable, qui fait quelque trafic. Les habitans sont persuadés que c'est Cham, l'un des fils de Noé, qui a fondé leur ville, et qui lui a donné, ainsi qu'à la rivière, le nom de sa femme Navia.

Castropol, à l'embouchure de la rivière d'Eo, et sur sa rive orientale, petit port, sur l'extrême frontière des Asturies, du côté de la Galice.

Dans l'intérieur de la province des Asturies, on ne trouve pas un grand nombre de villes importantes; voici cependant celles qu'il faut distinguer :

Oviedo, capitale de la principauté, située dans une plaine un peu élevée, au confluent de deux petites rivières, l'Ovia ou l'Ove et la Nora, laquelle, après avoir reçu l'Ove, confond elle-même ses eaux avec le Nalon, qui coule au sud d'Oviedo. Elle est la résidence d'un évêque ; elle a une cathédrale, chef-d'œuvre de construction gothique, bâtie en 760 par Froïla Ier, où il est enterré ; une université, fondée en 1580 ; six couvens, trois colléges, trois hôpitaux et une académie de dessin. Les rues sont assez régulières et aboutissent presque toutes à la place principale, où se tient le marché. On y voit un aqueduc en pierres de taille de 40 arcades, qui amène dans la ville les eaux de la fontaine de *Tentorio de Boo*. Sa population est de 6,400 habitans. Le commerce y est assez animé. Il y a des tanneries, des fabriques de chapeaux, peignes de corne, boutons d'os, enfin un grand magasin d'armes pour l'armée. D'illustres souvenirs religieux se rattachent au nom de la capitale des Asturies. Dans le 9ᵉ siècle, elle fut honorée du titre de cité des évêques, parce qu'un grand nombre de prélats, persécutés par les Sarrasins, s'y réfugièrent. Il s'y tint, l'an 901, un concile national pour la réforme du clergé de la Péninsule. Dans la dernière guerre d'Espagne, au mois d'avril 1809, le marquis de la Romana s'étant porté de la Galice sur les Asturies pour les insurger, Oviedo lui ouvrit ses portes. Le maréchal Ney, qui était avec un corps d'armée dans la Galice, fit rentrer momentanément cette ville dans le devoir.

D'Oviedo, point central des Asturies, partent plusieurs routes belles et faciles pour Gijon, pour Aviles, qui en sont éloignées l'une et l'autre de 10 lieues de France; une autre de 23 lieues va à Ribadeo, frontière de la Galice, une autre à Navia, une autre à Luarca.

Une sixième route de 18 lieues conduit à Llanès, dernier port des Asturies, du côté de l'est. Sur cette route on remarque :

Cangas de Onis, ville assez considérable, située dans une vallée profonde, abondante en toutes sortes de fruits. Son principal commerce est en poissons salés.

Près de cette ville est le monastère de Saint-Pierre Villanosa, qui occupe l'emplacement où était le palais d'Alphonse Ier, petit-fils de Pélage. On y voit encore des restes de construction ou de sculpture qui remontent à ces tems reculés, entre autres la représentation en pierre de la mort de Favila, fils et successeur de Pélage, qui fut, en 738, tué par un ours qu'il poursuivait à la chasse.

Onis, ville à l'est de Cangas, au pied d'une montagne, sur la petite rivière de Curado.

Cette route conduit à Santillana (province de *las Montanas de Burgos*).

Une dernière route partant d'Oviedo, et qui est la plus belle de toutes, conduit à Madrid par le royaume de Léon. Pour arriver aux frontières de ce royaume, il faut traverser 13 lieues d'un pays assez fertile; mais sur ce chemin on ne rencontre aucun endroit important.

Outre cette dernière route, il y a dix-huit passages dans les *montagnes des Asturies* qui servent à la communication avec le royaume de Léon.

On peut citer encore parmi les villes de l'Asturie d'Oviedo :

Trubia, bâtie sur la rivière du même nom; elle a une fabrique royale de boulets de tous calibres, de grenades et de bombes. On y fond aussi des canons de fusils.

Peñaflor, bourg considérable, près la rivière d'Asta, à environ 4 lieues au sud-ouest d'Oviedo.

ROYAUME DE GALICE.

Cette province est la plus occidentale de toute l'Espagne. Elle est bornée par l'Océan au nord et à l'ouest; au sud, par le Portugal; et à l'est, par les Asturies. Elle a 55 lieues de long sur 50 de large. Sa population est de 1,360,000 habitans, d'après le recensement fait en 1788. Elle est arrosée par le *Minho*, qui la parcourt dans presque toute sa longueur. Le sol est montagneux et généralement moins fertile que beaucoup d'autres contrées de l'Espagne. Néanmoins ce pays est assez bien cultivé, et plus peuplé que la plupart d'entre elles. Les Galiciens se distinguent par leur activité; ne pouvant trouver dans leur pays de quoi se nourrir, ils se rendent en foule dans les autres provinces, et même en Portugal, où ils s'engagent comme ouvriers domestiques ou portefaix. Ils vont par milliers s'engager pour faire les récoltes dans la Castille et dans le Portugal ; et après avoir travaillé pendant quelques années, et amassé un pécule, fruit de leur activité et de leur industrie, les Galiciens retournent dans leur pays : aussi les a-t-on comparés avec raison aux Auvergnats et aux Limousins. L'orgueil castillan se plaît à tourner en ridicule l'activité et l'industrie du Galicien ; mais on ne peut du moins attaquer sa probité, qui est à toute épreuve. Les paysans galiciens sont aussi sales que ceux de la

Westphalie ou de la Pologne. « Leurs maisons offrent
» l'aspect le plus dégoûtant, et les animaux immondes
» y vivent pêle-mêle avec eux. La même couche reçoit
» toute la famille, sans distinction de sexe. Les mai-
» sons sont basses, et souvent n'ont pas de fenêtres :
» le jour n'y vient que par la porte, qui donne pas-
» sage à la fumée du foyer placé au milieu de la
» chambre ; elle s'échappe aussi par une ouverture
» pratiquée au milieu du toit. Il est de ces habita-
» tions pour la construction desquelles on n'emploie
» pas de ciment, et le mur est formé seulement par
» des pierres mal jointes. Les toits sont couverts d'une
» pierre très-large, couleur d'ardoise, de trois à
» quatre pouces d'épaisseur, et ordinairement de deux
» ou trois pieds carrés. » (*Mémoires sur la guerre
d'Espagne*, par M. de Naylies.)

Les montagnes de la Galice abondent en de très-
beaux bois, propres surtout à la construction des vaisseaux. Les plaines produisent un peu de blé et d'avoine,
beaucoup de maïs, du lin, du chanvre, etc. On recueille du vin sur quelques coteaux. L'éducation des
bestiaux, la pêche et les manufactures de toile et d'ouvrages de laine forment, avec l'agriculture, les branches
d'industrie les plus importantes de la Galice. Quoiqu'elle ait près de 100 lieues de côtes, son commerce
maritime est assez peu considérable. Mais, dans la dernière guerre d'Espagne, les Anglais surent profiter de
cette situation toute maritime pour faire de la Galice un
des foyers les plus actifs de la résistance des Espagnols

contre les armées françaises. Cette province forma, en 1808, l'armée dite de Galice, et dont le fonds se composait de l'infanterie de l'ancienne armée espagnole, employée, en 1807, en Portugal pour servir les desseins de Buonaparte sur ce royaume. A ce noyau vinrent se joindre toutes les garnisons de la Galice, du royaume de Léon et des Asturies; enfin 5,000 Espagnols, ayant à leur tête le marquis de la Romana, qui, forcé d'aller servir Buonaparte sur les bords de la mer Baltique, s'était livré aux Anglais avec sa division, et avait été débarqué par eux à Saint-Ander. Toutes ces troupes réunies formaient environ 45,000 hommes, et constituaient la gauche du système militaire de l'insurrection espagnole. Les généraux Blacke et la Romana commandaient l'armée de Galice. Ses premières opérations furent d'abord assez malheureuses; elle fut successivement battue à Bilbao, Durango, Guenès, Valmaseda, puis dispersée à la bataille d'Espinosa (octobre et novembre 1808); mais, soutenue dans sa retraite par le corps d'armée du général anglais Moore, elle livra plus d'un combat aux Français, où, bien que toujours repoussée, elle diminua leurs forces. Enfin, quand le maréchal Soult se porta de Galice en Portugal, cette province se souleva tout entière, et chassa les Français.

Villes et lieux principaux.

Si l'on veut parcourir tout le littoral de la Galice, il faut suivre un chemin qui n'est praticable qu'à cheval ou à dos de mulet, et qui conduit d'abord de l'est à l'ouest depuis les Asturies jusqu'au cap Ortégal, puis du nord au sud depuis ce promontoire jusqu'à la frontière du Portugal, marquée par l'embouchure du Minho. On trouve dans cette direction :

Ribadeo, ville située sur la pente d'un rocher, à l'embouchure de l'Eo, qui sépare la Galice des Asturies, avec un bon port. Elle a des fortifications et des manufactures de linge et de clous.

Vivero ou Bivero, à 9 lieues à l'ouest de la précédente, petite ville sur une montagne escarpée, au bas de laquelle passe la rivière de Vivero ou la Drova, dont l'embouchure forme un vaste hâvre. Les habitans vivent du produit de leurs toiles communes, dont ils exportent une quantité considérable.

Le cap Ortégal, nom dont l'étymologie vient de l'abréviation de *nord de Galice*, un des principaux promontoires de l'Espagne, est situé à 7 lieues au nord-ouest de Vivero. C'est le point le plus septentrional de l'Espagne. Une petite ville de même nom s'élève sur ce promontoire, qui forme une section entre la mer Cantabre et la mer Atlantique.

Villaboa, port à quelques lieues au sud-ouest du cap Ortégal.

Le Ferrol, ville et citadelle très-forte, située près du cap Prioro, à 10 lieues au dessus du cap Ortégal, sur une baie qui forme un port très-sûr et très-vaste, dont l'entrée est si étroite qu'il ne peut y passer qu'un seul vaisseau à la fois. Ce port n'était, en 1752, qu'un bourg habité par des pêcheurs et des caboteurs. Quand le roi Ferdinand VI, père de Charles III, releva la marine espagnole, il fit du Ferrol un des trois départemens maritimes de ses états. Dès ce moment, une ville régulièrement bâtie s'est formée là où il n'y avait qu'une bourgade. La population n'a fait que s'accroître, et on la porte aujourd'hui à 20,000 ames. Le Ferrol a un très-bel arsenal et une manufacture de toiles à voiles, qui passe pour la première de toute l'Espagne. Dans le faubourg d'Esteyro est un bassin pour la construction des navires; l'entrée et l'intérieur sont défendus par des forts. L'hôpital pour la marine peut recevoir jusqu'à 5,000 malades. Les Anglais, au commencement de fructidor an 8 (1800), effectuèrent un débarquement près de cette ville, mais ils furent repoussés par les Espagnols. Dans la dernière guerre d'Espagne, le maréchal Soult, après s'être rendu maître de la Corogne, le 20 janvier 1809, fit investir sur-le-champ le Ferrol, que défendait une garnison de 8,000 hommes. A la suite de quelques pourparlers infructueux, il fit ouvrir la tranchée le 23; mais, dès le 26, les autorités capitulèrent, et le 27 la ville fut occupée par la division du général Mermet, et la garnison fut désarmée. On saisit dans le port une escadre de huit vaisseaux, de trois frégates et de plusieurs corvettes, sans compter plus de 1,500 pièces de canon. Les officiers de terre et de mer prêtèrent serment au roi Joseph. On s'étonna que les Anglais n'eussent songé ni à occuper cette place importante, ni à s'emparer d'avance de cette belle escadre. Mais, dès le mois d'avril suivant, le corps du maréchal Ney avait peine à se maintenir contre toute la Galice révoltée.

Mugardos, *la Grana*, *la Palma*, *san Martin*, *san Phelipe*, forts et positions qui défendent les approches du Ferrol.

NEDA, à 2 lieues au sud du Ferrol, possède un superbe laminoir pour le doublage des vaisseaux de la marine.

BETANZOS ou BETANCOS (*Flavium Brigantum*), petite ville assez mal bâtie, située sur le penchant d'une colline dans une espèce de presqu'île formée par la *Betanza y Sada*, qui a son embouchure près de là, dans la baie du Ferrol. Son territoire est fertile, ses environs sont charmans; le pays est couvert de vignes, d'oliviers, de grenadiers, de citronniers. La température y est si douce, que les fruits de la terre y sont mûrs au mois d'avril. Le bétail de Betancos est renommé. Cette petite ville forme une des positions avancées de la Corogne. Au mois de janvier 1809, lors des opérations qui rendirent les Français maîtres de cette dernière place, Betancos fut enlevé par une avantgarde de 100 dragons, qui força les Anglais de se retirer, quoiqu'ils eussent du canon et de l'infanterie.

BURGO, près de la Corogne, sur le Meso, avec un pont que, dans la dernière guerre d'Espagne, les Anglais, en fuite depuis Lugo, firent sauter le 12 janvier 1809. Il fut rétabli le 14 par les Français, qui purent y faire passer l'artillerie destinée à combattre les Anglais en position devant la Corogne.

Cela, village sur le Meso, situé 2 lieues plus loin que Burgo, avec un pont qui, dans la dernière guerre d'Espagne, fut occupé par les Français, le 22 janvier 1809.

Meso, village sur le golfe de la Corogne, à l'embouchure du Meso, occupé par les Français, le 12 janvier 1809.

La Corogne, en espagnol Coruña, au sud-est du Ferrol, place très-forte et située sur une baie à laquelle elle donne son nom. Son port, vaste et sûr, forme un croissant dont les deux pointes sont protégées par les châteaux de *Sainte-Claire* et de *Saint-Martin*, outre les forts de *Santo Amaro* et de *Santo Antonio*, qui en défendent aussi les approches. On y voit une vieille tour, admirable par sa hauteur et sa construction hardie et solide. Les Galiciens assurent qu'elle fut bâtie par Hercule ; mais l'opinion la plus probable lui donne pour auteurs les Romains. On trouve dans cette ville des écoles de marine et d'artillerie, un arsenal royal, un magasin à poudre, etc. La population est de 11,000 habitans. Le commerce de cette place est considérable ; elle est la résidence des consuls étrangers, et le siège de l'audience royale de la Galice et d'un capitaine général. Il y a des fabriques d'indiennes, de linge de table, de chapeaux, de passementerie, de corderie, etc. C'est de la Corogne que partent les correspondances et les paquebots pour les provinces d'Amérique. Cette ville a été le théâtre de plusieurs événemens importans pendant la dernière guerre d'Espagne. Le 14 octobre 1808, une division de 14,000 Anglais débarqua à la Corogne, sous les ordres du général Baird, et se porta sur Astorga, pour soutenir les opérations de l'armée de Galice. Après la défaite de cette armée, les Anglais se mirent en retraite, et regagnèrent la Corogne, où ils avaient une flotte considérable. Le maréchal Soult les y poursuivit, et leur livra devant cette ville, le 16 janvier 1809, un combat dans lequel les Français gagnèrent d'abord du terrain ; mais les Anglais reprirent à la fin de la journée la forte position dans laquelle ils s'étaient placés pour couvrir l'ancrage de leur flotte, et ils s'embarquèrent la nuit même, laissant après eux une grande quantité de munitions. Le général Moore avait été tué dans la journée d'un boulet de canon. La Corogne ayant une enceinte qui la mettait à l'abri d'un coup de main, il ne fut possible au maréchal Soult d'y entrer par capitulation que le 20. On y trouva 200 canons espagnols et plus de 4000 chevaux que les Anglais avaient tués avant de s'embarquer. Mais dès le mois d'avril suivant, toute la Galice s'étant soulevée, le maréchal Ney avait de la peine à se maintenir dans cette place.

LA PAYOZA, un des faubourgs de la Corogne, possède un magasin d'armes dont les Français s'emparèrent après la bataille de la Corogne. On y trouva, entre autres, 3,000 fusils anglais.

SAN DIEGO, fort qui domine le golfe, du haut duquel

le maréchal Soult foudroya les bâtimens anglais qui étaient en rade devant la Corogne, et qui furent forcés de gagner au large (17 janvier 1809).

SAINTE-MARGUERITE, village sur une hauteur, à une demi-lieue de la Corogne, où les Anglais avaient deux magasins à poudre, qu'ils firent sauter, le 13 janvier 1809, avant le combat de la Corogne.

SAINT-PHILIPPE, fort voisin de la Corogne, sur le golfe. Le commandant espagnol de ce poste refusa de le livrer aux Anglais, parce qu'il craignait qu'ils n'en détruisissent les fortifications.

VALLABOA, village environné de hauteurs qui dominent une partie du golfe de la Corogne. Le 15 janvier 1809, l'avant-garde de l'armée anglaise occupait cette position, et c'est en les en chassant que les généraux Merle et Mermet préludèrent à la bataille de la Corogne, qui se livra le lendemain.

ELVINA, village près de la Corogne, dominé par des hauteurs où les Anglais étaient en position le 16 janvier 1809. Les généraux Mermet et Jardon engagèrent l'action en culbutant l'ennemi de ce poste, et ce mouvement décida le gain de la bataille de la Corogne.

MUGIA, au sud-ouest de la Corogne, et à quelques lieues, au nord, du cap Finistère; port et ville peuplés de 3,000 ames. Ses habitans s'adonnent à la pêche.

CABO DE FINISTERRA, appelé par les anciens *Celticum*, ou *Artabrum*, ou *Nerium Promontorium*, est le point le plus occidental de l'Espagne et de l'Europe. Il y a, sur ce cap, une petite ville du même nom. C'est à cette hauteur que se livra, en 1747, un combat naval, où l'amiral Anson, avec une flotte de seize vaisseaux de ligne, battit l'escadre du marquis de la Jonquière, qui n'avait que quatre vaisseaux et cinq frégates.

Muros, à 5 lieues, au sud, du cap Finistère, port renommé par ses salaisons, vers l'embouchure et sur la rive septentrionale de la *Tambra*, rivière qui traverse un pays très-fertile.

Noya, à l'embouchure et sur la rive méridionale de la Tambra. On y voit un des plus beaux chantiers de la Galice pour la construction des vaisseaux.

Ponte Vedra, au sud de la précédente, ville considérable située au milieu d'une rade de quatre lieues d'enfoncement; possède une manufacture de draps très-florissante. Elle tire son nom d'un très-beau pont au bas duquel stationnent les petites embarcations. On y pêche beaucoup de sardines. Les environs sont fertiles en vins d'une qualité secondaire. Population, 2,000 habitans. Lors de l'occupation de la Galice par les Français, au mois de décembre 1808, ils mirent une garnison dans cette ville; mais elle fut prise par un détachement de 3,000 soldats du corps de la Romana, le 12 mars 1809.

San Payo, à une lieue, au sud, de Ponte Vedra, à l'embouchure d'une petite rivière, avec un pont, qui forme un des points les plus importans de la route de

San-Jago de Compostelle à Vigo. Dans la dernière guerre d'Espagne, les Galiciens insurgés, au mois de mars 1809, fortifièrent ce pont pour couper aux Français la communication entre ces deux villes.

Redondella, au sud de la précédente, petite ville avec un château assez fort. Les habitans s'adonnent à la pêche des anchois.

Vigo, port avec une entrée étroite et un large et vaste bassin. Il s'y fait le principal commerce d'exportation de la Galice, qui consiste en sardines, bestiaux et toiles communes, seuls objets que cette province puisse exporter, et qui servent à payer sa balance avec les autres provinces. La salubrité du climat, la fertilité du sol et la commodité du port de Vigo ont quelquefois donné à la cour d'Espagne l'idée d'y transporter le département de la marine, établi au Ferrol. Cette ville est fortifiée ; c'est la résidence du gouverneur de la province de Tuy. Il y a deux fabriques de chapeaux et deux de savon. Population, 2,500 habitans. Ce fut dans les parages de cette ville que la flotte combinée d'Angleterre et de Hollande battit le comte de Château-Renaud et coula à fond la flotte des galions, en 1702. En 1719, les mêmes ennemis se rendirent maîtres de la ville. Les Anglais brûlèrent le port de Vigo au mois d'août 1800. Mais dans la dernière guerre d'Espagne ce fut comme auxiliaires qu'ils parurent devant cette place. Lors de la malheureuse campagne qu'ils firent en Galice dans les mois de décembre 1808 et janvier 1809, ils avaient des transports dans la rade de Vigo. Après qu'ils eurent été chassés de Lugo, le 9 janvier, un tiers de leur armée se réfugia sur Vigo, où le maréchal Ney se porta à leur poursuite. Cependant, les restes du corps d'armée du marquis de la Romana erraient autour de cette ville ; le général Franceschi vint l'occuper, et mena battant les ennemis depuis Vigo jusqu'aux frontières du Portugal. Le maréchal Soult, prêt à passer dans ce pays, laissa à Vigo les dépôts et la caisse de son armée ; mais, dès le 30 mars, Vigo, assiégé par les Galiciens, ayant à leur tête le général Murillo, se rendit par capitulation, après un assaut des plus vifs.

BAYONNA, à 2 lieues, au sud, de Tuy, a un port très-commode, qui reçoit des vaisseaux de ligne. La pêche y est très-abondante. L'entrée du golfe de Bayonna est bordée par quelques petites îles, que les anciens nommaient *Iles des Dieux*.

LA GUARDIA, dernière place maritime de la Galice, sur la frontière du Portugal, est bâtie sur un rocher, à l'embouchure du Minho.

L'intérieur de la Galice est divisé en deux parties à peu près égales, par le Minho, qui la traverse du nord au sud. Prenant pour base le cours de ce fleuve, qui, près de sa source, porte le nom de la Tamboya, nous trouvons une partie orientale, et une partie occidentale de la Galice.

Dans la partie orientale on trouve, en allant du nord au sud :

MONDENEDO, à 25 lieues à l'ouest d'Oviedo, et à

une égale distance nord-est de San-Jago. Elle est située au milieu des montagnes, dans une vallée fertile, arrosée par plusieurs sources et ruisseaux. Elle est bien bâtie, et l'air y est d'une salubrité remarquable. Elle est la résidence d'un évêque suffragant de Compostelle. Population, près de 6,000 habitans.

Castro, forteresse élevée sur une moutagne voisine de Mondenedo ; c'est près de là que l'on trouve la source du Minho, qui porte le nom de Tamboya jusqu'au dessous de Puerto-Marino. (*Voy.* ce nom.)

Lugo (*Lucus Augusti*), à 9 lieues au nord de la précédente, et à 13 lieues au nord-est de San-Jago. Elle est située sous une hauteur et près des bords du Minho, à 13 lieues de sa source. Le pont sur lequel on passe ce fleuve est dans les faubourgs. On y pêche abondamment des saumons et des lamproies. Cette ville doit son origine aux Romains. Ses rues sont belles, et ses murailles flanquées de tours qui tombent en ruines. Sa population est de 5,000 ames. Lugo est un évêché. Il s'y est tenu plusieurs conciles. La cathédrale est un très-ancien monument d'architecture gothique. Les habitans se livrent à des ouvrages en laine. Les environs sont fertiles en blé et en grains; on y élève du gros bétail. Dans la dernière guerre d'Espagne, les Français, commandés par le maréchal Soult, entrèrent à Lugo, le 9 janvier 1809, après avoir dispersé l'armée anglaise qui avait fait quelque démonstration de défendre cette ville, et fait sept cents prisonniers ; les Anglais y laissèrent un nombreux matériel après leur retraite. Les habitans de Lugo reçurent bien les Français, et l'évêque leur montra les dispositions les plus favorables ; mais cette bienveillance accordée au vainqueur s'évanouit lors de la désastreuse expédition du maréchal Soult en Portugal. Au mois de mai 1809, le général Fournier se vit assiégé dans Lugo par 18,000 Galiciens, aux ordres du général Martin. Il n'avait plus aucun moyen de subsistance, lorsque, le 22 mai, la cavalerie légère du maréchal Soult vint dégager cette ville. Le 1er juin, ce maréchal quitta ses cantonnemens auprès de Lugo pour se diriger sur le royaume de Léon, et prendre l'offensive contre le marquis de la Romana ; peu de tems après, les Français furent obligés d'évacuer entièrement Lugo et toute la Galice.

CRUERIL, sur la Tamboya, avec un pont.

PUENTE DE FERREYRA, petite ville dans la même position, avec un pont sur la Tamboya.

PUERTO MARINO, bourg à 4 lieues au sud de Lugo, et sur la rive droite de la Tamboya, que l'on passe sur un beau pont construit par les Maures. On remarque dans cet endroit des ruines de monumens anciens. C'est quelques lieues au dessous du Puerto Marino que la Tamboya prend le nom de Minho, après avoir reçu la Sil ; elle est très-rapide, et n'est pas navigable, à cause des rochers qui remplissent son lit.

Monforte de Lemos, au sud de Lugo, était la capitale de l'ancien comté de Lemos. Elle est située sur une colline, au pied de laquelle coule la rivière de Cabe, qui fertilise une vallée très-riche en beaux fruits, en vignobles et en grains. L'antique château de Monforte, avec ses hautes tours, est très-bien conservé. On fabrique dans cette ville du biscuit et des étoffes de soie. On trouve, dans les environs, des carrières de fort beau marbre blanc. Près de Monforte est la haute montagne de *Cebret*, où l'on trouve une source appelée *Lonzana*, dont l'eau est tantôt très-froide, tantôt entièrement chaude, et qui est en outre soumise au flux et au reflux de la mer, quoiqu'elle en soit éloignée de 20 lieues. Dans la dernière guerre d'Espagne, le maréchal Soult, après sa malheureuse campagne de Portugal, se porta sur Monforte, le 5 juin 1809, espérant y atteindre le marquis de la Romana, qui parcourait la Galice avec 18,000 hommes ; mais les Français n'y trouvèrent que 800 malades de l'armée espagnole, qui furent traités avec tous les égards dus à l'humanité souffrante.

Nocedo, petite ville au sud-ouest de Monforte.

Quiroya, village dans une vallée du même nom, très-fertile, et qui est arrosée par la Lor.

Saint-Martin de la Quiroya, est un bourg dans cette même vallée, sur la rive droite de la Sil. Dans la dernière guerre d'Espagne, lors de la retraite du maréchal Soult du Portugal, les paysans insurgés occupaient les hauteurs qui dominent la rive gauche de cette rivière; et comme elle n'est pas guéable en cet endroit, ils tiraient sur les Français, sans pouvoir être atteints derrière leurs rochers. Le général Loison, détaché par le maréchal Soult, avec quelques compagnies d'infanterie, alla passer la Sil plus près de sa source, et tira vengeance des Espagnols, en tuant tous ceux qu'il put atteindre, et en mettant le feu aux villages environnans.

San Miguel de Monte Furado, village qui prend son nom d'une montagne percée pour donner passage à la Sil. L'ouverture dans laquelle entre la rivière a la forme d'une arche d'environ quarante-cinq pieds de diamètre. Quoique la profondeur de la voûte soit de cent vingt pieds, on aperçoit le jour de l'une à l'autre extrémité. La Sil, resserrée en cet endroit, y coule avec beaucoup de rapidité ; elle forme, en sortant, une belle nappe d'eau dans un lit très-large. Ce travail immense, où l'art a vaincu la nature, est, dit-on, l'ouvrage des Romains. Ils l'entreprirent pour diriger la Sil dans l'intérieur d'une mine d'où ils tiraient de l'or. Ils avaient aussi des fabriques d'armes sur cette rivière, dont l'eau est excellente pour la trempe de l'acier.

La Rua, petite ville dans le val des Orres, sur un ruisseau du même nom, qui se jette dans la Sil par sa rive gauche. Le vin y est excellent. Les environs sont très-pittoresques.

Saint-Estevan, village au sud de Monforte, sur la rive droite de la Sil, près de l'endroit où elle se jette dans le Minho.

Orense, ville très-ancienne sur la rive gauche du Minho, au pied d'une montagne, est petite, mais assez bien bâtie. On admire le pont, construit en 1500, qui n'a qu'une seule arche, laquelle est si haute, qu'un vaisseau peut passer dessous. Orense est la résidence d'un évêque. « Quoique les revenus de l'évêché soient » peu considérables, dit M. Delaborde, l'évêque, » comme tous les prélats de l'Espagne, en emploie la » majeure partie à faire du bien dans son diocèse; en » outre on le vit, pendant la révolution, nourrir, » loger et vêtir plus de 300 prêtres français déportés » ou émigrés. » Population, 2,300 ames. Autour d'Orense il y a des sources d'eaux chaudes, célèbres dès le tems des Romains. Un phénomène qu'on attribue à ces eaux, c'est que la partie de cette ville qui est située au pied de la montagne éprouve les rigueurs de l'hiver, tandis que celle qui est du côté de la plaine jouit de la température la plus douce. Dans la dernière guerre d'Espagne, le maréchal Soult établit, le 22 février 1809, son quartier général à Orense, attendant l'artillerie qui lui était nécessaire pour faire une invasion en Portugal. C'est là qu'il passa le Minho le 4 mars, et qu'il se dirigea sur ce royaume en traversant Monterey, Verin, etc. (*Voy.* ces noms). Deux mois après, repoussé du Portugal, il ramena à Orense, le 19 mai, son armée exténuée de privations et de fatigues. Il se porta sur Lugo quelques jours après. L'occupation d'Orense, par le marquis de la Romana, qui eut lieu vers le 6 juin suivant, assura la délivrance de la Galice.

Cette ville est le point central de plusieurs routes.

Celle qui conduit à Vigo est de 14 lieues. Celle qui conduit à Ponte-Vedra, de même que celle qui mène à Saint-Jacques-de-Compostelle, sont également de 14 lieues. Une autre route de 13 lieues, qui suit la rivière de Minho, conduit à Tuy, frontière de Portugal.

La Lima, rivière qui se jette dans l'Océan près de Viana (Portugal), et qui a sa source non loin d'Orense : elle est célèbre par la limpidité de ses eaux et la richesse de ses bords : plusieurs poètes portugais l'ont chantée. C'est, dit-on, le Léthé des anciens.

San Iago de Linas, Puente de Liñares, villages sur la frontière de Galice, à une lieue au nord de Montalègre, petite forteresse de Portugal, furent les premiers endroits où les Français trouvèrent des provisions et quelque repos, lors de leur retraite du Portugal au mois de mai 1808. Les environs produisent d'excellens vins.

Allaris, à 3 lieues au sud-est d'Orense, sur l'Arnoya, ville sale et mal bâtie. Sur une hauteur qui la domine, on voit les ruines d'un ancien château maure. Quelques tourelles sont encore bien conservées, malgré l'effort des siècles.

Monterey, ville entourée de vieilles murailles, sur une haute montagne. Au bas coule la rivière de Tamega, qui va se jeter dans le Duero. C'est le chef-lieu d'un comté, et un point de défense pour cette frontière de la Galice du côté du Portugal. Elle est assez peuplée. Il y a dans ses environs de riches mines d'étain. Son territoire est fertile en toutes sortes de productions, principalement en vignobles et en très-beau lin.

Orsuna, village et montagnes près de Monterey, où, dans la dernière guerre d'Espagne, le 7 mars 1809, le maréchal Soult défit complètement l'armée du marquis de la Romana, et en rejeta les débris sur Puebla de Sanabria.

Verin, petite ville à 2 lieues au sud de la précédente, sur la Tamega. Près de cette ville est le défilé de *Vallatza*, où, le 6 mars 1809, il y eut un engagement très-vif entre les Français et un corps de 4,000 Portugais, qui voulurent arrêter le maréchal Soult; mais ces derniers furent repoussés, et le 10 mars, les Français entrèrent en Portugal par Villarelo.

En remontant au nord-est, on trouve encore, depuis la Sil et vers la frontière du royaume de Léon :

Cigarosa, village et pont sur la Sil. Ce pont est remarquable par sa structure singulière ; il a cinq arches toutes de diverses grandeurs et d'une forme différente.

Nostra Señora de las Hermitas, petite ville fréquentée par les pélerins.

Viana est située sur une hauteur, et paraît avoir été fortifiée ; car on y aperçoit une tour carrée et des ruines de remparts. Au bas de la colline où elle est située coule la Bibey, qui se jette dans la Sil.

Gudina, bourg assez misérable, dont les maisons sont construites en terre et couvertes de paille. Dans la dernière guerre d'Espagne, le général Franceschi eut, le 20 juin 1809, près de Gudina, un engagement assez vif avec un parti de l'armée de la Romana, qui se repliait sur Monterey.

Lubian (col de), et village de même nom, est un passage assez difficile pour entrer de Galice dans le royaume de Léon (1).

Requejo, village assez riche, à une lieue au sud de Lubian, forme le dernier point de la Galice sur l'angle où aboutissent les frontières de Portugal et du royaume de Léon. Arrivé à cet endroit, on a à sa droite *Braganza*, ville de Portugal, et *Armezande*, petite ville du royaume de Léon (province de Valladolid).

Il nous reste à parcourir les villes et lieux remarquables de l'intérieur de la Galice, partie occidentale, d'après le cours du Minho :

San-Jago de Compostella, capitale de la Galice, archevêché, chef-lieu de l'ordre des chevaliers de Saint-Jacques, situé au confluent des rivières de Tambra et d'Ulla. Elle a une université, fondée en 1522. Population, 12,000 habitans. Sa cathédrale est magnifique ; on y voit la statue de saint Jacques-le-Majeur, en or massif, de deux pieds de haut. C'est là que repose, dit-on, le corps de ce saint. Rien n'égale la richesse de la chapelle où sont conservées ses reliques. Les pélerinages y sont encore très-fréquens ; ils

(1) Quelques géographes comprennent ce passage dans les limites du royaume de Léon.

enrichissent la ville où l'on fait un grand commerce d'images de saint Jacques. « Les pélerins français, dit » M. Delaborde, ont dans la cathédrale une chapelle » qui fut autrefois entretenue, avec beaucoup de soin, » par quelques rois de France. Louis-le-Jeune, VIIe du » nom, ainsi que quelques rois d'Aragon et de Na- » varre, y furent, par piété, s'y confondre avec les » plus pauvres pélerins. » Le commerce de cette ville est assez florissant. Il y a des fabriques de chapeaux, de papier, de bas de soie, ainsi que des tanneries. Cette ville fut prise par Almanzor, prince arabe, et c'est alors que l'ordre de Saint-Jacques fut institué par le roi de Castille, Alphonse IX, l'an 1161, pour résister aux infidèles. Pendant la dernière guerre d'Espagne, les Français commandés par le général Franceschi occupèrent San-Jago le 20 janvier 1809, quatre jours après la victoire remportée sur les Anglais à la Corogne; mais ils ne s'y maintinrent pas long-tems.

De Saint-Jacques-de-Compostelle, des routes se dirigent vers les points les plus importans de la Galice. Celle de San-Jago à la Coruña (la Corogne) est de 10 lieues, et de la Coruña au Ferrol, il y a environ la même distance, 9 lieues et demie.

Puente Lesma, sur la Lesma, au sud de San-Jago, et près duquel on voit, au sommet d'une haute montagne, les ruines d'un édifice. C'était un temple consacré à Diane. Cet endroit est encore en grande vénération dans le pays : l'objet du culte est seulement changé ; car il est dédié à la sainte Vierge. Cette montagne est appelée *Pico saçro*.

Ribadavia, petite ville et comté, située entre des hauteurs, au confluent des rivières du Minho et d'Avia. Son territoire produit d'excellent vin. Il y a beaucoup d'arbres fruitiers, principalement des orangers et des citronniers. Pendant la dernière guerre d'Espagne, une division française de l'armée du maréchal Soult fut assaillie dans cette ville, le 18 février 1809, par une nuée de paysans descendus des montagnes de tous les environs. Le courage et la discipline des Français l'emportèrent sur le nombre. Ils dispersèrent les Espagnols, après en avoir fait un horrible carnage.

Salvatierra, petite ville, non loin du Minho, entre Ribadavia et Tuy, frontière du Portugal.

Morentan, village à l'est de Tuy, dont l'accès ne peut avoir lieu que par un long défilé hérissé de rochers, puis par un pont sur la Sachas, petite rivière qui se jette dans le Minho. C'est là qu'au mois de mars 1809, douze cents Galiciens essayèrent d'arrêter une division de cavalerie faisant partie de l'armée du maréchal Soult. Ils furent dispersés et le village livré aux flammes. Plus de 400 Espagnols furent tués.

Tuy, capitale de la petite province de ce nom, ville très-ancienne, sur la rive gauche du Minho, à l'opposite de Vallença, forteresse portugaise située de l'autre côté de la rivière. Ces deux places sont assez voisines pour se battre réciproquement à coups de canon. Tuy est bien bâtie. Elle a une église cathédrale, deux hôpitaux, trois châteaux forts. Population, 4,000 personnes. Elle renferme plusieurs manufactures de toile de toutes qualités. Dans la dernière guerre d'Espagne, le maréchal Soult, après la soumission de toute la Galice, fit son entrée le 10 février 1809 dans cette ville pour pénétrer de là dans le Portugal; mais ce projet n'ayant pu réussir faute d'embarcations nécessaires, et parce que la forteresse portugaise de Vallença gênait ses opérations, ce général résolut de passer le Minho à Orense. Dès le mois d'avril suivant, 12,000 Portugais et Galiciens vinrent assiéger cette ville, où était le grand parc d'artillerie de l'armée française de Portugal. Elle fut vaillamment défendue par le général Lamartillière. Le maréchal Soult, qui était à Porto, envoya pour le secourir la division du général Heudelet, qui s'empara de Vallença, fit lever le siége de Tuy et sauter les fortifications de ces deux citadelles. — Tuy est à 17 lieues de San-Jago.

ROYAUME DE VALENCE.

C'est une province maritime de l'Espagne qui s'étend du nord au sud, le long de la Méditerranée, dans une étendue d'environ 60 lieues; sa plus grande largeur de l'est à l'ouest est de 25 lieues. Le royaume de Valence est borné au nord par la Catalogne, à l'ouest par l'Aragon, la Nouvelle-Castille et le royaume de Murcie; au sud, toujours par cette même province; enfin à l'est par la Méditerranée. Le climat est le plus doux, le plus agréable et le plus salubre de l'Espagne. La partie occidentale est montagneuse et offre de fertiles vallées; le pays devient plus uni vers les côtes, où s'étendent de belles plaines. Le royaume de Valence a encore l'avantage d'être la province de toute la Péninsule où les arbres fruitiers sont le plus multipliés. C'est une des contrées le mieux arrosées de l'Espagne : un grand nombre de petites rivières y prennent leur source, d'autres la traversent en poursuivant leur cours, et vont se jeter dans la mer; les principales sont : le *Guadalaviar*, *le Xucar* et *la Segura*; on compte encore quinze rivières et un nombre infini de ruisseaux et de canaux qui entrecoupent les terres. Le sol est fertile et très-bien cultivé ; cette culture s'étend même au sol le plus ingrat : sous le rapport des procédés de l'agriculture, aucune province ne peut être comparée au royaume de Valence. Ses habitans, qui se distinguent entre les Espagnols par leur activité et leur industrie, ont couvert de terreau des rochers nus, desséché des marais, et conduit des rivières, au moyen de canaux, à travers les cantons les plus arides ; ces travaux ont exercé sur le pays une si heureuse influence, que l'exportation de ses produits en soies, en laines, en chanvres, en lins, en huiles, en vins, en raisins secs, en figues, en dattes, seigles, avoines, maïs, riz, *spart* (1), sel, *barille* (2), etc., s'est élevée, dans certaines années, à plus de quatre-vingts millions de francs. L'agriculture, l'éducation des bestiaux, la fabrication du vin, de l'huile et de la soie sont les principales branches d'industrie cultivées dans cette province. Sa population va depuis long-tems toujours en croissant, ce qui est un phénomène rare en Espagne. L'an 1718, elle était de 225,080 ames; en 1761, elle s'est élevée à 604,612; en 1768, à 716,786; en 1787, à 783,784; en 1795, à 932,150. Un écrivain qui a puisé aux sources les plus récentes porte à 1,200,000 ames la population du royaume de Valence en 1820 (3).

Villes et lieux principaux.

La Cenia, rivière que l'on passe sur un beau pont d'une arche pour aller de Catalogne à Valence. Une tour carrée au bord de cette rivière marque la limite des deux provinces.

Vinaros est la première ville de ce côté, située sur la

---

(1) Le *spart*, espèce de roseau que les Valenciens tissent avec un art tout particulier, soit pour faire des cordages, soit pour faire des nattes, est, depuis les Romains, un des objets importans du commerce de cette province.

(2) C'est une plante annuelle qui s'élève de cinq à six pouces, et jette quantité de branches du bas de sa tige; sa graine mûrit en automne, après quoi la plante périt. C'est avec cette plante qu'on fait la soude pour les verreries.

(3) M. Jaubert de Passa, *Voyage en Espagne.*— Paris, 1823.

rivière de Cervol et sur le bord de la mer ; elle contient 5,000 ames, et est entourée d'excellens vignobles. Le duc de Vendôme y mourut d'apoplexie le 12 juin 1712. Les vins de Vinaros sont très-estimés. Il y a aussi des distilleries d'eau-de-vie.

BENICARLO, petite ville de 3,200 habitans, presque tous pêcheurs ou vignerons. Elle est située près de la mer, et paraît avoir été autrefois bien fortifiée. « C'est là, dit M. Bourgoing, que commencent les toits plats et le jargon de la Catalogne, espèce d'espagnol corrompu, qui ressemble beaucoup au patois du Roussillon. » Les environs de cette ville sont très-fertiles en vins. Les vins blancs, ainsi que les eaux-de-vie de Benicarlo, sont un objet d'exportation assez étendue.

PENISCOLA, ville fortifiée, sur une pointe fort élevée, qui s'avance dans la mer, à 25 lieues de Valence, nord-est; elle est environnée de trois côtés par la mer, et la difficulté de son accès du côté de la terre en fait une place très-importante. On recueille dans son voisinage d'excellent vin. Cette ville fut la retraite de l'anti-pape Benoît XIII.

OROPESA, petite et ancienne ville où l'on voit encore des restes de fortifications; tout le pays autour du col d'Oropesa est dépeuplé, et présente l'aspect le plus hideux.

CASTELLON DE LA PLANA, ville ornée de quelques beaux édifices, et peuplée de 11,000 habitans, est riche par la quantité et la variété des productions de son territoire; on n'y voit nulle part l'empreinte de la pauvreté; il s'y fait beaucoup de toiles à voiles et d'agrès de navires.

Almenara, bourg très-agréable situé sur une éminence; la plaine qui l'environne fut témoin de la bataille sanglante où Philippe V en personne fut défait par Stahremberg, un des généraux de l'archiduc Charles d'Autriche, le 27 juillet 1709. Il existe dans les environs de cette ville un arbre qui offre un jeu de la nature assez singulier : c'est un carroubier (espèce d'arbre très-commun dans le pays, et dont le fruit, appelé silique, sert à la nourriture des mules et des chevaux). Ce carroubier avait été abattu par le vent; ses cinq principales branches, engagées en partie dans la terre, ont pris racine, et forment cinq arbres semblables à des hêtres par leur grosseur.

Villa-Real, bâtie en 1272, par Jacques Ier, roi d'Aragon, conserve quelques vestiges de ses anciennes murailles; elle tint pour l'archiduc Charles pendant la guerre de la Succession; mais elle fut prise en 1706 par les troupes de Philippe V, qui en détruisirent les maisons, et passèrent les habitans au fil de l'épée.

Nules, petite ville de 3,400 habitans, s'était déclarée contre Philippe V; mais, intimidés par le sort qu'avait éprouvé Villa-Real, ses habitans mirent bas les armes en 1706.

Murviedro, située proche de l'emplacement où fut l'ancienne Sagonte, à une lieue de la mer; sa popula-

tion est de 5,000 ames, et ses environs sont entourés de cinq villages, dont l'industrieuse activité féconde à l'envi ses campagnes, arrosées autrefois par le sang des Carthaginois et des Romains. Le vin que produisent les environs de Murviedro est fort bon; mais on en convertit la plus grande partie en eaux-de-vie, dont il se fait un immense commerce d'exportation. On aperçoit de deux lieues les châteaux qui dominent Murviedro : « On croit d'abord, dit M. Bour-
» going, que ce sont les restes des remparts d'où les
» courageux Sagontins repoussèrent avec tant d'opi-
» niâtreté le héros carthaginois, mais on apprend
» ensuite que ce sont les ouvrages des Maures. Ils
» avaient bâti sur les hauteurs où ces châteaux sont
» situés sept forteresses, qui communiquaient entre
» elles par des conduits souterrains, et dont quelques-
» unes sont presque entières. » On vit le sang français et espagnol couler à Murviedro, en 1706, lors de la guerre de la Succession. Cette ville conserve de nombreux débris des monumens romains; on y trouve des inscriptions puniques et latines. En 1785, le corrégidor de Murviedro fit déblayer l'amphithéâtre de cette ancienne ville; il reparut dans un état de parfaite conservation; le capitaine général de la province fit jouer sur ce théâtre une tragédie vraiment digne d'une pareille scène : c'était le siége de Sagonte, et le noble dévouement des Sagontins.

VALENCE, capitale de la province, près de l'embouchure du Guadalaviar, à 65 lieues sud-ouest de

Barcelone, 67 lieues sud-est de Madrid, est une des plus anciennes villes d'Espagne ; elle fut fondée environ 240 ans avant J. C. Les Romains l'appelaient *Valencia Edetanorum ;* elle était la capitale du pays des Edétans. Pompée détruisit cette ville lors de la guerre de Sertorius, mais César la rebâtit ; elle fut conquise par les Romains, puis enlevée aux Goths par les Maures en 715. Ruy Diaz de Bivar, plus connu sous le nom du Cid, la conquit sur les Infidèles en 1094, et la gouverna avec une entière indépendance. Après sa mort, la fameuse Chimène, sa veuve, défendit elle-même Valence contre les Maures, et leur en fit lever le siége en 1100 ; mais Valence succomba l'année suivante, et passa de nouveau sous la domination des Maures. Jacques Ier, roi d'Aragon, la réunit à ses états en 1238. Lors de la guerre de la Succession, Valence reconnut d'abord Philippe V, puis se donna à l'archiduc Charles, son compétiteur ; mais après la victoire d'Almanza, Valence ouvrit ses portes à Philippe, et fut privée de tous les priviléges qui assuraient ses libertés. Valence est dans la position la plus pittoresque : rien de plus fertile et de mieux cultivé que son territoire, qu'on appelle la *Huerta de Valencia*. Le *kermès*, fruit qui vient sur une espèce de chêne, et qui sert à la teinture, se récolte en abondance dans les environs de cette ville, et l'on en fait une grande exportation. Valence compte environ 80,000 habitans ; ses rues sont tortueuses, étroites, et ne sont pas pavées ; ses maisons sont mal bâties. Cependant la plus grande propreté règne dans cette ville; l'indolence et la misère en sont bannies; tous les bras y trouvent de l'emploi. Il y a des manufactures de draps, de gazes, de rubans; mais les plus importantes sont celles de soie en tous genres; elles occupent plus de 4,000 métiers. Il y a à Valence un vaste et magnifique édifice, une espèce de bourse, uniquement destinée à réunir les acheteurs et les vendeurs de cette denrée, tant les Valenciens attachent de prix à ce commerce. Cette ville a une université, rivale de celle de Salamanque; elle est aussi le siége d'un archevêché: la cathédrale est remarquable par le luxe et la richesse de ses ornemens. C'est la patrie du fameux César Borgia. Lors de la funeste entreprise tentée par Buonaparte pour enlever la couronne d'Espagne aux Bourbons, Valence fut une des premières villes du royaume à se déclarer contre cet attentat. Une junte se forma dans son sein au mois de juin 1808, et dirigea avec énergie le patriotisme des citoyens. Au mois de juillet suivant, le maréchal Moncey vint attaquer cette ville, mais les Valenciens le forcèrent à lever le siége; et même quelques jours après ils secoururent et dégagèrent Saragosse, assiégée pour la première fois dans cette guerre. Plus tard, Valence soutint elle-même un siége mémorable et se rendit le 9 janvier 1812 au maréchal Suchet, qui fut créé duc d'Albuféra. Napoléon, pour récompenser les services rendus par cette armée, réunit, par un décret du 24 janvier, au domaine extraordinaire de la couronne, des biens situés dans la province de Valence, jusqu'à concurrence de 200,000,000. Dix-huit mois après, lors des désastres qui terminèrent la guerre d'Espagne, le maréchal Suchet fut obligé d'abandonner Valence le 5 juillet 1813, et le général Elio y entra deux jours après.

ALBUFERA est un vaste étang qui commence près du torrent de Cataroja, à une lieue sud de Valence, et se prolonge jusqu'à Cullera dans un espace de 4 lieues; il en a deux de largeur. Il est très-poissonneux et nourrit beaucoup d'oiseaux aquatiques. On cultive une grande quantité de riz dans les lagunes d'Albufera, et nulle part le sol n'est plus favorable à cette production. Cet étang a toujours fait partie des domaines royaux; le roi d'Espagne est seigneur de l'Albufera. Il fut donné, en 1812, par Napoléon, pour dotation au maréchal Suchet, qui a pris dès lors le nom de duc d'Albufera.

LE XUCAR, rivière qui se jette dans la mer, à une lieue au dessous du lac d'Albufera, prend sa source dans la province de Cuença (Nouvelle-Castille), et est souvent dangereuse par ses inondations : plusieurs colonnes élevées, placées de distance en distance, non loin de ses bords, servent à guider les voyageurs dans les tems de débordement. Ces inondations fréquentes rendent les bords de cette rivière très-propres à la culture du riz.

GANDIA, petite ville à l'embouchure de la rivière d'Alcoy, à un mille de la mer. C'était un duché appartenant à la maison de Borgia. Le palais est un ouvrage magnifique, renfermant de très-beaux appartemens, une galerie du meilleur goût, un oratoire superbe, et une citerne assez vaste pour fournir de l'eau à toute la ville, qui manque de fontaines. On compte 5,000 ames dans cette ville. Dans la guerre de la Succession, elle se déclara pour l'archiduc en 1706; mais les Français la prirent après la bataille d'Almanza. C'est à Gandia que nous allions chercher, avant la révolution, les laines qu'employaient nos manufactures du Languedoc et d'Elbeuf.

DENIA (*Dianium Artemisium*), très-ancienne ville, fondée plusieurs siècles avant J.-C. par les Marseillais, qui la consacrèrent à Diane, d'où elle a pris son nom, est située au pied de la montagne appelée Magon, sur une pente qui descend jusque vers la mer. On y voit une tour d'une hauteur extraordinaire, d'où l'on peut découvrir les vaisseaux à une immense distance. Cette ville a un bon port et est bien fortifiée. On y fait un commerce considérable de raisins secs, d'amandes et autres denrées : on y cultive encore des cannes à sucre. Dans la guerre de la Succession, les alliés prirent Denia en 1705. Le chevalier d'Asfeld la reprit d'assaut en 1708.

La côte sur laquelle Denia est située forme une avance très-considérable dans la mer. On y remarque le cap *Saint-Antoine* et le cap *Martin*.

ALTEA, petit port de mer à 55 milles au sud de Valence. Ses environs produisent de la soie, du vin, du chanvre et du miel.

DE VALENCE.

ALICANTE (*Ælonium*), l'une des plus jolies villes d'Espagne, et la plus commerçante du royaume après Cadix et Barcelone. Son port offre une rade vaste et sûre. Il est l'entrepôt de presque toutes les marchandises venant des ports de la Méditerranée et destinées à la consommation de l'Espagne; il exporte pour l'étranger des amandes, de l'anis, de la sparterie, du sel, du safran, du miel, de la barille, etc., des eaux-de-vie, et surtout ce vin si connu en France sous le nom de vin d'Alicante, et dans le reste de l'Europe sous celui de vin de *Tinto*. Les vignobles d'Alicante commencent à une demi-lieue de son enceinte, dans le canton connu sous le nom de *Huerta de Alicante*, qui doit son étonnante fertilité à un étang voisin, dont l'eau fournit à ses arrosemens. Cet étang, qui appartient au roi, est entouré d'un mur haut de soixante pieds, et assez large pour que trois voitures y puissent marcher de front; c'est un reste des ouvrages des Maures, qui partout en Espagne ont laissé des traces de leur industrie. On voit fréquemment des bosquets assez étendus de palmiers dans le voisinage de cette ville. La ville est bâtie sur la crête d'une montagne élevée; il y a 20,000 habitans; les environs offrent des champs cultivés en barille. Alicante, jusqu'en 1519, ne fut d'abord qu'un petit hameau; en 1562, on y comptait déjà plus de mille maisons. Jacques Ier, roi d'Aragon, l'enleva aux Maures en 1267 : lors de la guerre de la Succession, la flotte anglaise, commandée par l'amiral Leak, s'en empara en 1706; le chevalier d'Asfeld la reprit en 1708. En 1806, cette ville fut ravagée par une affreuse épidémie, pendant laquelle les moines montrèrent le dévouement le plus louable envers les pestiférés.

Santa Pola, village au sud d'Alicante, situé près de la mer, où l'on recueille une quantité considérable de sel que les étrangers viennent y chercher.

Nueva Tabarca, petite île près de Santa Pola, où le comte d'Aranda établit, en 1771, une colonie de 400 personnes, tous Espagnols qui avaient été rachetés de l'esclavage chez les barbares d'Afrique. On n'y trouve point d'eau, et l'on est obligé d'y en transporter du continent; aussi, selon M. Twiss, voyageur anglais, ces pauvres colons, bien qu'ils fussent exempts d'impôts, et qu'ils reçussent environ dix-huit sous par jour du gouvernement, se disaient plus misérables qu'ils n'étaient dans leur esclavage; ils n'étaient guère plus libres, car on ne leur permettait jamais d'aller sur la terre ferme. Leur seule industrie consiste à tisser des cordes.

Guadamar, petit port de mer, à l'embouchure de la Segura, est fameux par l'exportation qu'il fait de sel.

Le reste de la côte, jusqu'à la frontière du royaume de Murcie, ne présente plus de lieux intéressans.

Il nous reste à parcourir le royaume de Valence dans l'intérieur des terres du nord au sud.

Morella, petite place sur la frontière de l'Aragon, entourée de rochers et de hautes montagnes, à 130 milles au nord de Valence. Elle se rendit à Philippe V en 1707.

Xert, bourg, avec quelques restes de fortifications vers la frontière de Catalogne. On croit que c'est l'ancienne *Indibilis*.

Alcala de Xivert offre une belle église. Les environs sont assez tristes et peu fertiles : population, 3,600 ames.

Villa Hermosa, petite ville, chef-lieu d'un duché érigé par Jean II, roi d'Aragon et de Navarre, en faveur d'Alphonse, son bâtard. Près de cette ville, vers le nord-ouest, on trouve une fontaine qui a la vertu d'arrêter le sang.

Bexis, petite ville d'environ 1,000 habitans, autrefois place forte, commanderie de l'ordre de Calatrava.

Vivel, près de la rivière de Palencia, 1,300 habitans. On croit que c'est l'ancien *Belsinum*, ensuite *Vivarium*, des Romains.

Xerica, est, selon les uns, l'ancienne *Ociserda*, ou *Etobesa*, et, selon d'autres, *Lexeta* des Romains. Elle est située sur la Palencia; population, 2,300 habitans. Elle fut conquise sur les Maures en 1235 par Jacques Ier, roi d'Aragon.

Segorbe, sur la rivière de même nom, qui prend ensuite celui de rivière de Murviedro. Quelques-uns croient que c'est l'ancienne *Segobriga*. Elle est située sur le penchant d'une colline entre deux montagnes.

Ses environs sont très-fertiles en vins et en fruits ; il s'y trouve des carrières de fort beau marbre. C'est la résidence d'un évêque suffragant de Valence. Population, 6,000 ames. Elle fut conquise sur les Maures en 1245 par Jacques Ier, roi d'Aragon. Elle est défendue par un château. Dans la dernière guerre d'Espagne, Segorbe fut prise par les Français en 1812, et évacuée par eux au mois de juillet 1813.

LIRIA, ville très-ancienne, appelée par les Romains *Edeta*, puis *Lorona*. On y voit quelques monumens de la domination romaine. Elle fut le théâtre d'une bataille entre Sertorius et Pompée. Cette ville a le titre de duché, et fut donnée par le roi Philippe V au duc de Berwick. Sa population est de 6,000 à 7,000 habitans. Ses environs sont très-fertiles en vins. Il y a des distilleries d'eau-de-vie, et l'on y fait un grand commerce de raisins secs.

MONCADA, ancienne ville, réduite aujourd'hui à l'état de village, est à l'entrée de la superbe campagne qui entoure Valence. Population, 1,000 habitans.

ALGEMESI, petite ville à 4 lieues au sud de Valence et à l'est d'Albufera. Ses environs sont très-bien cultivés.

ALZIRA ou ALÇIRA (*Sœlabicula*), située sur le Xucar, qui l'entoure de tous côtés : population, 10,000 habitans. Elle fait un commerce considérable de soie. Elle a d'immenses rizières sur le bord du Xucar. Cette ville fut conquise sur les Maures en 1239. Elle est remarquable par un excellent système d'arrosage, auquel elle doit, depuis bien des siècles, sa prospérité agricole et celle de vingt-sept terroirs environnans. Le canal d'Alçira, qui absorbe une partie des eaux du Xucar, est un ouvrage digne des Romains, par la solidité et la hardiesse de toutes ses parties. Une inscription placée sur la maison des vannes, à l'entrée du canal, porte qu'il fut commencé par le roi Jayme II; qu'il doit ses priviléges à Martin-le-Juste, et qu'il fut terminé par Charles III.

San Felipe ou Xativa : population, 10,000 ames; renommée par ses toiles, que Pline plaçait parmi les meilleures de l'Europe, et que Silius Italicus préférait aux plus belles de l'Asie. Il y avait à Xativa des manufactures de papier dès le 12e siècle. Ce fut une des villes les plus obstinées dans leur révolte contre Philippe V. Assiégée par le chevalier d'Asfeld, un de ses généraux, en 1706, elle fut prise d'assaut, et la fureur du soldat vainqueur fut telle, qu'il ne resta d'elle ni édifices ni habitans : une ville nouvelle s'éleva sur ses cendres ; on la nomma *San Felipe*.

Montesa, petite ville très-fortifiée, au sud de San Felipe, d'où l'on voit les frontières de Castille, est le chef-lieu de l'ordre militaire de ce nom, fondé, en 1317, par Jacques ou Jayme II, roi d'Aragon.

Fuente de la Higuera, petite ville de 3,000 habitans, sur la frontière des royaumes de Valence et de Murcie.

Caudete, petite ville qui forme une enclave dans le royaume de Murcie : population, 6,000 habitans;

fut, pendant la guerre de la Succession, en 1705, le théâtre d'un combat dans lequel le chevalier d'Asfeld vainquit les troupes de l'archiduc, et consolida, par ce succès, les heureux effets de la victoire que Berwick avait remportée la veille dans les champs d'Almanza.

ALCOY, jolie ville bâtie presque tout à neuf entre des montagnes élevées. L'activité et l'intelligence de ses habitans peuvent être proposées pour modèle à la plus grande partie des villes d'Espagne. Il y a une manufacture de draps, deux fabriques de papier et deux de savon. Population, 10,000 ames.

XICONA (*Sexiona*), petite ville fameuse par ses vins, située au milieu des montagnes, et défendue par une forteresse nommée le Château-Rouge, à 26 lieues de Valence.

CASTALLA, à l'ouest de Xicona, dont elle est à 3 lieues et à la même distance de Villena (Murcie). Le maréchal Suchet, après s'être emparé, la veille, de cette dernière ville, soutint, le 13 avril 1813, un combat près de Castalla contre les Anglais.

ELDA, petite ville située sur la rive gauche de la petite rivière de même nom. Population, 3,000 ames.

Auprès d'Elda commencent les montagnes de *Salinas*, qui s'étendent assez loin dans le royaume de Murcie. C'est un passage très-dangereux.

ELCHE, au sud d'Alicante. Population, 15,000 ames. Ses habitans, uniquement livrés à l'agriculture et au plaisir de s'enrichir, mènent la vie la plus triste. Cette ville est située au milieu d'une forêt de palmiers. On y remarque une belle église, bâtie, en 1682, en pierres blanches : la coupole est magnifique ; sa façade ornée de belles sculptures ; son portique soutenu, de chaque côté, par trois colonnes, dont l'une est droite, l'autre cannelée et la troisième torse. Elche avait embrassé le parti du prétendant, Charles d'Autriche, et elle reçut une garnison anglaise; mais les troupes de Philippe V s'en emparèrent en 1706, et firent les Anglais prisonniers.

ALBATERRA, ville à une lieue de la précédente, offre aussi une belle église, avec une coupole et deux tours.

ORIHUELA, évêché, ville considérable, à 9 lieues au sud d'Albaterra, située vers la frontière du royaume de Murcie, sur les deux rives de la Segura, belle rivière qui va se jeter dans la Méditerranée. Sa population est de 20,000 ames. Elle a une université peu fréquentée, et quelques églises assez belles. On y élève une quantité prodigieuse de vers à soie. L'agriculture y est des plus florissantes. Lors de la guerre de la Succession, cette ville embrassa le parti de l'archiduc d'Autriche; mais elle fut attaquée et prise par Belluga, évêque de Murcie, qui venait de sauver sa ville épiscopale, et qui conserva également Elche au roi Philippe V.

ROYAUME DE MURCIE.

Le royaume de Murcie est une des plus petites provinces de l'Espagne. Il est borné au nord par la Nouvelle-Castille; au sud, par la Méditerranée; à l'ouest, par les royaumes de Jaen et de Grenade (Andalousie); et à l'est, par le royaume de Valence. Il a environ 3o lieues de longueur sur 20 de largeur, ce qui fait 1,100 lieues carrées, et il renferme une population de 337,586 habitans. Une partie du pays est couverte de montagnes arides ; mais il y a aussi une vaste étendue de plaines d'une grande fertilité, et qui produisent abondamment, et presque sans culture, du blé, du vin, du riz, de beaux fruits, du sucre, du kermès, des mûriers et des oliviers. Parmi les autres productions les plus importantes, on compte la soude, la barille et la potasse, dont on fait une grande exportation. On y recueille aussi de la cire, du miel, de la soie et du soufre. On y trouve des mines de différens métaux, qui seraient très-productives si elles étaient exploitées avec activité. Il y a quelques eaux minérales froides peu connues, et des eaux thermales dont quelques-unes sont assez fréquentées. L'éducation des vers à soie est une des occupations auxquelles les habitans de Murcie doivent une partie de leur aisance.

Rien n'égale l'indolence et l'oisiveté des Murciens; ceux que leur fortune dispense de tout travail n'ouvrent jamais un livre. Leur seul bonheur est le lit, la table, et un tems considérable à fumer des cigares. Ils dorment deux fois par jour, la nuit et l'après-midi, et font régulièrement cinq repas. L'artisan, l'ouvrier, le laboureur imitent cette nonchalance de l'homme opulent; ils consacrent à peine un quart de la journée à leur travail; et pourvu qu'ils y trouvent de quoi satisfaire, au jour le jour, aux premiers besoins, ils s'estiment heureux; et ils sont aussi fiers que paresseux.

Le royaume de Murcie est arrosé par la *Segura*, qui prend sa source dans les montagnes situées sur la frontière orientale de cette province, qu'elle traverse dans sa plus grande largeur, et va se jeter dans la mer Méditerranée après avoir arrosé la partie méridionale du royaume de Valence. Le *Guadalentin*, petite rivière qui a son embouchure dans la mer à Almazarron, enfin la *Lorca*, qui se jette dans la Segura, baignent encore le royaume de Murcie.

Le royaume de Murcie fut la première province d'Espagne qu'occupèrent les Carthaginois; ils y fondèrent *Carthage-la-Neuve*, aujourd'hui Carthagène. Conquis ensuite par les Romains, ce pays passa successivement sous le joug des Goths et des Vandales, puis fut réuni à la domination de l'empire grec, au tems de Justinien, depuis l'an 552 de J.-C. jusqu'en 624, qu'il fut reconquis par les Goths. Environ un siècle après, l'an 714, les Arabes s'emparèrent du royaume de Murcie, qui, après avoir éprouvé plusieurs révolutions sous leur domination, tomba définitivement au pouvoir des monarques castillans en 1304.

Villes et lieux principaux.

En se dirigeant du nord au sud, le long de la frontière du royaume de Murcie, qui, de ce côté, touche à celui de Valence, on trouve :

Venta del Puerto, est le premier village du royaume de Murcie, en venant de San-Felipe, ville du royaume de Valence, située à 5 lieues de cette frontière.

Almanza, à 2 lieues de Venta del Puerto, petite ville peuplée de 6,000 habitans, qui n'a d'autre industrie que des métiers de tisserands, assez nombreux, et qui n'offre aucun édifice remarquable. Elle sera cependant à jamais célèbre par la bataille sanglante qui fut livrée en 1707 entre les armées combinées de France et d'Espagne, qui combattaient pour Philippe V, et les armées portugaise, anglaise et allemande qui soutenaient la cause de l'archiduc Charles. Une chose assez singulière était de voir un Anglais, le maréchal de Berwick, fils naturel de Jacques II, commander l'armée de France, tandis que celle des Anglais était sous les ordres du lord Galloway, Français, qui se nommait d'abord Ruvigny, et qui était sorti de France lors de la révocation de l'édit de Nantes. Cette victoire mémorable, remportée par le maréchal de Berwick, assura le trône à Philippe V. A une portée de canon en deçà d'Almanza, s'élève un socle dont les quatre côtés portent des inscriptions latines et espagnoles relatives à la victoire remportée par le maréchal de Berwick; ce socle est surmonté d'une pyramide sur laquelle on avait placé un lion armé. Les Valenciens, importunés de cette image, qui semblait les menacer, étant parvenus à l'abattre à coups de pierre, on y a substitué la petite statue qu'on y voit encore aujourd'hui.

VILLENA, à 7 lieues au sud d'Almanza, et à 7 lieues au nord de Murcie, sur la frontière de Valence, située au bas d'une petite chaîne de montagnes, dans un terrain fertile en grains, vin, huile, chanvre. Population, 6 à 7,000 habitans. Dans la dernière guerre d'Espagne, le maréchal Suchet s'empara de cette ville le 12 avril 1813.

Deux petites chaînes de montagnes, la *Sierra de Salinas* et la *Sierra de Carache*, coupent le pays qui s'étend depuis Villena jusqu'à Murcie; on y trouve :

JUMILLA : population, 8,000 habitans. On y voit deux belles églises; le château qui domine cette ville est en ruines, et offre encore des vestiges de fortifications considérables.

LORQUI, village dans une plaine où se donnèrent, l'an 542 de Rome, deux batailles entre les Carthaginois et les Romains, où les deux premiers Scipions, Cneius et Publius, furent défaits et tués.

MOLINA, petite ville très-bien bâtie, à 7 lieues de Jumilla et à 4 lieues de Murcie. Population, 3,000 habitans. Elle est située près de la Segura, dans ce pays délicieux qui environne Murcie et qu'on appelle la *Huerta de Murcia*.

Murcie, sur la *Segura*, située dans une des plus délicieuses vallées de l'Espagne. Elle paraît être d'une origine peu ancienne, car il n'en est parlé pour la première fois, dans l'histoire, que vers la fin de la domination des rois Goths, sous le nom d'*Oreola*. Elle fut conquise, en 1265, par Alphonse X, roi de Castille, qui la peupla d'Aragonais, de Catalans, et particulièrement de Français. Dans la guerre de la Succession, en 1706, cette ville embrassa le parti de Philippe V. Louis de Belluga, qui en était évêque, suppléa aux fortifications de cette ville par ses habiles dispositions. Non-seulement il empêcha les troupes de l'archiduc de s'avancer, mais encore il s'empara d'Orihuela, dans le royaume de Valence, et de Carthagène. Ce prélat guerrier fut fait cardinal. Murcie, peuplée de 60,000 habitans, y compris ceux des campagnes voisines, était un des plus riches évêchés de l'Espagne. Elle renferme plusieurs belles églises; la cathédrale est une des plus magnifiques du royaume; on admire son clocher, dont l'escalier est tellement disposé, qu'un carrosse peut monter jusqu'au haut. C'est dans cette église que repose le cœur d'Alphonse X, roi de Castille, non moins célèbre dans les fastes de l'histoire que dans ceux de l'astronomie. Murcie fait un commerce considérable de soieries ; et les habitans ont toujours attaché un si grand prix à ce négoce, qu'il y a dans leur ville un édifice magnifique, une sorte de bourse, où se réunissent journellement les vendeurs et les acheteurs. Le grenier public est un bâtiment très-considérable, construit en briques. Il est rempli par le gouvernement dans les années d'abondance ; et l'on vend les grains à un prix médiocre, dans les tems de cherté, pour le soulagement des pauvres. Il y a un hôpital des enfans-trouvés très-bien tenu.

Une route très-fréquentée conduit de Murcie à Orihuela, ville du royaume de Valence, de la frontière duquel Murcie n'est qu'à 3 lieues.

En se reportant au nord du royaume de Murcie pour se diriger vers l'ouest, c'est-à-dire vers les frontières de la Castille, on trouve, sur une route assez belle de 8 lieues :

Bonete, petite ville qui n'a rien de remarquable.

Villar, *idem.*

Rincon, *idem.*

Albacete (*Setide*), petite ville de 7 à 8,000 habitans. On y remarque quelques belles maisons. Il y a un grand nombre de coutelleries. On y récolte beaucoup de vin et de safran. Il s'y tient tous les ans une foire très-fréquentée, et destinée surtout à la vente des bestiaux.

La Gineta, à 2 lieues et demie d'Albacete, dernier village de la province de Murcie en se portant dans la Nouvelle-Castille.

Chinchilla, petite ville de 4,500 habitans, au sud-ouest d'Albacete. On y fabrique des creusets pour la fonte de l'or et de l'argent. Cette ville donne son nom à une petite chaîne de montagnes.

Pozo de la Canada, sur la route d'Albacete à Murcie, et à 4 lieues nord-ouest de Jumilla : c'est un village près duquel est un passage si affreux, que le peuple lui a donné le nom de *Porte d'Enfer*. Il conduit à une vallée fertile.

Quand on parcourt la partie méridionale du royaume de Murcie, on trouve, après avoir passé la Segura :

Archena, au nord-ouest de Murcie, sur la rive droite de la Segura, est célèbre par ses eaux chaudes, à 41 degrés.

Pour aller de Murcie à Lorca, on traverse :

Lebrilla, village d'environ 1,000 habitans, dont le fameux duc d'Albe était seigneur.

Alhama, ville fondée par les Maures. Population, 4,000 habitans. Elle est fameuse par ses bains et ses eaux thermales.

Totana, petite ville située dans une plaine attristée par des landes. Elle a 1,200 habitans, et appartenait aux chevaliers de l'ordre de Saint-Jacques. On remarque à Totana une fort belle fontaine.

Lorca (*Eliocrata*), ville assez considérable, sur le *Guadalentin*, et à 3 lieues des frontières du royaume de Grenade, a joui d'un grand éclat sous les Maures : il y a sept ou huit églises, dont plusieurs sont assez belles ; elle est aujourd'hui très-peu commerçante et sans industrie ; ses vastes rues sont sans population, et un grand nombre de maisons tombent en ruines. Les campagnes qui l'entourent sont cependant assez fertiles : on y recueille annuellement 200,000 quintaux de barille. Un vaste réservoir, dans lequel on avait rassemblé les eaux destinées à l'irrigation du pays, s'étant rompu il y a 21 ans (en 1802), tout a été ravagé et submergé depuis Lorca jusqu'à Orihuela, c'est-à-dire à 16 lieues à la ronde : cet accident a été le coup mortel pour Lorca, déjà si peu florissante. Sa population se compose en grande partie de familles descendant d'anciens Maures convertis ; elle se monte à 2,500 habitans. Il y a une fabrique de salpêtre.

La route qui conduit de Lorca à Grenade traverse, dans un espace de 50 lieues, un pays coupé de montagnes inhabitées, où l'on fait quelquefois 8 lieues de chemin sans rencontrer ni hommes ni habitations. Ces déserts sont infestés de bandits qui, marchant en troupes de dix à trente, attaquent, dépouillent et assassinent les voyageurs. Ils habitent des cavernes dans des montagnes, et sont armés de carabines courtes et de pistolets. Il en résulte que, pour se transporter du royaume de Murcie à Grenade, les voyageurs s'attendent mutuellement au départ et au retour, et forment des espèces de caravanes de douze ou quinze voitures à la fois, sous l'escorte de quelques soldats : avec cette précaution et celle de ne voyager que durant le jour, on peut espérer de franchir, sans accident, cette épouvantable route.

Sepulcro de Scipion, tombeau de Scipion, à quelques lieues au sud de Lorca, a dû son nom à l'une de ces traditions qui ne sont étayées sur aucun fondement historique, mais qui cependant se conservent à travers les siècles.

En longeant au sud la côte du royaume de Murcie, depuis la frontière de Valence jusqu'à celle de Grenade, on trouve dans une étendue d'environ 13 lieues :

Palma, petite ville à une demi-lieue de la mer, et à 3 lieues de la frontière de Valence.

San Ginez, petit port vers le cap Palos.

Le cap Palos, un des promontoires les plus connus de la Méditerranée.

Carthagène, sur la Méditerranée, à environ 10 lieues au sud de Murcie, est avec Barcelone, Cadix et Alicante, un des points les plus considérables de l'Espagne. La sûreté de son port est attestée par ce vieux dicton des marins : *Qu'il n'y a que trois bons ports pour les vaisseaux, le mois de juin, le mois de juillet et le port de Carthagène.* C'est le chef-lieu d'un des trois départemens maritimes de l'Espagne (1) ; c'est là qu'avant les funestes événemens qui depuis quinze ans ont ruiné la Péninsule, il se faisait le plus de constructions, de radoubs et de carènes. Ses habitans, qui sont au nombre de 29,000, se distinguent par une activité que n'ont pas les autres habitans de la province. Il s'y fait un grand commerce d'exportation, surtout en soie, en laines, en soude, en barille et en sparterie. Un commerce d'importation de toutes sortes de marchandises

---

(1) Les deux autres sont Cadix et Le Ferrol.

DE MURCIE.

a lieu par les Anglais, les Hollandais et les Napolitains. Carthagène a été fondée par Asdrubal 255 ans avant J.-C. Scipion s'en rendit maître l'an de Rome 543 (211 avant J.-C.), et elle devint dès lors une des plus puissantes places des Romains dans les Espagnes. Elle fut ruinée par les Goths et par les Maures. Philippe II la fit rebâtir, fermer de murailles et fortifier, en l'armant d'une bonne citadelle. Dans la guerre de la Succession, les Anglais, alliés de l'archiduc d'Autriche, prirent le 13 juin 1706 Carthagène qui fut reprise six mois après par Mahoni et l'évêque guerrier Belluga (*Voy*. Murcie). Carthagène est la résidence ordinaire des évêques de Murcie. Le territoire de cette ville, qui n'est pas très-fertile, produit beaucoup de *spart*. On pêche une immense quantité de maquereaux sur la côte qui l'avoisine.

ALMAZARON, petite ville qui compte 5,000 habitans, vers l'embouchure du Guadalentin : il y a une sparterie ; c'est dans ses environs qu'on trouve une terre rouge, fine et sans sable, qui sert à polir les glaces de la manufacture de Saint-Ildefonse, et à saumurer le tabac d'Espagne qu'on fabrique à Séville. On voit, dans les environs de cette petite ville, les vestiges d'une mine d'argent; on y recueille en outre une grande quantité d'alun.

ROYAUME DE GRENADE.

Ce royaume, qui forme la partie orientale de l'ancienne Bétique, et qui n'est véritablement qu'une partie de la province nouvelle d'Andalousie, ce qui l'a fait nommer par quelques géographes Haute-Andalousie, est bornée au nord par les royaumes de Jaen, de Cordoue et de Séville, à l'occident par le royaume de Séville, au sud par la Méditerranée, à l'orient par cette même mer et le royaume de Murcie. Sa longueur est de 58 lieues de l'est à l'ouest, sa plus grande largeur du nord au sud est de 28 lieues; elle diminue vers l'ouest jusqu'à 7 lieues. Sa population est de 661,661 individus. Cette province est une des plus montagneuses de toute l'Espagne; elle est coupée dans toutes les positions par des chaînes élevées et particulièrement le long des côtes de la mer. Au nombre des montagnes sont la *Sierra Nevada*, qui tire son nom de la neige éternelle qui couvre ses sommets; une autre chaîne est celle des *Alpuxarras*, presque aussi élevée que la précédente, et qui a aussi plusieurs de ses sommets toujours couverts de neige. Ces montagnes sont habitées par une race mauresque qui a embrassé la religion catholique romaine, mais sans abandonner les coutumes et les habitudes de sa nation; et ce peuple, conservant son naturel vigilant et laborieux, a fait de cette contrée, qu'on pourrait appeler la région de l'air, un des territoires les plus cultivés et les plus productifs de l'Espagne. A l'exception de la place qu'occupent un grand nombre de villes et de villages, toutes ces montagnes sont couvertes presque jusqu'au sommet de vignobles et de plantations. Le langage du peuple grenadin est mêlé d'arabe et d'espagnol, et ses habitudes présentent l'alliance singulière des coutumes et des usages de l'orient avec les mœurs chrétiennes. Les maisons des villes sont presque toutes construites à la mauresque. Le pays produit d'excellent vin, du blé, des fruits succulens, de la noix de galle, du bois de construction, du chanvre, du miel. Parmi ces végétaux on ne doit pas oublier la canne à sucre, qu'on y cultive avec le plus grand succès. En fait de productions du règne minéral, on cite des marbres de la plus grande beauté, des grenats, des hyacinthes et autres pierres précieuses. Il y a des mines de fer en exploitation et des mines d'argent abondantes; on y voit des fontaines salantes et des salines. L'éducation des abeilles, la nourriture des bestiaux, les pêcheries sont pour ce pays d'importantes branches d'industrie; la soie, les laines, le vin, les raisins secs, l'huile, le sumac, dont on se sert pour préparer les peaux de bouc et de chèvre, sont les principaux articles d'exportation.

Le royaume de Grenade était, du tems des Arabes, le plus peuplé et le mieux cultivé de tous ceux de l'Espagne; sa population se montait à 3,000,000 habitans, ce qui fait cinq fois plus que la population actuelle. La conquête du royaume de Grenade par Ferdinand-le-Catholique, roi d'Aragon, et par Isabelle, reine de Castille, son épouse, en 1492, consomma la ruine de la domination des Maures en Espagne.

Dix-huit rivières arrosent le royaume de Grenade; les plus connues sont le *Guadalentin*, le *Xenil*, le *Daro* et le *Guadalete*.

Villes et lieux principaux.

Huescar ou Guescar est la première ville importante qui se présente, en venant du royaume de Murcie; elle est située dans une plaine et défendue par un château. Elle a le titre de duché. On y fait un commerce de laines assez considérable : c'est sur le territoire de cette ville que commence le canal de Murcie qui, selon un projet conçu mais non exécuté, devait porter la fertilité dans toute la province. Le manque d'eau, pendant les étés un peu secs, a fait avorter cette bienfaisante entreprise.

Vera, petit port de mer vers les confins du royaume de Murcie et sur la rive droite de l'*Amanzova*, à 39 milles au nord-est d'Almeria. On élève dans ses environs une grande quantité de vers à soie.

Mujacar ou Muzacra, situé sur le penchant d'une colline, petit port à 30 milles au nord-est d'Almeria. On nourrit également dans ses environs une grande quantité de vers à soie.

Le cap de Gates, où se trouve une carrière de très-beau jaspe.

Almeria, évêché sur la rivière du même nom, à 7 lieues à l'ouest du cap de Gates, fut, sous les Maures, une ville très-fameuse et le port le plus fréquenté de toute l'Espagne. Il s'y faisait un commerce considérable qui commença à décheoir à la suite de la peste qui pénétra en Espagne par ce port, au milieu du 14e siècle, et qui enleva le tiers des habitans. Cette ville ne s'est pas relevée depuis, et son commerce se borne actuellement à l'exportation de la soude et du spart : c'étaient les Français qui faisaient principalement ce commerce ; ils apportaient à Almeria en échange de ces productions les produits des fabriques de leur pays.

Adra, à 5 lieues sud-ouest d'Almeria, port. C'est une petite ville avec un château très-fort : elle avait autrefois un évêché, qui a été transféré à Almeria.

Motril, ville ancienne à environ 12 lieues à l'ouest d'Almeria, offre un très-bon mouillage. Il y a des pêcheries considérables, et ses environs produisent d'excellent vin et du sucre comparable à celui d'Amérique. Il s'y tient tous les ans une foire qui dure quinze jours. Près de cette ville s'élèvent les montagnes des *Alpuxarras*.

Salobrena, à 4 lieues de Motril, petite ville située près de la mer, à l'embouchure d'une rivière de même nom. Elle est bâtie sur un rocher défendu par un château fort, et offre un assez bon port d'où l'on exporte du sucre et du poisson.

Almenuzar, ville avec un petit port, ayant un bon mouillage défendu par une citadelle, où les rois maures tenaient autrefois leur trésor, et où ils firent plus d'une fois enfermer des princes de leur sang, dont l'ambition leur était suspecte. Elle est située à 38 milles est de Malaga.

Velez Malaga (Vieux-Malaga), jolie petite ville à un quart de lieue de la Méditerranée, n'a ni rade, ni port; cependant il s'y fait un petit commerce d'exportation des fruits et des vins du pays. On cultive avec succès les cannes à sucre autour de Velez Malaga, et principalement à Torrox, village à 2 lieues plus loin.

Malaga, ville considérable et très-commerçante. Population, 50,000 habitans. Elle est grande, de forme circulaire, environnée d'une double muraille, fortifiée de tours majestueuses, avec neuf portes. Parmi ses édifices, on remarque sa magnifique cathédrale, la douane bâtie en 1792 sur un plan beau et noble, et une salle de spectacle moderne qui ne manque pas d'élégance. On a établi dans cette ville, en 1792, un Mont-de-piété. Un château bâti par les Maures sur la pointe d'un rocher la domine tout entière; ses rues sont étroites, mais on y voit quelques beaux hôtels; son port est vaste et sûr; il peut recevoir les vaisseaux de la plus grande portée. On y voit un môle de 700 pas de longueur et large à proportion. Les productions des environs de Malaga sont les vins, les raisins (on en compte à peu près trente espèces), les amandes, figues, limons, orangers, olives, huiles, etc. Les montagnes escarpées qui l'entourent produisent ce raisin mielleux qui donne tant de réputation au vin de Malaga. Ces montagnes offrent en outre des trésors inépuisables pour les minéralogistes : elles contiennent du jaspe, de l'albâtre, de l'antimoine, du mercure, du soufre, du plomb, de l'amiante, de l'aimant, etc. Les Anglais sont depuis longtems en possession de faire avec Malaga le commerce le plus considérable. Cette ville, depuis le commencement de ce siècle, a plusieurs fois été en proie à des maladies épidémiques que l'on a cru être la fièvre jaune. Dans l'affreuse épidémie de 1806, les religieux des couvens de Malaga montrèrent le dévouement le plus honorable. Cette ville et ses environs étaient, du tems des Maures, plus peuplés qu'à présent. Elle contenait plus de 80,000 ames ; et elle avait dans son territoire à l'occident plus de cinquante villages, il en reste seize. « Ces faits, dit M. Bourgoing, prouvent mieux que » toutes les déclamations philosophiques le préjudice » que l'expulsion des Maures a porté à l'Espagne. » Dans la dernière guerre d'Espagne, le général Sebastiani prit Malaga, le 5 février 1810, après un combat sanglant. Une garnison française aux ordres du général Pérémont fut laissée dans cette ville, et ce ne fut pas sans avoir de fréquens combats à livrer contre les *Serranos* qu'il put s'y maintenir (Voy. *Ronda*, ci-dessous). Au mois de décembre 1810, un corps de troupes anglaises fut complètement battu près de Malaga par les Français.

CARTAMA, bourg à 2 ou 3 lieues de Malaga, fait un grand commerce d'amandes, de câpres et de figues, dont son territoire abonde. Dans cet endroit, l'on a découvert, en 1750, un temple antique à 30 pieds sous terre. Les fouilles ont produit peu de résultats importans ; seulement on a trouvé dix statues tronquées, une colonne de marbre rouge, etc. Les statues ont été placées aux coins des rues de Malaga ; la colonne a été élevée sur un piédestal devant une église, et on l'a surmontée d'une croix. On cessa de faire des fouilles en 1756, et l'on ferma l'entrée du souterrain. Près de là, on voit sur une colline les ruines d'un château maure. Les environs sont très-bien cultivés.

Marvella, sur la mer, à l'ouest de Malaga, ville commerçante qui contient 5 à 6,000 habitans. On y fabrique des cuirs à la manière anglaise et des basanes.

Estepona, petite ville près de la mer. C'est le dernier port du royaume de Grenade jusqu'aux frontières d'Andalousie.

En remontant vers la frontière nord-est du royaume de Grenade, on trouve :

Castril, à l'ouest de Huescar, vers la frontière du royaume de Jaen, au milieu des montagnes, où le Guadalentin prend sa source.

Baza (*Basti*), jolie ville au pied d'une montagne. Ses rues sont belles et ses promenades délicieuses. Il y a une église, celle de Notre-Dame-de-Piété, à laquelle on attribue quelques miracles. Ce fut par la prise de cette ville que Ferdinand V, surnommé *le Catholique*, préluda à la prise de Grenade, dont elle n'est guère qu'à 19 lieues. La plupart des maisons et édifices sont de construction maure, c'est-à-dire bâties en briques et avec un ciment très-dur. On y remarque neuf vieux canons de fer, dont se servirent Ferdinand et Isabelle au siége de cette ville. Ils forment les colonnes de la façade des halles. La population de cette ville est de 7 à 8,000 ames. Dans la dernière guerre d'Espagne, au mois de décembre 1810, l'armée de Blake fut presque entièrement détruite par le général Sebastiani à Baza. Le 13 août 1811, le maréchal Soult battit complètement, près de la même ville, les différens corps de l'armée de Murcie.

Entre Baza et Guadix, il y a 7 lieues de chemin à travers des montagnes incultes, où il ne croît que quelques chênes verts. Il n'y a que deux maisons sur toute cette route.

Guadix (*Acci*), évêché, ancienne ville proche la rivière du même nom, au sud-ouest de Baza, à 39 milles nord-ouest de Grenade. Elle contient sept couvens. Il y a des fabriques de poterie et de soieries. Les environs sont très-beaux ; les ormes et les mûriers y croissent en quantité. On voit au sud, à la distance de 12 lieues, la chaîne de montagnes appelées *Sierra Nevada*, à une lieue sud-ouest de Guadix, sont les eaux minérales de *Graena*. Pline et Ptolomée font mention de cette ville. On voyait encore, dans le 17e siècle, écrit sur une de ses portes : *Colonia Accitana*.

Granada (*Grenade*) est une grande ville, construite par les Maures dans le 10e siècle. Elle était destinée, par l'accroissement rapide de son étendue, de sa population et de ses richesses, à devenir le dernier boulevart de leur puissance en Espagne. Située sur deux collines à peu de distance de la *Sierra Nevada*, elle est traversée par le Daro; le Xenil baigne ses murs. Les environs de Grenade forment une plaine délicieuse de 30 lieues d'étendue, appelée *Vega de Granada*, et qui est arrosée par cinq rivières. Grenade, sous les Maures, était la merveille de l'Occident : elle avait 400,000 habitans, parmi lesquels 100,000 hommes étaient sous les armes lorsqu'elle tomba au pouvoir de Ferdinand-le-Catholique l'an 1492. L'*Alhambra* et l'*Albaysa* étaient les deux forteresses de la ville; mais l'Alhambra était en même tems le palais des rois maures. Il fut construit l'an 1280. C'est un des bâtimens les plus magnifiques, et en même tems un des mieux conservés de l'architecture arabe. Il forme un superbe corps-de-logis carré avec un portail de jaspe : au dedans est une grande cour carrée, nommée *Cour des Lions*, pavée de marbre blanc, et environnée de deux rangs de portiques, soutenus par 126 colonnes d'albâtre. Au milieu est un bassin porté par douze lions de grandeur naturelle. C'est là que se fit le massacre des Abencerrages par les Zégris, lors des fatales querelles qui hâtèrent la ruine du royaume de Grenade. Une salle octogone, nommée *Salle des Secrets*, donne sur cette cour. L'ensemble est fait avec tant d'art et de proportion, qu'en appliquant la bouche à un des angles, et en prononçant très-bas quelques mots, ils sont entendus de la personne placée à l'angle opposé. Au bout des jardins, on trouve un palais qui porte le nom de *Généralif* : il est dans un emplacement plus élevé que l'Alhambra : on découvre, de ses balcons, une des plus belles vues de l'Europe. Près de l'entrée de ce palais sont deux cyprès d'une grandeur énorme, qui ont plus de cinq siècles d'antiquité, et qu'on appelle les *Cyprès de la sultane reine*, parce qu'une princesse maure donna jadis sous leurs ombrages de tendres rendez-vous à un galant Abencerrage. L'empereur Charles-Quint avait commencé à faire bâtir un nouveau palais dans l'enceinte de l'Alhambra ; mais il ne fut jamais achevé ; il n'en reste que la carcasse de pierres jaunes, formant un carré de 190 pieds. L'intérieur est une grande cour circulaire, entourée d'un portique de l'ordre toscan. La grande entrée du palais est décorée de colonnes de jaspe, dont les piédestaux sont ornés de bas-reliefs de marbre représentant des batailles. Grenade est aujourd'hui bien déchue de son ancienne splendeur. Sa population se réduit à 80,000 habitans : elle est divisée en quatre quartiers ; elle a douze portes qu'on ne ferme jamais ; elle a un archevêque, une université, une chancellerie royale, vingt-quatre églises, vingt-neuf couvens, onze hôpitaux et quatre collèges. La cathédrale, qui a été bâtie il y a un peu plus de deux siècles, est fort belle. On y voit les tombeaux de Ferdinand et d'Isabelle, ainsi que ceux de leur fille Jeanne-la-Folle et de son époux Philippe Ier, dit *le Beau*, père de Charles-Quint. Les rues de Grenade sont étroites, inégales et mal pavées : il serait difficile d'y trouver une seule maison qui méritât le nom de palais. Il y a peu de bons tableaux dans les édifices publics et religieux. Les aqueducs sont en ruines. Il y a toujours un grand nombre de fontaines qui rendent le séjour de cette ville fort agréable. Les manufactures, si florissantes du tems des Maures, sont grandement déchues. Cependant on fabrique à Grenade beaucoup d'étoffes de soie; et les habitans ont toujours attaché une si grande importance à ce négoce, qu'ils ont, depuis des siècles, dans leur ville un bel et vaste édifice uniquement consacré à ce commerce. Une rue entière est composée de boutiques où l'on ne vend que de la tabletterie et des bijoux en grande partie faits avec les marbres et les pierres précieuses que fournissent les carrières et les mines de cette province. Dans la dernière guerre d'Espagne, Grenade ouvrit ses portes à l'armée du général Sebastiani le 24 janvier 1810. Joseph Napoléon y fit alors son entrée.

A un quart de lieue de cette ville est une chartreuse, où l'on voit deux beaux tableaux de Palomino, un bel autel de marbre, et une bibliothèque fort curieuse.

L'ancienne ville d'*Illiberis* était près de l'emplacement de Grenade; on en découvrit les restes en 1755; on y a trouvé un grand nombre d'inscriptions, quelques manuscrits grecs, latins, arabes, et en particulier les actes du concile d'Elvire, écrits sur des lames de plomb.

SACRO-MONTE, montagne à une petite distance de Grenade. On y voit encore des caveaux souterrains où les Maures enfermaient les chrétiens, et où ils firent mourir dix évêques. On a élevé un couvent et une église dans cet endroit : les reliques des saints évêques y sont conservées religieusement.

SANTA-FE, petite ville où l'on compte environ 2,400 habitans, à 2 lieues de Grenade, sur le Xenil ; elle fut bâtie par Ferdinand V, pour servir de camp à ses troupes pendant le siége de Grenade ; et ce camp si bien fortifié devint bientôt une véritable cité. Dans la dernière guerre d'Espagne, le maréchal Suchet battit, près de Santa-fé, une armée espagnole commandée par Blake, le 15 juin 1809.

LOXA ou LOJA, petite ville avec le titre de cité, sur les bords du Xenil, au pied d'une montagne, à 6 lieues à l'est de Grenade, renferme trois paroisses et quatre couvens ; elle a une manufacture royale de salpêtre, et quelques fabriques de cuivre. Son territoire, agréable et fertile, produit toutes sortes de fruits ; on y recueille de l'huile et du safran. Loxa est à 5 lieues des frontières du royaume de Séville (*Voy.* ci-après *Alameda*).

ALHAMA, sur la *Morella*, petite rivière, au sud de Loxa et au sud-est de Grenade, est fameuse par ses bains chauds, les plus beaux et les mieux entretenus de l'Espagne ; ils ont été construits par les rois maures. La ville est jolie, le territoire produit en abondance tout ce qui est nécessaire à la vie. Il existe une autre petite ville de ce nom, située sur la rivière et à 3 lieues au sud d'Almeria.

MONDA, petite et ancienne ville près des sources

de la rivière de *Guadalmedina*, à l'ouest de Cartama ; c'est près de là que Jules César défit les deux fils de Pompée, l'an 45 avant J.-C.

Ronda, à 3 lieues et demie des frontières de l'Andalousie, est située au milieu de hautes montagnes appelées la *Serrania de Ronda*. Leurs cimes sont dénuées de toute végétation et leurs flancs couverts de rocs écaillés et calcinés depuis des siècles par l'ardeur du soleil. La ville est assez bien bâtie et située sur un plateau très-élevé et qui n'est d'un accès facile que vers le nord. Elle est séparée des montagnes qui la dominent au sud et vers l'ouest, par une vallée riante et cultivée. *Le Guadiaro* descend de la plus élevée de ces montagnes et traverse Ronda. On dirait qu'un tremblement de terre a disjoint, par une fente profonde, le plateau élevé sur lequel la ville est bâtie, pour creuser le lit ténébreux de cette petite rivière. Ronda est divisée en vieille cité et en ville neuve. La vieille cité, placée sur la rive gauche, communique avec la neuve, qui occupe la rive opposée, par un superbe pont en pierre d'une seule arche. On est frappé d'une espèce de terreur lorsqu'on voit de ce pont, à 276 pieds au dessous de soi, la rivière, comme un simple filet d'eau blanchâtre, sortir du gouffre creusé par la violence du torrent depuis des siècles. Une espèce d'humidité nébuleuse s'élève sans cesse du fond de l'abîme, et l'on distingue à peine, tant ils paraissent petits à la vue, des hommes avec des ânes qui montent et descendent à toute heure dans le sentier tortueux et transportent des fardeaux aux deux moulins construits au pied de l'immense terrasse de rochers qui soutient la ville (1). La ville ancienne est presque entièrement une construction mauresque. Les rues en sont étroites et tortueuses. Il y a un vieux château que les Français fortifièrent en 1810. La ville neuve est très-régulièrement bâtie; les places sont vastes, les rues larges et bien alignées. On descend de la ville par un escalier de 400 marches taillé dans le roc : c'est un ouvrage des Maures. Cette ville fut conquise en 1485 par Ferdinand-le-Catholique. Ses environs sont très-fertiles. Quelques antiquaires veulent que ce soit la *Munda* des Romains, d'autres que ce soit l'ancienne *Aranda*. Dans la dernière guerre d'Espagne, Joseph Buonaparte occupa Ronda au mois de février 1810; mais sa garde ayant été battue dans le village de *Gaucin*, à 4 lieues de la ville, il ne s'y crut plus en sûreté et en laissa le commandement à un colonel de dragons avec l'autorité la plus absolue sur toute la Serrania; mais jamais elle ne s'étendit au delà des murs de Ronda. Les *Serranos*, c'est ainsi qu'on appelle ceux qui habitent la *Serrania de Ronda*, toujours en armes autour de la ville, forcèrent les Français à l'évacuer le 12 mars 1810. C'est ici qu'on voit le côté honteux de l'insurrection espagnole. Les montagnards entrés dans Ronda six heures après les Français, l'avaient mise au pillage, prétendant l'avoir conquise

---

(1) Voy. les *Mémoires* de M. de Rocca.

sur les Français. Leurs femmes avaient amené des ânes sur lesquels elles chargèrent tout le butin qu'elles trouvèrent dans les plus beaux hôtels. Les prisons furent forcées et les détenus, mis en liberté, coururent à l'instant même tirer vengeance de leurs juges et de leurs accusateurs. Les débiteurs arrachèrent par force des quittances à leurs créanciers et brûlèrent tous les papiers de la chancellerie, afin d'anéantir les titres de créance que les habitans de la ville avaient sur les propriétés des montagnards. Mais dès le 20 mars les Français chassés de Ronda y rentrèrent avec le secours du général Peremont, qui vint de Malaga les joindre avec quelques troupes. Ils s'y maintinrent, mais toujours inquiétés, toujours harcelés par les Serranos. Tous les détachemens qui sortaient, soit pour faire des vivres, soit pour aller en reconnaissance, étaient enveloppés d'une nuée de tirailleurs qui, du haut des rochers, ajustaient les Français sans courir le moindre danger. « Le plus doux passe-tems des ouvriers de la
» ville, dit M. de Rocca, était de venir se placer
» derrière des rochers, entre les oliviers, à l'extrémité
» du faubourg, et de tirer sur nos védettes en fumant
» leurs cigarres. »

PAXARETE, village fameux par son vin, que les Français appellent par corruption *Pacaret*.

SETTENIL, petite ville dans la *Serrania de Ronda*, et au nord-ouest de cette dernière ville. Elle est située sur un rocher, et ses maisons sont la plupart taillées dans le roc.

Grazalema, à 4 lieues à l'ouest de Ronda, est de ce côté la dernière ville du royaume de Grenade. Elle est située, comme Ronda, au milieu des rochers; ses habitans, ayant de l'eau en abondance, ont établi une des manufactures les plus considérables de l'Espagne en draps grossiers. Pendant la dernière guerre, cette petite ville était la place d'armes des *Serranos* : le maréchal Soult fit marcher contre eux une colonne mobile forte de 3,000 hommes. Les *Serranos* se défendirent de maison en maison, et quand ils n'eurent plus de munitions, ils abandonnèrent la place et échappèrent, à travers les montagnes, à la poursuite de nos soldats. Mais dès que la colonne mobile se fut retirée, ils rentrèrent dans Grazalema, et la défendirent avec succès contre une division entière d'infanterie envoyée un mois après pour les en chasser.

ANDALOUSIE.

L'Andalousie, proprement dite (1), est bornée au nord par l'Estramadure et la province de la Manche (Nouvelle-Castille); au sud par l'Océan, le détroit de Gibraltar et le royaume de Grenade; à l'ouest par le Portugal, à l'est par le royaume de Grenade. Le

(1) Elle est aussi nommée *Basse-Andalousie* pour la distinguer du royaume de Grenade, qui est appelé, par quelques géographes, *Haute-Andalousie*.

Guadalquivir la traverse dans toute sa longueur, qui est de 90 lieues sur 45 de large. Elle a environ 1,200,000 habitans. L'Andalousie, qui portait le nom du pays des Vandales avant l'invasion des Maures, fut divisée par eux en trois royaumes différens, ceux de *Jaen*, de *Cordoue* et de *Séville*, qui forment encore aujourd'hui autant de provinces particulières conservant les mêmes noms. L'Andalousie, bien que montueuse, est pour la fertilité de son sol et la variété de ses productions un des pays les plus riches, non-seulement de l'Espagne, mais encore de toute l'Europe ; elle est cependant loin d'être bien cultivée. Elle produit pour ses habitans tous les objets qui peuvent fournir aux besoins et à l'agrément de la vie, et de plus elle offre aux provinces voisines les productions qui leur manquent et dont elle fait une exportation considérable. Ses principales richesses consistent en blé, excellens vins, laines, miel, soie, coton et fruits magnifiques. Les chevaux andalous, et principalement ceux des environs de Cordoue, sont les meilleurs de l'Espagne. Les montagnes renferment des mines d'argent, de mercure, de plomb, de cuivre, de vermillon. On y recueille du sel en abondance. Dans les contrées montagneuses de cette province on élève de jeunes taureaux destinés à figurer dans les joutes de Madrid. La chaleur y est, à la vérité, excessive pendant l'été, mais les habitans dorment le jour et travaillent la nuit. La frontière septentrionale de l'Andalousie renferme une partie de la chaîne élevée de montagnes si connues sous le nom

Sierra Morena. — Ce que nous avons dit sur les mœurs des Grenadins, leur origine, leur langue, s'applique à toute l'Andalousie. (*Voy.* ci-dessus.)

L'Andalousie, séparée de la Castille par les plaines arides de la Manche et par l'imposante barrière de la Sierra Morena, offre, en raison de sa position, de grands avantages à une population qui veut défendre l'intégrité de son territoire. Joignez à cela que si son système de résistance était appuyé par quelque puissance maritime étrangère, elle recevrait du côté de la mer, par Cadix, par Gibraltar des secours toujours faciles à renouveler. Enfin, un ennemi qui serait maître des deux Castilles ne pourrait empêcher les communications de l'Andalousie avec le royaume de Valence, qui offre toutes les ressources d'une province maritime, agricole et belliqueuse. En effet l'Andalousie fut le premier écueil des armes de Napoléon, en 1808. C'est là que se formèrent les premières juntes d'insurrection contre lui ; c'est là qu'une armée française fit voir à Baylen que des Français pouvaient être vaincus. A la nouvelle de ce succès, une puissante armée se réunit en Andalousie. Composée de toutes les troupes du camp de Saint-Roch, de toutes les forces des provinces d'Andalousie, de Valence, de Carthagène et de Madrid, elle montait à 80,000 hommes effectifs, et formait, au mois d'octobre 1808, la droite du système de l'insurrection espagnole. Les généraux Castanos, Pennas et Palafox la commandaient. Le 20 novembre elle prit ses positions à la Calahorra, à Tudela et sur les bords de l'Aragon. Elle fut vaincue le 23 à la bataille de Tudela, mais ces troupes, plutôt dispersées que détruites, se reformèrent sur cent points divers et causèrent encore bien des maux aux Français.

ROYAUME DE JAEN.

Cette province qui forme la partie la plus orientale de l'Andalousie, est bornée, au nord, par la Manche; au sud, par le royaume de Grenade; à l'est, par les royaumes de Murcie et de Grenade; à l'ouest, par le royaume de Cordoue. Ses principales rivières sont *le Guadalquivir*, qui y prend sa source; *le Guadalimar*, qui se jette dans le Guadalquivir; *le Guadarmena*, qui a son embouchure dans le Guadalimar; *la Segura*, etc. La population monte à 177,136 habitans.

Villes et lieux principaux.

A la description des lieux que nous allons d'abord parcourir se rattache le plus triste souvenir de la dernière guerre d'Espagne: c'est le désastre du général Dupont, en Andalousie, au mois de juillet 1808; quelques-uns de ces lieux devaient toutefois plus tard revoir nos armées victorieuses.

Santa Elena, fort dans la Sierra Morena, sur les confins de la province de la Manche. Le général Dupont, en pénétrant en Andalousie, en 1808, y avait laissé une garnison française pour s'assurer du passage des montagnes.

Despeñaperros, position entre Baylen et Santa Elena, que le général Castanos fit occuper le 19 juillet 1808 par ses troupes, afin de couper la retraite aux Français. Au mois de novembre 1809, les Espagnols, après leur défaite à Ocaña, élevèrent des fortifications et pratiquèrent des mines dans ce défilé, et dans ceux de *Puerto-del-Rey* et de *Mudelar*, pour empêcher les Français de pénétrer en Andalousie ; mais ces positions furent tournées.

Las Navas de Tolosa, lieu célèbre par une grande bataille que les chrétiens remportèrent sur les Maures, le 16 juillet.......... L'anniversaire de cette victoire, survenu au moment où les Espagnols allaient fondre tous ensemble sur l'armée, aux ordres du général Dupont, cernée sur tous les points à Andujar, redoubla leur enthousiasme et leur ardeur.

La Carolina, capitale des colonies, composées de Français, d'Allemands et d'autres étrangers, qui furent fondées dans la Sierra Morena, de 1767 à 1770, par don Pablo Olavidès, gouverneur général de l'Andalousie. La Carolina est située sur les bords d'une petite rivière, très-régulièrement bâtie et entourée de murs : on y entre par huit portes. Elle contenait, en 1787, 12,000 habitans, nombre bien diminué depuis. La maison de ville et l'église principale méritent d'attirer l'attention.

Guarromon, au sud de la Carolina, bourg bâti à la même époque, et dont les habitans ont joui d'abord de la plus grande prospérité ; mais depuis 1790 toutes ces colonies sont étrangement déchues par le manque d'encouragemens, et par le défaut de débouchés.

Baylen, au sud de tous les lieux ci-dessus mentionnés, et à l'ouest d'Andujar, dans une plaine environnée de défilés et de montagnes, est une petite ville, ancienne et dont le territoire nourrit une des plus belles races de chevaux de l'Andalousie. Cette ville a acquis une célébrité récente pour avoir donné son nom à la capitulation par laquelle l'Europe a vu avec étonnement trois divisions françaises, formant encore 17,000 hommes sous les armes, après les sanglantes affaires du 15 au 20 juillet 1808, se rendre par capitulation. Trois jours après, Castanos entra dans cette ville pour recevoir prisonnière l'armée française, qui défila devant lui sans armes.

Andujar, sur le Guadalquivir, au sud-est de la précédente, est la dernière ville de ce côté que l'on rencontre avant d'entrer dans le royaume de Cordoue; c'est l'ancienne *Illiturgis* des Romains. Elle est assez grande, défendue par un château, et renferme 12,000 habitans. Ses environs sont très-fertiles. Tout le territoire d'Andujar est plein de veines de métaux, de minéraux, de marbres précieux, etc. Dans la dernière guerre d'Espagne, le général Dupont occupait cette ville depuis un mois, lorsque l'armée anglo-espagnole, que commandaient les généraux Castanos et Reding, vint prendre position sur les hauteurs voisines. Pendant trois jours de combat, Dupont se maintint dans Andujar malgré les plus furieuses attaques.

Le 18, il fut obligé d'évacuer cette ville, où Castanos entra aussitôt, et établit le centre de ses opérations. Au mois de décembre 1809, lorsqu'après la bataille d'Ocaña, les Français pénétrèrent une seconde fois en Andalousie, Andujar leur ouvrit ses portes sans coup férir.

Villanueva, village et position un peu au nord d'Andujar, où, lors des divers combats qui précédèrent la capitulation de Baylen, il se livra une action très-vive entre une partie de nos troupes et celles de l'ennemi, le 15 juillet 1808.

Linarès, à l'est de Baylen, petite ville, n'a de remarquable que les restes d'un aqueduc des Romains qui portait de l'eau à l'ancienne ville de *Castulo*, aujourd'hui *Castelona*. Ses environs doivent leur célébrité à d'abondantes mines de plomb.

Mengibar ou Menjebar, sur le Guadalquivir, à 3 lieues à l'est d'Andujar, petite ville sur la route de Baylen à Jaen, et près de laquelle, la veille de la capitulation de Baylen, le général Vedel se maintint pendant deux jours, les 16 et 17 juillet 1808, malgré les furieuses attaques de l'ennemi, qui voulait le déloger de ce point si important de communication avec Jaen et Ubeda (1).

(1) Voyez, pour tous ces détails, les rapports officiels des généraux Castanos et Dupont, insérés dans le *Recueil de Schœll*, à la fin du tome Ier.

En quittant la route de Jaen pour remonter vers l'est le cours du Guadalquivir, on trouve :

BAEZA (*Beatia*). Elle avait un siége épiscopal qui a été transféré à Jaen, et une université qui a été supprimée. Elle fut conquise sur les Maures par Ferdinand-le-Catholique. Sa population, qui alors était de 150,000 personnes, n'est plus que de 15,000 ames ; on y voit d'assez beaux édifices. Il y a des fabriques d'excellens cuirs.

UBEDA, à une lieue de Baeza. Population, 16,000 ames. Cette ville est entourée de murailles anciennes, bâties aux frais de ses habitans, qui, pour cette raison, obtinrent du roi Sanche IV une exemption d'impôts. On y fabrique des draps et des poteries. L'hôpital Saint-Jacques est le plus beau et le mieux entretenu de toute l'Andalousie.

JAEN, capitale de la province, évêché, située sur une rivière à laquelle elle donne son nom, renferme 27,000 habitans. Elle est peu commerçante : la cathédrale offre de beaux détails d'architecture ; mais ce qu'il y a de plus beau à Jaen, ce sont des fontaines aussi limpides qu'abondantes ; une de ces sources, appelée *la Madeleine*, s'échappe par un jet de 12 pieds de circonférence. On remarque dans cette ville diverses inscriptions romaines qui attestent son antiquité. Elle fut conquise sur les Maures, en 1236, par le roi de Castille, Ferdinand III. Dans la dernière guerre d'Espagne, les Français entrèrent dans Jaen le 24 janvier 1810.

Martos, petite ville à environ 2 lieues à l'ouest de Jaen, est l'ancienne *Tucci*, qui se nomma ensuite *Augusta Gemella*. Elle appartenait à l'ordre de Calatrava.

Alcaudete, petite ville dont presque toutes les maisons sont de marbre noir, ce qui lui donne un aspect singulier.

Alcala la Real, au sud-ouest de Jaen, petite ville assez peuplée, car elle renferme 8 à 9,000 ames. Elle est située sur une haute montagne, fertile en vins et fruits exquis. A peine est-on sorti d'Alcala, qu'on entre sur le territoire de Grenade.

ROYAUME DE CORDOUE.

Le royaume de Cordoue est borné, au nord par la province de la Manche (Nouvelle-Castille) et par l'Estramadure; au sud, par le royaume de Séville; à l'orient, par l'Estramadure et le royaume de Séville; à l'occident, par les royaumes de Jaen et de Grenade.

Il est traversé par le *Guadalquivir*, qui reçoit plusieurs rivières dans son cours avant d'arriver aux frontières du royaume de Séville. Population, 236,016 ames.

Villes et lieux principaux.

En venant d'Andujar, dernière ville du royaume de Jaen, et en suivant le cours du Guadalquivir, on trouve :

Alcala del Rio, joli village à 4 lieues d'Andujar, et situé sur une hauteur voisine du Guadalquivir. Ses habitans s'occupent à fabriquer des lainages.

Bujalance (*Calpurniana*), petite ville peuplée de 9,000 habitans. On y fabrique des lainages et des draps fins.

El Carpio, village de 1,500 habitans, érigé par Philippe II en marquisat pour la maison de Haro.

Cordoue (*Corduba*), fondée par Marcellus vers l'an 252 avant J.-C., passa de la domination des Romains à celle des Goths, et, lors de l'invasion des Maures, fut, avec Mérida, la seule ville d'Espagne qui leur opposa une vigoureuse résistance. Le calife Abdérame fit de Cordoue la capitale de son empire : elle devint bientôt une des villes les plus magnifiques et les plus peuplées de l'univers ; elle contenait 300,000 ames. Elle fut conquise, en 1236, par le roi de Castille, Ferdinand III. C'est la patrie des deux Sénèque, de Lucain, d'Averroës, d'Avicenne, de plusieurs autres savans arabes, ainsi que du fameux Gonsalve Ferdinand d'Aguilar, si connu sous le nom de Gonsalve *de Cordoue*. Les beaux édifices se multiplièrent dans cette ville sous les Maures; mais la plupart furent renversés, en 1589, par un tremblement de terre. Cordoue n'a aujourd'hui de remarquable que sa cathédrale, un des monumens les plus curieux de l'Europe. Ce fut jadis une mosquée commencée par Abdérame, qui y déploya une rare magnificence. L'édifice est un carré long de 620 pieds de longueur sur une largeur de 440 pieds; il est soutenu par près de mille colonnes. « L'œil embrasse plutôt avec surprise » qu'avec ravissement, dit M. Bourgoing, une forêt » de colonnes dont il n'y a peut-être pas un autre » exemple dans le monde; elles sont toutes de marbre » de diverses couleurs ou de jaspe. » Cordoue, quoique son étendue soit la même que sous les Maures, compte aujourd'hui à peine 35,000 ames. Fameuse jadis par ses soieries, ses draps fins, elle n'a plus d'autre industrie que quelques fabriques de rubans et de galons de chapeaux. L'orfévrerie y est encore assez florissante. Le haras royal de Cordoue est le plus beau et le mieux entretenu de toute l'Andalousie. Cette ville est la résidence d'un évêque. Dans la dernière guerre d'Espagne, Cordoue ouvrit ses portes à Joseph Buonaparte le 24 janvier 1810.

En allant de Cordoue à Séville, on traverse une contrée dans laquelle le gouvernement espagnol a fondé plusieurs colonies. On y trouve :

Carlotta, joli village à 6 lieues sud-ouest de Cordoue, fondé en 1769, est le chef-lieu des nouvelles peuplades de l'Andalousie, comme Carolina est le chef-lieu des nouvelles peuplades de la *Sierra Morena*. Le même intendant administre l'une et l'autre. De Carlotta, l'on arrive, après un trajet de 4 lieues, à Ecija, première ville du royaume de Séville dans cette direction. (*Voy.* ci-dessous.)

Fuente Palmera, autre chef-lieu de ces nouveaux

établissemens, est situé un peu au nord de Carlotta, près des bords du Guadalquivir.

Pour aller de Cordoue au royaume de Grenade, on traverse, dans la direction du nord au sud-est, un pays dans lequel on rencontre les lieux suivans :

Fernan-Nuñes, bourg et duché qui avait pour titulaire un des derniers ambassadeurs d'Espagne en France. Ce seigneur a fait dans ce lieu d'utiles établissemens.

Montilla, petite ville dont le territoire produit un vin liquoreux, mais très-sec, peu connu hors d'Espagne, mais qui y est fort estimé des connaisseurs. Il y a des greniers publics très-bien bâtis, et un beau palais des ducs de Medina-Celi.

Lucena, au sud de Montilla, qu'il ne faut pas confondre avec une autre ville de même nom, située dans le royaume de Séville.

ROYAUME DE SÉVILLE.

Le royaume de Séville, qui occupe la partie occidentale de l'ancienne Bétique, est borné, au nord, par l'Estramadure ; à l'est, par les royaumes de Cordoue et de Grenade ; au sud, par le détroit de Gibraltar et l'Océan ; à l'ouest, par le royaume des Algarves (Portugal). Il a 58 lieues de longueur et 27 dans sa plus grande largeur. Il renfermait sous les Maures une population de plusieurs millions d'hommes, qui est réduite aujourd'hui à 754,293 habitans. Il est

ROYAUME DE SÉVILLE.

arrosé par le *Guadalquivir*, qui, après avoir traversé le royaume de Jaen, où il prend sa source, et celui de Cordoue, parcourt le royaume de Séville du nord-est au sud-ouest, et va se perdre dans l'Océan. La *Guadiana* sépare ce royaume de celui des Algarves, et se jette également dans l'Océan-Atlantique. Les autres rivières remarquables sont le *Guadalete* et le *Tinto*, qui tous deux ont également leur embouchure dans l'Océan.

Villes et lieux principaux.

En venant de l'Estramadure on trouve les lieux suivans jusqu'à Séville :

Casalla, à 3 lieues de Guadalcanal, dernière ville de l'Estramadure, est située dans une partie de la Sierra Morena, riche et bien cultivée. On trouve dans son voisinage une mine de vif-argent.

Cantillana, située à 7 lieues de la précédente, au bord du Guadalquivir. En suivant cette route, on rencontre sur la gauche l'ancienne ville de *Constantina*, appelée par les Romains *Constantia-Julia*, et célèbre dans l'antiquité par sa situation agréable au milieu des montagnes.

En venant du royaume de Cordoue, on trouve :

Ecija, ville à 3 lieues de Carlotta (royaume de Cordoue), sur la rive occidentale du Xenil, qui se jette à 6 lieues de là dans le Guadalquivir. On passe ce fleuve sur un beau pont de pierre. On a nommé cette ville le poêle de l'Espagne, à cause de l'air brûlant qu'on y respire : c'est l'ancienne *Astingis* des Romains. Des fragmens de colonnes, de statues et d'inscriptions attestent son ancienne splendeur ; elle fut autrefois ville épiscopale. Population, 10,000 habitans ; territoire très-fertile ; on y élève beaucoup de bétail, on y cultive le coton et le chanvre. Dans la dernière guerre d'Espagne, après la bataille d'Ocaña, cette ville ouvrit ses portes au roi Joseph, au mois de décembre 1809.

Luisiana, à l'est d'Ecija, est encore une peuplade qui fait partie des nouvelles colonies dont nous avons parlé précédemment. Elle est dans un état peu prospère.

Carmona, petite et ancienne ville à 6 lieues est d'Ecija. La porte de Carmona est un monument de la solidité des ouvrages des Romains ; sa construction paraît remonter jusqu'au tems de Trajan. Dans la dernière guerre d'Espagne cette ville ouvrit ses portes au roi Joseph, en décembre 1809.

Il y a 6 lieues de Carmona à Séville ; on les parcourt à travers les vignobles, les oliviers et les robustes aloès qui servent aux champs de clôture et d'ornement.

Ossuna, au sud-est de Carmona, ancienne ville qui possède une université et un hôpital magnifique. Un seul puits suffit aux besoins des habitans, car tous les environs sont privés d'eau, à plusieurs milles à la ronde. Son université a été fondée par les seigneurs de la maison de Girons qui possèdent cette ville à titre de duché. Ils y ont bâti en outre une église magnifique, sept couvens et un hôpital.

Marchena, ville voisine d'Ossuna, et très-ancienne ; elle est située sur une éminence qui domine une plaine couverte de forêts d'oliviers. On éprouve pareillement dans cette contrée la disette d'eau. C'est un duché qui appartient aux ducs d'Arcos.

Alcala de Guadayra, à 5 lieues de Carmona, petite ville dont le territoire est fertile en grains et en oliviers. Ses habitans pétrissent tous les jours plus de 1,200 quintaux de farine, et l'on porte ce pain à Séville, où il est vendu.

Séville (*Hispalis*), une des plus anciennes et des plus importantes villes de l'antique Espagne. On a attribué sa fondation à Hercule. Elle a appartenu successivement aux Romains, aux Goths, aux Maures, jusqu'en 1248, que Ferdinand II, roi de Castille et de Léon, en fit la conquête après un siége de seize mois. Elle était alors si peuplée, que 400,000 Maures sortirent de cette ville après l'entrée des chrétiens. On n'y compte plus aujourd'hui que 96,000 ames. Cette ville est le siége d'un archevêché. Sa cathédrale, renommée dans toute l'Espagne, contient un grand nombre de belles statues. On y admire deux tableaux de Murillo, qui naquit à Séville même. La chapelle des rois offre les tombeaux de saint Ferdinand et d'Alphonse X, dit l'*Astronome*. On y voit aussi le mausolée de Christophe Colomb et de son fils, qui fut après sa mort gouverneur d'Hispaniola. La flèche de cette cathédrale, connue sous le nom de Giralda, est un des plus curieux monumens de l'Espagne. On y monte par un escalier en spirale et sans marches. Elle a 250 pieds d'élévation et est surmontée d'une statue qui représente la Foi. Au dessus de l'une des cinq nefs de la cathédrale est le vaisseau de la bibliothèque, qui contient environ 20,000 volumes, et beaucoup de manuscrits. La première horloge faite en Espagne fut placée dans cette église, l'an 1400, en présence du roi Henri III. La Bourse de Séville, ou *Lonja*, est un bâtiment remarquable par la beauté de ses proportions. L'Alcazar, palais magnifique commencé et long-tems habité par les rois maures, augmenté et embelli par le roi don Pedre, puis par Charles-Quint, est bâti avec autant de goût que de magnificence. La Tour-d'Or est un ouvrage des Romains dont on attribue la construction à Jules César. Dans le faubourg de *Triana* on remarque un sombre château gothique où l'inquisition fut d'abord établie en 1481. Il y a à Séville un superbe amphithéâtre pour les combats de taureaux. Le commerce de cette ville fut long-tems le plus florissant de toute l'Espagne, et la découverte de l'Amérique, qui porta un coup mortel à la population de tant de villes de la Péninsule, ne fit que doubler les richesses de Séville; mais le voisinage de Cadix lui a causé un préjudice irréparable; tout le commerce y a été transporté. Ses manufactures de laines et de soieries, jadis au nombre de 16,000, sont réduites à 400; sa manufacture royale de tabac avec le monopole est la seule de l'Espagne, et sans contredit la première de toute l'Europe; elle fut fondée en 1757 par Ferdinand VI.

et coûta d'établissement 37 millions de réaux. Le principal bâtiment est un carré de 750 pieds de long sur chaque face ; il est élevé de deux étages et construit en pierres blanches ; 1,500 à 2,000 personnes y sont journellement employées, et 100 chevaux ou mulets y font aller huit moulins. Cette manufacture ne fournit pas seulement l'Espagne de tabac, mais encore elle suffit à une exportation considérable. Le tabac et les cigarres d'Espagne sont partout recherchés. Il y a en outre à Séville une fonderie de canons, une fabrique de salpêtre, une de vert-de-gris, etc. Les environs sont célèbres par leur grande fertilité, et de tems immémorial cette campagne était appelée le *jardin d'Hercule*. Les principaux objets d'exportation de Séville, outre le tabac, sont les laines, l'huile, le safran, les vins et les limons. Le Guadalquivir porte des vaisseaux de transport depuis Séville jusqu'à la mer ; mais, depuis Séville jusqu'à Cordoue, il ne peut porter que les plus petits bâtimens. Séville est la patrie de Barthelemy de Las-Casas, évêque de Chiapa, défenseur des malheureux Américains, persécutés par les conquérans espagnols. Après la capitale, c'est la ville d'Espagne qui contient le plus d'hommes éclairés. Sa société patriotique peut citer plus d'un membre distingué. Le goût des beaux-arts est surtout en honneur à Séville. Cette ville fut en 1800 désolée par une épidémie qui enleva plus de 8,000 personnes. Ce fut à Séville que la junte qui contribua à sauver l'Espagne du joug de Napoléon se forma, le 27 mai 1808, et publia cette proclamation énergique qui souleva tous les Espagnols pour la cause du pays. Le 6 juillet elle fit une déclaration de guerre à Napoléon, au nom de Ferdinand VII, et donna la direction la plus redoutable à la levée en masse de la nation espagnole. Après la bataille d'Ocaña, Séville ouvrit ses portes à Joseph Buonaparte, qui y fit son entrée le 1er février 1810.

Los canos de Carmona, aqueduc aux environs de Séville, construit par les Romains; il est porté sur 410 arcs.

Santipons, ancienne *Italica*, renferme une assez belle église dans le genre gothique; elle fut la patrie des empereurs Trajan, Adrien, Théodose et du poète Silius Italicus. On y trouve de fort belles ruines qui attestent son ancienne splendeur.

Utrera, petite ville de 4,000 habitans, à une lieue à l'est de Séville.

Moron, bourg au sud d'Utrera, situé au pied de la *Sierra de Ronda*, dont les habitans montrèrent la plus grande exaspération contre les Français pendant la dernière guerre d'Espagne, alors même que toutes les grandes villes de l'Andalousie avaient ouvert leurs portes à Joseph Napoléon (1810). Les femmes, au passage des Français, affectaient de porter des étoffes anglaises sur lesquelles on avait peint le portrait de Ferdinand VII et ceux des généraux espagnols qui s'étaient distingués dans cette guerre.

Olbera, bourg situé entre des rochers au sommet d'une colline élevée qui domine tout le pays, est séparée de Moron par une vallée profonde dénuée d'arbres, dans laquelle on descend par un chemin rapide. Olbera est de ce côté le dernier endroit du royaume de Séville vers la frontière de Grenade.

ZAHARA, à deux lieues au sud d'Olbera et vers la frontière de Grenade, est bâtie à la source du Guadalete. Cette petite ville a un château très-fort. Elle appartient aux ducs d'Arcos à titre de comté, et leurs fils aînés en prennent le nom.

En se reportant à l'ouest et un peu vers le nord, on trouve :

LEBRIXA, au sud-ouest de Séville, au pied d'une montagne, ancienne ville dans un terroir abondant en grains, en vins et en olives dont on fait la meilleure huile d'Espagne. C'est la patrie d'Antoine Lebrixa, auteur d'une histoire de Ferdinand et d'Isabelle, très-estimée en Espagne.

XERES DE LA FRONTERA, à onze lieues au sud de Séville, située sur un petit ruisseau qui se jette dans le Guadalete, au milieu d'une campagne délicieuse, est probablement l'ancienne *Asta Regia* des Romains. Cette ville, grande et bien bâtie, a plus de 20,000 habitans et quelques beaux édifices; elle possède des manufactures d'indiennes, de draps grossiers, un haras pour la remonte de la cavalerie; mais le vin qu'on recueille dans ses environs est sa plus précieuse source de richesses; il est excellent et recherché de toute l'Europe.

A une demi-lieue de Xeres est une des plus fameuses

chartreuses de l'Espagne pour sa richesse et son agréable situation, à la vue de Cadix. Les amateurs des arts vont y admirer d'excellens tableaux de Zurbaran et de Luc Jordan. Les silencieux habitans de la Chartreuse se font bénir dans le pays par leur tendre sollicitude pour les deux âges qui ont le plus besoin de protecteurs : ils font l'éducation d'une trentaine de pauvres enfans de la ville voisine, et donnent un asile à un égal nombre de vieillards incapables de travailler.

Arcos, à deux grandes lieues à l'est de Xeres : on passe à gué, pour y arriver, le *Guadalete*, qui est un des fleuves auxquels les anciens donnèrent le nom de fleuve de l'*Oubli*. Arcos est une place forte sur un rocher escarpé, au centre du pays le plus fertile ; elle a le titre de duché, et contient environ 2,500 feux. Le Guadalete embrasse une partie de son enceinte, et frémit au fond d'une vallée profonde, où il semble se frayer la route que les poètes lui ont tracée vers les enfers.

Entre Arcos et Xeres s'étend une vaste plaine, où se livra cette bataille qui, mettant un terme à l'empire des Goths, rangea pour plusieurs siècles l'Espagne sous le joug des Maures, en 713.

L'Ile de Léon, à quatre lieues de Xeres, n'est pas une île, comme son nom semblerait l'indiquer, mais une place située à l'entrée de la presqu'île, à l'extrémité de laquelle est bâtie Cadix, et qui est séparée du continent par un canal de 600 pieds de large. L'île de Léon est une ville presque toute nouvelle, dont la fondation ne remonte qu'au milieu du dernier siècle, et qui en si peu de tems s'est prodigieusement accrue; en 1790, on y comptait plus de 80,000 ames. La principale rue, qui a plus d'un quart lieue de long, charme les yeux par son air de propreté et d'aisance. Elle possède un marché bien pourvu, une place spacieuse et régulière. On y admire le bâtiment des forçats et la corderie, qui a 600 pas de longueur. Le royaume de Grenade, l'Aragon et la Navarre fournissent tout le chanvre dont cette fabrique a besoin. L'épidémie de 1800 a fait périr à l'île de Léon plus de 8,000 habitans. Cette place a été fortifiée avec beaucoup de soins pendant la dernière guerre d'Espagne, et a su toujours se soustraire aux armes des Français. C'est dans l'île de Léon et aux environs que, le 1er janvier 1820, l'insurrection militaire de l'armée destinée pour l'Amérique espagnole éclata contre le gouvernement de Ferdinand VII; alors commença une révolution qui tourmente encore aujourd'hui cette malheureuse péninsule.

CADIX, située à l'extrémité orientale de l'île de Léon : c'est l'ancienne *Gades* des Romains. On croit qu'elle fut autrefois dans un lieu différent, mais voisin, et qu'elle aurait été engloutie dans la mer. L'entrée de la baie de Cadix est d'environ 500 brasses de largeur, et défendue par le fort *Matagorda* sur le continent, et par le fort *Puntales* sur le point opposé de la presqu'île. Elle est presque inattaquable du côté de la mer; le rivage y est très-escarpé vers le sud, et des écueils cachés sous l'eau en défendent l'approche vers le nord. Les rues, sans être larges, sont commodes, bien pavées, tenues proprement et éclairées pendant la nuit. Cadix est le siége d'un évêché ; elle a deux cathédrales, une qui est ancienne et qui n'a rien de remarquable ; la nouvelle n'est point encore terminée ; on y travaille depuis 1722. L'hospice est un très-beau bâtiment. L'instruction publique et les arts sont négligés à Cadix, comme dans toutes les villes où le commerce est la seule affaire; il n'y a point de grandes manufactures ; toutes les idées des habitans sont tournées vers le négoce maritime. On fait monter la population de Cadix à 66,000 ames. Les Anglais la prirent et la pillèrent en 1696; elle fut inutilement assiégée en 1702 par les forces maritimes réunies de la Hollande et de l'Angleterre. Une flotte espagnole fut défaite à la vue de cette ville, le 16 janvier 1780, par l'amiral Rodney. Cadix fut bombardée par les Anglais, en 1797 et en 1800 ; elle n'a presque pas cessé d'être bloquée par la flotte anglaise pendant tout le tems que l'Espagne est restée l'alliée de la France en révolution. En 1806, Cadix fut ravagée par une affreuse épidémie ; on ne saurait donner trop d'éloges au dévouement que montrèrent les moines dans cette circonstance. En 1808, lors du désastre de Baylen, la flotte française en rade à Cadix se rendit à discrétion. La même année, au mois de juin, ce furent de ce port que partirent les trois ministres chargés par la junte de Séville de conclure un traité d'alliance avec l'Angleterre. Au mois de décembre 1809, après la bataille d'Ocaña, lorsque toutes les capitales de l'Andalousie ouvrirent leurs portes à Joseph Buonaparte, s'il ne se fût pas arrêté mal à propos à Séville, il aurait occupé avec la même facilité Cadix, qui était sans garnison ; mais six jours perdus donnèrent le tems au duc d'Albuquerque de se jeter avec quelques troupes dans cette place, qui ne fut jamais soumise aux Français, et qui devint au contraire le centre le plus actif de l'insurrection espagnole. Les Français ne purent jamais s'emparer que du fort de *Matagorda*.

La Caraca, sur le continent en face de l'île de Léon, est l'arsenal de la marine royale d'Espagne. On y trouve des ateliers et des magasins immenses de toileries, de cordages, d'ancres, d'armes, de bois de construction, de lames de cuivre, etc. Plus de 5,000 ouvriers y sont en activité pendant toute l'année.

Puerto Real, petite ville sur la baie de Cadix, peuplée de 10,000 habitans. Sa richesse consiste en salines, qui donnent un produit annuel de 21,300,000 quintaux de sel.

Puerto de Santa Maria, au nord de la baie de Cadix et à 4 lieues de cette ville, au delà de l'embouchure du Guadalete. Elle est bien bâtie, très-industrieuse et très-commerçante. Population, 10,000 habitans. C'est la résidence du capitaine général de la province d'Andalousie. C'était autrefois un bourg qui appartenait au duc de Medina Sidonia; mais le roi en a fait l'acquisition en 1729. On y donne souvent des combats de taureaux.

Rota, également située au nord de la baie de Cadix, est renommée par son excellent vin. On y compte 6,000 habitans.

San Lucar de Barzameda, au nord des deux villes précédentes, à l'embouchure du Guadalquivir. Son port, qui est de difficile accès à cause d'un écueil caché sous l'eau, est défendu par deux batteries; mais l'intérieur est sûr et spacieux. Le commerce d'exportation de cette ville consiste en vins, eaux-de-vie et fruits; mais ce qui contribue à donner de l'activité à San Lucar, c'est qu'il est l'entrepôt de Séville. Les grands vaisseaux y déchargent leurs marchandises, qu'on transporte dans des barques jusqu'à cette capitale. La population est de 15,000 ames. C'est de ce port qu'une partie des troupes françaises, commandées par le général Dupont, s'embarquèrent pour Rochefort, après la capitulation de Baylen, au mois de juillet 1808. Les autres furent jetées dans des pontons, au mépris des traités et de l'humanité.

Almonte, à 6 lieues au nord de San Lucar, est une jolie ville, entourée d'une forêt d'oliviers.

Palos. Ce fut de ce port, situé près de l'embouchure du Tinto, que partit Christophe Colomb, en 1492, pour aller à la découverte d'un nouveau monde.

Niebla (*Hipula*, *Elephæ*), ancienne ville sur le Tinto.

Lucena, sur le Tinto, très-renommée pour ses vins. Il y a une fabrique de savon. Ses environs sont très-fertiles en vins et en huiles.

Ayamonte, à l'embouchure de la Guadiana, est la dernière ville de l'Andalousie, vers la frontière du royaume des Algarves (Portugal). Elle a un château bâti sur un rocher qui défend l'entrée de la rivière et le petit port qu'elle y forme. A l'opposite est le château portugais de *Castro Marino*. Ayamonte renferme environ 5,000 habitans, dont une partie s'occupe de la pêche de la sardine, et l'autre du commerce des porcs.

San Lucar de Guadiana, ville fortifiée, située sur une montagne près de la frontière de Portugal. Trois tours la défendent du côté de la rivière, et de l'autre part, elle est protégée par deux bastions. La marée, qui remonte jusque là, donne à cette ville, à 4 lieues de la mer, l'avantage d'avoir un petit port.

Il nous reste à reconnaître le pays qui s'étend au sud-est de Cadix jusqu'à Gibraltar et à la frontière de Grenade.

Au sud d'Arcos, on trouve :

Medina Sidonia (*Acidonia*), ancienne ville, avec un vieux château sur une montagne qui domine une contrée fertile. C'est le titre d'une des plus illustres maisons ducales de l'Espagne. Cette ville a perdu une grande partie de sa population lors de l'épidémie de 1801. C'est de Medina Sidonia que vient ce vent si redouté des habitans de Cadix, parce qu'il semble souffler sur cette ville, avec la maladie, les crimes et les désordres.

Chiclana, sur le continent vis-à-vis l'extrémité méridionale de l'île de Léon, joli village dominé par plusieurs éminences et par les ruines d'un vieux châ-

teau maure. C'est là que les commerçans de Madrid ont leurs maisons de campagne ; là que, selon le voyageur Bourgoing, « les aimables *Gaditanas* vien-
» nent naturaliser, pendant quelques semaines,
» toutes les jouissances de la ville, grands repas, bals,
» concerts, etc. » Dans la dernière guerre d'Espagne, le maréchal Victor, qui occupait les lignes devant Cadix, près de Chiclana, avec 6,000 hommes, soutint un combat très-meurtrier contre un corps anglo-espagnol de 15,000 hommes. Les Français, malgré l'infériorité du nombre, se maintinrent dans toutes leurs positions, et forcèrent l'ennemi à rentrer dans ses lignes (5 mars 1811).

Conil, ville à environ une lieue et demie au sud de Chiclana, célèbre par la pêche des thons. On recueille dans son voisinage de la graine de vermillon.

Capo Trafalgar, promontoire célèbre par la mort de l'amiral Nelson, dans une victoire navale qu'il remporta sur la flotte française-espagnole le 21 octobre 1805 (29 vendémiaire an 14). L'amiral français Villeneuve fut fait prisonnier, et l'amiral espagnol Gravina grièvement blessé. Cette bataille porta un coup mortel à la marine de la France et de l'Espagne.

Tarik ou Tariffa (*Julia Traducta*), colonie de Phéniciens, est une petite ville mal peuplée, mais assez fortifiée, située sur le détroit de Gibraltar. Ses habitans s'adonnent à la pêche. Tariffa a reçu son nom de Tarik, un des généraux maures qui conquirent l'Espagne. Cette ville fut prise sur les Musulmans par

Sanche IV, roi de Castille, l'an 1290. Cinquante ans après, Alphonse XI de Castille et Alphonse IV de Portugal remportèrent une grande victoire sur les Maures de Maroc et de Grenade, qui étaient venus mettre le siége devant cette ville.

Algésiras ou Vieux-Gibraltar, à l'est de Tarik, était jadis le nom d'une ville très-fortifiée, que bâtirent les Arabes lors de leur entrée en Espagne en 713. C'était le plus fort boulevart de leur puissance dans cette partie de l'Andalousie. Quatre ans après la victoire de Tariffa, Alphonse XI s'en empara après un siége de trois années (1344). Les Maures, avant d'évacuer la place, en firent sauter les fortifications. La charrue passe maintenant là où s'élevaient de somptueux édifices. Algésiras n'est plus qu'un bourg défendu par un très-petit fort, et sa population n'est guère composée que d'Espagnols de Gibraltar qui n'ont pas voulu vivre sous la domination anglaise. C'est pour attirer ces réfugiés que le bourg d'Algésiras jouit de priviléges très-étendus.

Il part de ce bourg, deux fois par semaine, un paquebot pour Ceuta, place espagnole, située sur la côte d'Afrique, à 5 lieues en face d'Algésiras. Ce trajet se fait en trois ou quatre heures, et le salaire de ce transport d'une partie du monde à l'autre ne coûte que 4 réaux (1 franc de notre monnaie). Le port d'Algésiras reçoit quelques chargemens de blé et d'eau-de-vie, et n'exporte que du charbon tiré des montagnes voisines.

Saint-Roch, à 2 lieues au nord-est d'Algésiras, bourg mal pavé et d'assez misérable apparence, mais dont les environs sont cultivés avec soin, comme ceux d'Algésiras. Sa population n'est composée que de réfugiés espagnols de Gibraltar.

Près de là se trouve l'emplacement du fameux *Camp de Saint-Roch*, d'où les Espagnols essayèrent, en 1780, d'assiéger Gibraltar ; mais cette entreprise manqua, autant à cause de l'état formidable de la place, que des dispositions mal concertées des Espagnols, commandés par le duc de Crillon, qui dans cette occasion n'ajouta rien à la gloire que lui avait acquise la prise de Mahon. Le blocus de Gibraltar dura cinq années et le bombardement treize mois, durant lesquels il n'y eut que 24 heures d'intervalle entre le feu des assiégés et celui des assiégeans. La lenteur et le triste résultat de cette entreprise excitèrent en Europe des plaisanteries cruelles contre les premiers. On se rappelle l'épître satirique que Parny adressa à *MM. du camp de Saint-Roch.*

> Vos bombes ne bombardent rien ;
> Vos belandres et vos corvettes,
> Et vos travaux, et vos mineurs
> N'épouvantent que les lecteurs
> De vos redoutables gazettes ;
> Votre blocus ne bloque point ;
> Et, grâce à votre heureuse adresse,
> Ceux que vous affamez sans cesse
> Ne périront que d'embonpoint.

M. le comte d'Artois et M. le duc de Bourbon allèrent, en 1781, faire leur première campagne au camp de Saint-Roch. On lit dans les Mémoires de M. de Crillon que ces deux jeunes princes exposèrent plusieurs fois leur vie, et qu'on les voyait dans la tranchée exposés à tout le feu des assiégés. « Tous deux, » écrivait M. de Crillon, avaient la même envie de » s'instruire et couraient au danger avec le sang-froid » qui caractérise le courage héréditaire dans leur au- » guste race. » En vain M. de Crillon voulait-il modérer l'ardeur de M. le comte d'Artois : *Que servirait ma présence*, disait le jeune prince, *si je n'encourageais ces braves travailleurs en partageant leurs dangers* (1)?

GIBRALTAR (nom arabe qui rappelle la montagne de Tarik, par où les Maures abordèrent en Espagne, *Gibel al Tarik*), est situé sur le flanc occidental d'une montagne que les anciens appelaient *Calpe* ; à l'ouest de la ville se déploie la baie d'Algésiras. Cette place fut prise sur les Maures par les Espagnols en 1290; elle retomba ensuite sous le joug des infidèles, et fut définitivement reprise par les chrétiens l'an 1462 sous le règne de Henri IV, dit l'*Impuissant*. Elle fut enlevée aux Espagnols par une flotte anglo-hollandaise aux ordres de l'amiral Tooke, l'an 1704. Les Espagnols l'assiégèrent vainement en 1705 et 1708. Nous avons parlé suffisamment du dernier siége de Gibratlar pen-

(1) Voyez *le Dauphin*, ou *Vie privée des Bourbons*, depuis 1725 jusqu'en 1789, par M. Charles Du Rozoir, pag. 528 à 532. — Paris, 1815, Eymery.

dant la guerre d'Amérique à l'article de *Saint-Roch*. Gibraltar a 5,000 habitans et une garnison à peu près égale; le nombre et la force des ouvrages militaires, les vastes galeries ouvertes dans le roc calcaire commandent l'admiration. Il y a une grotte de stalactites, celle de Saint-Michel, qui est élevée de 1,100 pieds au dessus du niveau de la mer. Toute la montagne est de 1,363 pieds; elle est presque inaccessible du côté de l'est. On rencontre beaucoup de singes dans les cavernes et dans les gouffres dont ses flancs sont sillonnés; c'est le seul endroit de l'Europe où la nature ait placé de ces animaux. Du haut de la montagne de Gibraltar on distingue sur une grande étendue les côtes de la Barbarie. La forteresse, selon l'opinion des hommes de guerre, est absolument imprenable, dans l'état où les Anglais ont mis cette clef des mers méridionales de l'Europe.

De Gibraltar aux frontières du royaume de Grenade la distance est à peine de 3 lieues; on trouve, en remontant au nord-est de ce côté :

XIMENA, bourg bâti sur la pointe d'un rocher escarpé; il y a une fonderie de canons.

DISTRICT D'ANTEQUERA.

Le district d'Antequera est situé entre les trois provinces de Séville, de Cordoue et de Grenade, sans appartenir à aucune d'elles. Il a 11 milles de long sur 5 de large, et contient 26,000 habitans. On y trouve une mine de sel et des carrières de plâtre et de chaux.

ANTEQUERA : cette ville est située en partie sur une colline, en partie dans une plaine. Elle fut bâtie par les Maures sur les ruines de l'antique *Aria* des Romains. Dans la ville haute est un château de construction mauresque. On y voit quelques belles églises : population, 19,000 habitans. Il y a des fabriques considérables de soieries et de laines.

Le GUADALORCE et deux ou trois autres petites rivières arrosent et fertilisent la plaine d'Antequera. On trouve à 2 lieues de la ville une fontaine renommée pour la guérison de la gravelle.

PROVINCE D'ESTRAMADURE.

LA province d'Estramadure est bornée au nord par le royaume de Léon, au sud par l'Andalousie, à l'ouest par le Portugal, à l'est par les provinces de Tolède et de la Manche (royaume de Castille). Sa longueur est de 50 lieues du nord au sud, sa largeur de 40 lieues de l'est à l'ouest. Selon le dénombrement de 1787 et 1788, elle ne contient que 416,922 habitans ; elle a cependant 2,000 lieues carrées ; aussi parcourt-on dans l'Estramadure des espaces immenses sans rencontrer une peuplade, une maison, un homme, et sans apercevoir un arbre et un lambeau de terre cultivée.

La terrible peste de 1348 commença la dépopulation de cette province : l'expulsion des Maures et des Juifs l'augmenta; enfin la découverte du Nouveau-Monde y contribua réellement aussi; car on vit les Estramaduriens émigrer en foule pour l'Amérique, dans l'espoir de suivre le chemin frayé par leurs compatriotes Fernand Cortès et Pizarre. On attribue encore avec raison la dépopulation de cette province à *la Mesta*, c'est-à-dire à l'usage où l'on y est de recevoir en hiver les troupeaux voyageurs de quelques provinces de l'Espagne, et d'envoyer les troupeaux de l'Estramadure voyager ailleurs en été. On porte à 40,000 le nombre de ceux qui sont employés à *la Mesta*, et qui, voyageant continuellement, ne se marient point et sont ainsi enlevés à l'agriculture et à la population. Les pâturages de cette province sont excellens. On y voit dans les vallons et dans les montagnes des forêts d'arbres fruitiers qui viennent sans culture; les chênes y donnent un fruit de bon goût, mais personne n'en prend soin. Il s'y trouve des carrières de marbre de toutes couleurs, mais les habitans n'y font point attention. On y exploite quelques mines de cuivre, on y recueille abondamment, et sans aucune peine pour la culture, des grains, des fruits et du vin. Cette province est arrosée d'une infinité de rivières et de ruisseaux, et traversée par deux grands fleuves qui seraient susceptibles de navigation, si l'on cherchait à dégager leur lit des rochers qui les encombrent; ce sont le Tage et la Guadiana. On y voit des montagnes très-élevées, dont les principales sont : la *Sierra de Bejar* et la *Sierra de Guadalupe*.

Les habitans de l'Estramadure, placés dans un pays qui semble isolé de tout autre, sont moins avancés dans les sciences et dans l'industrie que le reste de la nation. Ils sont peut-être les plus sérieux et les moins actifs de tous les Espagnols; cependant ils ont d'excellentes qualités, une grande énergie de caractère, un courage étonnant à la guerre. L'Estramadure a produit, entre autres grands hommes, Fernand Cortez et François Pizarre. Lors du soulèvement contre les Français en 1808, les habitans de l'Estramadure furent des premiers à prendre les armes. Ils levèrent une armée régulière de 40,000 hommes, composée de gardes wallones et espagnoles, d'étudians de Salamanque et de Léon, de plusieurs régimens de ligne, de nouvelles levées, en un mot, de toutes les ressources que pouvaient fournir l'Estramadure et les provinces voisines. Cette armée vint occuper Burgos, et fut vaincue devant cette ville, le 11 novembre 1808, par les Français; mais, dispersée et non pas détruite, elle continua de former le centre du système militaire de l'insurrection espagnole.

Villes et lieux principaux.

Xerte, sur les frontières du royaume de Léon, une des villes les plus considérables de la province, où les Français du corps du maréchal Mortier entrèrent le 1ᵉʳ août 1809. Elle était abandonnée de tous ses habitans ; les enfans, les femmes et les vieillards, tout avait fui dans les rochers d'alentour ; mais les hommes avaient été grossir l'armée du général Cuesta. On trouva dans plusieurs maisons une proclamation du corrégidor, qui enjoignait, par ordre de la junte, à tous les Espagnols de quatorze à soixante ans de se lever en masse : ils devaient prendre le nom de *Croisés*, marcher sous un drapeau noir, au milieu duquel était une croix rouge. Cette guerre était déclarée *guerre de religion*, et devait obtenir les mêmes indulgences que celles de la Terre-Sainte.

PLASENTIA, sur la rivière de Xerte, jolie ville, bien bâtie, située dans une plaine délicieuse, appelée *le jardin de Plasentia*. Elle est la résidence d'un évêque ; elle a un château et renferme 6,000 habitans. Un aqueduc de 80 arches fournit de l'eau à cette ville. L'église cathédrale est remarquable par la diversité des ordres d'architecture qui ont été suivis pour sa construction. L'église des dominicains est un chef-d'œuvre. Pendant la dernière guerre d'Espagne, lorsque le général anglais Arthur Wellesley se porta, le 27 juillet 1809, de l'Estramadure sur Talavera de la Reyna, en Castille, il laissa 400 malades à Plasentia. Le corps d'armée du maréchal Mortier, qui entra dans cette ville le 1ᵉʳ août, les traita avec les égards dus à l'humanité. Après la bataille de Talavera et le combat de l'Arzobispo, le maréchal Soult, chargé de couvrir le pays entre Plasentia, Coria et Albuquerque, menacés à la fois par les Anglais et les Portugais, occupa Plasentia depuis le 14 août jusqu'au 1ᵉʳ octobre 1809, qu'il fut obligé d'évacuer cette ville.

De Plasentia, une route de 8 lieues conduit à Puente de l'Arzobispo (Nouvelle-Castille) par *Malpartida*, puis par un gué du *Tietar*, rivière qui se jette dans le Tage. On trouve ensuite le village de *Torril*, qui a été entièrement détruit, en 1809, par suite des désastres de la guerre; puis les défilés des monts *Gredos*, et enfin *Naval Moral*, tous noms dont il est souvent question dans le récit des opérations militaires de la dernière guerre d'Espagne, aux mois de juillet, août, septembre, octobre et novembre 1809.

Saint-Just, fameux couvent aux environs de Plasentia, dans lequel l'empereur Charles-Quint se retira l'an 1556, et où il termina ses jours l'an 1558.

Carcaboso, village à une lieue au sud de Plasentia, dont les environs présentent des restes assez nombreux de colonnes et de pierres antiques avec des inscriptions. Près de l'église, on en trouve une consacrée à la gloire de Trajan, et qui est parfaitement lisible.

Galisteo, petite ville au sud de Plasentia, entourée de murailles crenelées. On y remarque un antique et vaste château appartenant au duc d'Arcos. Ses murailles sont baignées par la Xerte, qui tout près de là se décharge dans l'Alagon. Le pays qui sépare Galisteo de Coria est stérile, couvert de bruyères et de chênes verts.

Coria, au sud-ouest de Plasentia, sur la rive droite de l'*Alagon*, rivière qui prend sa source dans le royaume de Léon, près de Linarès, et qui se jette dans le Tage, non loin d'Alcantara. Cette ville existait, du tems des Romains, sous le nom de *Caurium*; on voit encore l'enceinte des fortifications romaines. Elles ont environ 30 pieds de haut sur 18 d'épaisseur: des tours carrées y sont placées de distance en distance. On est étonné que 18 siècles aient à peine atteint cet ouvrage, qui démontre la solidité des monumens anciens. Cette ville est le siége d'un évêque suffragant de Saint-Jacques-de-Compostelle. Sa cathédrale est assez belle. Population, 1,500 habitans. Coria était un marquisat qui appartenait aux ducs d'Albe.

En sortant de cette ville, on rencontre un beau pont de sept arches. Il était construit sur l'Alagon, qui a changé de lit, et le pont est resté sans rivière, tandis que plus loin la rivière est sans pont. Une autre particularité non moins remarquable, c'est que l'Alagon n'est qu'un filet d'eau devant Coria, bien qu'il ait reçu plusieurs rivières dans son cours, tandis que vers *Galisteo*, quoique plus près de sa source, il n'est pas guéable. On attribue ce phénomène à plusieurs crevasses qui sont dans son lit, et qui absorbent une partie de ses eaux. Dans la dernière guerre d'Espagne, après la bataille du pont de l'Arzobispo, le corps du maréchal Soult se porta sur Coria. Son avant-garde y entra le 15 août 1809. La ville était abandonnée. Les soldats, irrités de l'éloignement des habitans, la pillèrent toute la nuit. L'asile révéré des tombeaux, dit M. de Naylies, ne fut pas même respecté.

Moraleja, gros bourg au nord de Coria, sur la rivière de Gata, à l'embranchement des routes d'Alcantara et de Ciudad-Rodrigo. Il était occupé par la cavalerie du maréchal Soult au mois de septembre 1809. Cette occupation n'empêcha pas le marquis de la Romana, qui se rendait à Séville auprès de la junte, de passer très-près de cet endroit, accompagné seulement de 60 chevaux.

Gata, petite ville au nord-ouest de Coria, près la frontière de la province de Salamanque, sur la Gata, ruisseau qui se jette dans l'Alagon. Des partis de cavalerie du corps du maréchal Soult cantonnés autour de Coria, au mois d'août 1809, se portèrent sur cette ville ; ils furent attaqués chaque fois dans les montagnes qui l'entourent, par les habitans qui avaient pris les armes. On s'en vengea en brûlant leur ville. Les Espagnols, poussés à bout, ne laissèrent plus aucun repos aux Français, qui furent obligés de se porter plus loin.

Alcantara, sur la rive gauche du Tage, et vers la frontière du Portugal, était le chef-lieu de l'ordre des chevaliers de ce nom, institué en 1157 par Alphonse VIII, roi de Castille : c'est le plus ancien des ordres de l'Espagne. Alcantara est une place forte où réside un gouverneur militaire : population 3,000 habitans. Ce qui lui a fait donner le nom d'Alcantara (pont, en arabe), c'est le beau pont construit dans cette ville sur le Tage par les ordres de Trajan : il a 577 pieds de long et 28 de large; il est soutenu par six arches d'inégale grandeur. Un arc de triomphe est placé au milieu du pont; on y lit encore quelques inscriptions que le tems a épargnées : une entre autres atteste que plusieurs des villes voisines contribuèrent à la construction du pont d'Alcantara. Les Maures assiégés dans Alcantara en abattirent pour leur défense la plus petite arche. Charles-Quint la fit reconstruire dans le 18me siècle. A la paix d'Utrecht, les Portugais obligés d'évacuer cette ville, en firent sauter deux arches; elles ont été rétablies sous Charles III. Dans la guerre de la Succession, Alcantara fut prise, en avril 1706, par le comte de Galloway et par les Portugais; les Français la reprirent au mois de novembre suivant.

Valencia d'Alcantara, à environ quatre lieues au sud-ouest de la précédente, petite ville fortifiée et située sur une hauteur, vers les frontières de Portugal.

Almaraz, bourg d'environ 1,000 habitans, possédait une belle église, qui fut presque entièrement détruite en 1809. Bien qu'Almaraz soit à une demi-lieue du Tage, il a donné son nom à un pont jeté entre deux montagnes, construit sous Charles-Quint, et digne d'être comparé aux plus beaux ouvrages des Romains. Il n'a que deux arches d'environ cent vingt pieds de largeur et de plus de cent quarante de hauteur. Sous l'arche de la rive droite, le Tage a 40 pieds de profondeur, tandis qu'il ne passe que lors des grandes crues d'eau sous celle qui touche à la rive gauche. Dans la dernière guerre d'Espagne, le pont d'Almaraz, établissant la communication entre la Nouvelle-Castille et l'Estramadure, devint, comme position militaire, d'une importance qui exposa ce malheureux bourg à tous les désastres. Après la prise de Madrid, le général Valence, à la tête d'une division polonaise, passa le fleuve au pont d'Almaraz le 24 décembre 1808, et fit cinq cents prisonniers sur l'armée d'Estramadure en retraite. Mais, dès le commencement de 1809, les Espagnols, sous les ordres du général Cuesta, reprirent le pont d'Almaraz sur les Français, et firent sauter l'arche sous laquelle le Tage est si profond. Depuis cette époque, les Français et les Espagnols qui occupèrent tant de fois ce bourg, démolirent toutes les maisons, pour en tirer le bois nécessaire à la construction de ponts volans sur le Tage, qui étaient ensuite détruits à l'approche des ennemis. Il en résulte qu'Almaraz ne présentait plus au mois de février 1810 qu'un monceau de décombres.

Miravette, défilé à l'ouest d'Almaraz, au pied d'une montagne surmontée d'une haute tour fortifiée, est une des clefs de l'Estramadure. Pendant la dernière guerre d'Espagne, le premier corps de l'armée française força au mois de mars 1809 ce col, que les Espagnols regardaient comme imprenable et qu'ils avaient garni de redoutes.

Non loin de Miravette, on aperçoit au couchant le cours du Tage, qui par une bizarrerie de la nature coupe en deux une haute chaîne de montagnes qui forment le prolongement de celles de Guadalupe.

Jaraycejo, bourg à cinq lieues au midi d'Almaraz, auprès duquel on passe, sur un pont de neuf arches, l'*Alamonte*, rivière qui prend sa source dans la *Sierra de Guadalupe*, coule entre deux montagnes, et va se jeter dans le Tage. Jaraycejo était autrefois très-peuplé. Du côté d'Almaraz, il est environné de vastes champs de bruyères, et une forêt de chênes verts le sépare de Truxillo.

Deleytosa, petite ville à une lieue sud-est de Jaraycejo, située au milieu des montagnes près de la frontière de la Nouvelle-Castille.

Messa de Ibor, village près de Deleytosa, sur l'Ibor, est dominé par une hauteur sur laquelle, dans la dernière guerre d'Espagne, une division allemande de 3,000 hommes, aux ordres du général français Laval, culbuta à la bayonnette et sans artillerie 8,000 Espagnols qui avaient six canons (17 mars 1809).

Truxillo, sur l'Alamonte, ville ancienne qu'on croit avoir été bâtie par Jules César, et dont les habitans attribuent même la fondation à Hercule. Elle est assez grande et bien bâtie. Les ruines qu'on y aperçoit, attestent son ancienne splendeur ; elle ne renferme aujourd'hui qu'une population de 4,000 ames. Sur une colline qui la domine il n'existait en 1809, de ce qu'on appelle le château, que les quatre murailles ; mais les Français, qui pendant la dernière guerre d'Espagne, occupèrent long-tems cette ville, la mirent en état de défense. Truxillo est la patrie de François Pizarre, le conquérant du Pérou.

Guadalupe, à l'est de Truxillo, sur le Guadalupejo, qui se jette quelques lieues plus loin, au sud, dans la Guadiana, donne son nom à une chaîne de montagnes qui est un embranchement de la *Sierra Morena*. C'est une petite ville bien bâtie, située dans une vallée charmante, qui produit des vins, des figues, des oranges et d'autres fruits excellens. Au milieu de Guadalupe est un monastère de Jéronimites très-renommé et fort riche. Il contient une infirmerie pour les pauvres malades, un hospice pour les étrangers, deux colléges, plusieurs cloîtres, et des jardins charmans. On y voit une image de la Vierge, à laquelle on attribue des miracles, et qui attire un grand concours de pélerins. Les environs de cette ville offrent des rochers de granit, des carrières de beau marbre, et des mines d'argent, de cuivre et de plomb (1).

Miajadas, gros village au sud de Truxillo, avant d'arriver à la Guadiana. Pendant la dernière guerre d'Espagne, lors des nombreux engagemens qui eurent

(1) Des cartes estimées, entre autres celle de Lopez, placent Guadalupe dans la Nouvelle-Castille.

lieu au mois de mars 1809 dans le pays qui s'étend entre Truxillo et Medellin, un régiment de chasseurs à cheval français fut accablé près de Miajadas par les Espagnols. L'année suivante 250 dragons français, retranchés dans l'église de ce village, repoussèrent 1,000 Espagnols sortis de Badajoz.

MEDELLIN, ancienne ville, bâtie, dit-on, par Q. Cæcilius Metellus, consul romain, du nom duquel on a fait par corruption *Medellin*. Cette ville, après avoir été long-tems sous le joug des Maures, fut reprise sur eux en 1234 par un grand-maître d'Alcantara. Elle est assez jolie et s'honore d'avoir donné le jour à Fernand Cortez, le conquérant du Mexique. Dans la dernière guerre d'Espagne, le maréchal Victor remporta, le 28 mars 1809, sous les murs de Medellin, une victoire considérable sur les Espagnols, commandés par Cuesta; 8,000 des leurs y perdirent la vie, et 3,000 Français restèrent sur le champ de bataille. Après cette affaire, quoique les troupes espagnoles n'eussent pas toutes fait leur devoir, la junte accorda des récompenses au général Cuesta, et institua une décoration pour les militaires qui étaient présens à cette action : le décret portait qu'ils avaient bien mérité de la patrie.

MERIDA, à 14 lieues au sud de Truxillo, sur la Guadiana. Cette ville, devenue colonie romaine sous l'empereur Auguste, après la guerre des Cantabres, fut peuplée par des soldats de la cinquième et de la dixième légion; elle prit le nom d'*Emerita Augusta*, et devint la

capitale de la Lusitanie. Elle fut prise sur les Maures en 1230 par Alphonse IX, roi de Castille, qui la donna à l'ordre militaire de Saint-Jacques-de-Compostelle. Merida avait été un archevêché sous les Goths ; mais ce siége archiépiscopal fut transféré à Saint-Jacques-de-Compostelle par le pape Calixte II, sous le roi Alphonse VII, pendant le tems que Merida était encore en la possession des Maures : elle n'est plus aujourd'hui qu'un simple évêché. On y voit de beaux restes de sa grandeur sous les Romains, entre autres un arc de triomphe, un très-beau pont, deux aqueducs d'une solidité surprenante, et un cirque très-vaste. Au milieu de la ville l'on remarque les ruines d'un temple consacré à Diane, dont les colonnes sont encore debout. A l'entrée d'un des faubourgs un temple de Mars, dont on a fait une chapelle, offre des trophées militaires et des armes de toute espèce, sculptées en relief, d'un travail admirable. Deux vastes bassins creusés par les Romains existent encore ; ils sont l'un et l'autre entourés de murailles : le plus grand a près d'une lieue de circuit et 50 pieds de profondeur. « Peu de villes, dit un voyageur moderne, ren-
» ferment autant d'antiquités que Merida ; on n'y peut
» faire un pas sans trouver des vestiges de la grandeur
» et de la magnificence romaines. Ces vestiges de la
» savante antiquité sont si peu respectés, que l'on voit
» quelquefois un paysan porter sa main sacrilége sur
» ces restes précieux, transformer en borne la statue
» d'un dieu que peut-être adorèrent ses aïeux, et con-

» fondre avec le torchis, qui forme le mur de sa ca-
» bane, la pierre qui couvrit la cendre d'un préteur
» ou d'un général romain. On remarque dans presque
» toutes les rues et à chaque maison des inscriptions
» latines de différentes époques. » Ce qui reste aujourd'hui de l'antique *Emerita* est sur la rive droite de la Guadiana; et, sur la rive gauche, qui n'est plus habitée, on aperçoit des traces de rues à plus d'une demi-lieue au loin. Cette ville, qui du tems des Romains était assez peuplée pour fournir une garnison de 80,000 hommes d'infanterie et de 10,000 de cavalerie, renferme à peine aujourd'hui 3,000 ames. Son territoire est fertile en vin, en grains et en pâturages; elle est entourée de vignes, de belles plantations d'oliviers, d'orangers et de citronniers qui présentent un coup d'œil ravissant. Dans la dernière guerre d'Espagne, après la prise de Madrid par les Français, en décembre 1808, la junte espagnole se retira à Merida avant de se rendre à Séville. Après les batailles de Talavera et de l'Arzobispo, l'armée du général Arthur Wellesley occupa Merida; mais elle se retira à l'approche du général Regnier, qui vint l'occuper pendant les premiers mois de 1810. Cet officier, qui aimait les beaux-arts, profita de ce séjour pour faire recueillir à Merida et dans les environs beaucoup d'objets précieux d'antiquité.

BADAJOS, évêché, capitale de toute la province, sur la Guadiana, à 9 lieues à l'ouest de Merida. Les Romains lui donnèrent le nom de *Pax-Augusta*, d'où est venu, par corruption, celui qu'elle porte aujourd'hui. Badajos, dont la population s'élève à 9,000 habitans, est peu commerçante : elle a une fabrique de chapeaux, et c'est la seule qui soit dans cette ville. Elle est très-fortifiée ; c'est une des barrières de l'Espagne du côté du Portugal, dont elle n'est éloignée que d'une lieue et demie. Deux forts, bâtis hors de ses murs, en défendent les approches, savoir : le château de Pardaleraz, du côté d'Olivenza et de la route de Séville ; et le fort de Saint-Christoval, situé sur la rive droite de la Guadiana, et qui communique avec Badajos, bâti sur la rive gauche, par un très-beau pont, construit en 1596, sous le règne de Philippe II ; il a vingt-huit arches, sa longueur est de 1874 pieds. C'est sur ce pont que don Juan d'Autriche défit, en 1661, les Portugais, qui furent contraints à lever le siége de Badajos. Cette ville, dans la guerre de la Succession, fut inutilement assiégée par les troupes confédérées du Portugal et de l'Angleterre (1705). C'est dans une île de la Guadiana, à Badajos, que les rois d'Espagne et de Portugal eurent une entrevue en 1729, et se donnèrent mutuellement les princesses leurs filles ; l'une pour être l'épouse du prince des Asturies, et l'autre du prince du Brésil, qui a été roi de Portugal, sous le nom de Joseph Ier, et qui mourut en 1777. Badajos fut en 1808 le foyer de l'insurrection de l'Estramadure. Une division anglaise entra dans cette ville au commencement du mois de novembre pour soutenir les Espagnols ; mais, après les victoires d'Espinosa, de Burgos et de Tudela, les Anglais évacuèrent Badajos, où les Français entrèrent le 1er décembre. Plus tard, quand le général anglais Arthur Wellesley eut été repoussé de la Castille (août 1809), il se replia sur Badajos, où les Anglais avaient une forte garnison. Au mois de mai 1810, le général français Regnier tint continuellement en échec cette place. Mais la gloire de s'emparer de Badajos était réservée au maréchal Soult, qui, au mois de janvier 1811, se porta sur cette ville, battit sous ses murs les généraux Mendizabal et la Carrera, et leur tua 8,000 hommes sur 10,000. Toutefois Badajos ne capitula que le 11 mars. Les Français étaient maîtres du fort de Pardaleraz depuis le 9 février précédent. Au mois de mai, lord Beresford mit le siége devant Badajos : le maréchal Soult le lui fit lever. Battu à Albuera (*Voy.* ce nom) le 15 mai, il fut obligé de faire retraite ; mais le général Philippon, qui commandait dans Badajos, n'en soutint pas avec moins de persévérance les efforts des Anglais. Le 17 juin, une armée sous les ordres des maréchaux Soult et Marmont vint dégager la place. Mais à peine ces généraux furent-ils éloignés, que les Anglais attaquèrent de nouveau Badajos, et la prirent après un terrible assaut, qui leur coûta 3,000 hommes. Une partie de la garnison française fut passée au fil de l'épée. Cet échec devait amener la perte de l'Estramadure.

Dans l'espace qui s'étend entre la Guadiana et le Tage, on trouve encore quelques villes qui méritent d'être citées.

Albuquerque, ville à quelques lieues au nord de Badajos et sur la frontière de Portugal, est située sur une hauteur et dans un pays stérile. Il s'y fait un commerce considérable de laines et de draperies. Un château fort la commande. Dans la guerre de la Succession, elle fut prise par les Portugais en 1705, et rendue à la paix d'Utrecht. Pendant la dernière guerre d'Espagne, le duc d'Albuquerque fut un des chefs de l'insurrection de l'Estramadure, et il fut dignement secondé par les habitans de sa ville ducale.

Zagala, petit fort près d'Albuquerque, que les Français occupèrent le 24 avril 1810.

La Rocca, village au sud-est d'Albuquerque, près duquel un parti d'Espagnols fut surpris dans la nuit du 21 avril 1810 par une division de cavalerie aux ordres du général Dijeon. Le général don Carlos d'España fut pris; 2,000 Espagnols restèrent sur le champ de bataille, et 300 demeurèrent prisonniers.

Villar del Rey, petite ville avec une citadelle, à 3 lieues au nord de Badajos. Elle est située sur la Gebora, rivière qui se jette dans la Guadiana, près de cette capitale. Au mois de février 1809, le maréchal Soult remporta sur les bords de cette rivière une victoire sur les Espagnols.

Caceres, à l'ouest de Truxillo, ville ancienne, fondée sous le nom de *Castra Cæcilia*, par Quintus

Cæcilius Metellus. Sa population est de 8,000 ames. La culture est plus soignée dans ses environs que dans le reste de l'Estramadure. Pendant la guerre de la Succession, l'armée des alliés défit, en 1706, près de cette ville, l'arrière-garde du maréchal de Berwick. Après Merida, Caceres était la cité la plus considérable de l'ancienne Lusitanie. Elle est bâtie au pied d'une montagne, dans une situation fort agréable : elle renferme de beaux hôtels, dont la construction et la distribution rappellent l'architecture des Maures, qui ont longtems occupé ce pays. On trouve partout des ruines et des inscriptions romaines. On voit sur la place, près de la maison de ville, une très-belle statue antique de marbre qui tient une corne d'abondance. De Caceres à Merida on rencontre des fragmens de la voie romaine qui existait entre ces deux villes. Dans la dernière guerre d'Espagne, au mois de mars 1810, le général Foy, qui avait été envoyé en reconnaissance vers Caceres avec quelques compagnies d'infanterie, fut attaqué par des forces bien supérieures ; cet officier fit plus de 6 lieues marchant en carré, sans pouvoir jamais être entamé, et fit éprouver une perte considérable à l'ennemi. Le 24 avril suivant, un corps de cavalerie française se porta sur Caceres, où il existait un nombreux rassemblement de paysans armés, qui furent dispersés, et les Français occupèrent cette ville.

CASAR DE CACERES, à 4 lieues au nord de Caceres, petite ville de 4,000 habitans. Ils ont tous une profession et s'adonnent à divers genres de métiers. On est étonné de voir régner dans ce lieu une activité qui contraste avec l'indolence des habitans de tous les cantons voisins. L'aisance règne au milieu de cette population avec l'amour de l'égalité ; car on n'y admet aucune distinction particulière. Les vêtemens, la manière de vivre, tout y est d'une uniformité que n'efface pas une grande opulence. Dans cette petite république on ne permettrait pas même une épitaphe sur le tombeau d'un habitant qui se serait rendu célèbre.

Alconetar, au nord de la précédente, sur le Tage. On y voit les ruines d'un superbe pont construit par les Romains. Il en reste 4 arches et plusieurs piles. On passe aujourd'hui le fleuve sur un bac, à la vue de ces ruines. De Caceres à Alconetar, on trouve aussi des fragmens de la route militaire qui conduisait de Salamanque à Merida.

Arroyo del Puerco, à 3 lieues au sud de Caceres. Population, 5,000 habitans. Il y a plusieurs fabriques de draps.

Montanches, situé sur une montagne assez élevée, produit du vin exquis renommé dans toute la province. On y voit des ruines de constructions mauresques.

Entre la Guadiana et la frontière de l'Andalousie on trouve :

Alange, village où les Romains avaient des eaux-minérales très-renommées. On y voit encore les ruines de leurs bains avec une inscription que le tems a respectée.

Arroyo de San-Servan, près de Merida, au pied

d'une montagne, d'où l'on aperçoit une grande partie de l'Estramadure et la frontière du Portugal.

ALMENDRALEJO, petite ville au milieu d'une vaste plaine très-fertile en grains, bien bâtie et très-agréable. Il y a beaucoup de familles nobles et opulentes qui accueillirent avec une grande bonté les Français que la révolution força d'émigrer. On voit dans les environs quelques palmiers et une grande quantité d'aloës, qui servent de haies pour la clôture des jardins.

TALAVERA DEL REY, petite ville près de Badajos, qui dans la dernière guerre d'Espagne fut occupée par les Français, au mois de mai 1810.

ALBUERA, village à 3 lieues au sud-est de Badajos, où dans la dernière guerre d'Espagne le maréchal Soult livra bataille aux généraux Beresford, Castanos, Ballesteros et Blake, pour leur faire lever le siége de Badajos. Il n'avait que 20,000 hommes contre 45,000 Anglais ou Espagnols; 1,500 Français restèrent sur le champ de bataille, 4,000 furent blessés, et le maréchal Soult obligé de se retirer (15 mai 1811).

VALVERDE DE LEGANES, petite ville dans une agréable vallée, à 9 milles au sud de Badajos.

FERIA, autre petite ville, située au pied d'une montagne, à 7 lieues au sud-ouest de Badajos. Elle fut érigée en duché par Philippe II. Elle a une forteresse, que dans la dernière guerre d'Espagne les Français occupèrent le 15 mai 1810.

XERES DE LOS CABALLEROS, ainsi nommée parce que Ferdinand III la donna aux chevaliers du Temple. Elle est située à 10 lieues sud de Badajos, près le torrent d'*Ardilla*. Elle a été réunie à la couronne par Alphonse XII. Charles-Quint lui a donné le titre de cité. Son territoire est très-fertile en pâturages et nourrit une si grande quantité de bestiaux, que l'on assure qu'il en sort annuellement jusqu'à 50,000 bêtes à cornes. C'est la patrie de Vasquez Nunez de Balboa, qui, le premier, a entrepris de naviguer sur la mer du sud.

Medina de las Torres, petite ville au pied d'une montagne, avec un château, à 10 lieues au sud-est de Badajos. Elle fut érigée en duché par Philippe IV en faveur de Gusman, comte d'Olivarez, son favori.

Zafra, à une lieue et demie de la précédente, petite ville fortifiée, a une manufacture de bas très-estimés. Elle existait du tems des Romains. On y trouve des ruines et des inscriptions.

Ellerena ou Llerena, petite ville à environ 15 lieues au sud-est de Merida. Ses environs sont très-fertiles et abondent surtout en excellens pâturages. Elle appartenait à l'ordre de Saint-Jacques, et a été honorée du titre de cité par Philippe IV, en 1641.

Guadalcanal, petite ville, vers les confins de l'Andalousie. Population, 1,000 habitans : elle dépend de l'ordre de Saint-Jacques. A un quart de lieue au nord sont des mines d'argent d'un revenu assez considérable.

Nous ne parlons pas du district d'Olivenza, qui a pour capitale une ville fortifiée de même nom, parce qu'il n'appartient plus à l'Espagne, qui l'a cédé au Portugal, en vertu de l'art. 105 du congrès de Vienne, en 1814. L'Estramadure, au moyen de cette cession, se trouve coupée par une étroite langue de terre qui appartient au Portugal, et la Guadiana cesse sur ce point d'être la limite des deux états.

ROYAUME DE LÉON.

Cette province est bornée au nord par les Asturies, au nord-est et à l'est par la Vieille-Castille, au sud par l'Estramadure, à l'ouest par la Galice et le Portugal. Sa longueur est d'environ 55 lieues, sur 30 de largeur; population, 665,432 individus, d'après le recensement de 1782. Ce pays est moins montagneux que la Galice et les Asturies : il produit beaucoup de grains, du vin et du lin d'excellente qualité, mais en petite quantité. Ses montagnes offrent des mines de fer, de cuivre, de turquoises, etc. Les pâturages sont excellens, et nourrissent de nombreux troupeaux. Le climat en est froid et humide, quoique fort sain. Le *Duero* ou Douro partage ce pays en deux parties à peu près égales.

Le royaume de Léon se divise en 6 provinces différentes ; savoir : 1° *Provincia de Palencia* ; 2° *Provincia de Valladolid* ; 3° *Partido de Toro* ; 4° *Provincia de Léon* ; 5° *Provincia de Zamora* ; 6° *Provincia de Salamanca*.

PROVINCE DE PALENCIA.

Cette province est bornée au nord par la province de Burgos et celle des Asturies, au sud par celle de Valladolid, à l'ouest par celle de Léon, à l'est par celle de Burgos ; enfin elle est coupée par plusieurs enclaves du Partido de Toro.

Villes et lieux principaux.

En venant de Burgos (Vieille-Castille), et après avoir quitté *Quintana de la Puente*, dernière ville de cette province de ce côté, on trouve :

Torquemada, où l'on passe la *Pisuerga* sur un beau pont de 26 arches. C'est une des villes les plus sales et les plus misérables de l'Espagne ; et malheureusement on doit dire qu'elle n'annonce que trop bien la tristesse et la dépopulation du royaume de Léon.

Palencia, évêché, sur le Carrion. Ses rues sont belles ; sa cathédrale est remarquable. Son université, fondée au commencement du 13e siècle par Alphonse IX, fut la première établie dans l'Espagne chrétienne, depuis l'invasion des Maures. En 1239, elle fut transportée à Salamanque. Palencia est située au centre d'un canton renommé pour sa fertilité (*la Tierra de Campo*). Elle est, comme tant d'autres villes de l'Espagne, fort déchue de son ancienne splendeur. Il y a cependant des fabriques de couvertures de laine, de bayettes et d'étamines qui sont dans une grande activité. Population, 9,000 habitans. Pendant la dernière guerre d'Espagne, après la bataille de Burgos, le général Milhaud fut envoyé par Napoléon pour occuper Palencia; il y entra, sans obstacle, le 13 novembre 1808. L'évêque fit bon accueil aux Français, et son influence épargna à son troupeau les calamités de la guerre. Après l'occupation de cette ville, on procéda au désarmement de toute la province. Vers le commencement de janvier 1809, cette ville envoya une députation au prétendu roi Joseph.

Campos (canal de), au nord de Palencia, fut commencé sous le règne de Ferdinand VI, par le marquis de la Ansenada, en 1753. Il est creusé, au sud, dans un espace de 6 lieues, depuis le prieuré de *San-Antonio de Becerrilejos*, près de la ville de Carrion, jusqu'au delà de la ville de *Parades*, et vers le nord, depuis le village de *Barrio* jusqu'à la petite ville de *Herrera Pisuegra*, dans un espace également de 6 lieues. L'interruption est de 4 lieues. Les constructions déjà faites sont de la plus grande solidité.

Sur la route de Palencia à Valladolid on trouve :

Dueñas, à 2 lieues au sud de Palencia; c'est une petite ville, comparable, pour la tristesse et la saleté, à Torquemada. Elle n'est cependant pas sans quelque industrie. On y fabrique, entre autres choses, ces outres à vin qui sont les seuls tonneaux du pays.

Sur la route de Palencia à Léon, qui est de 21 lieues, on trouve :

Vil-al-Cazar, *Carrion de los Condes*, qui appartiennent au Partido de Toro.

Saldana (province de Palencia), petite ville sur le Carrion. Dans la dernière guerre d'Espagne, l'armée anglaise, commandée par le général Moore, et venue de Salamanque, passa la Duero le 20 décembre 1808, et prit position le 23 à Saldaña, pour s'opposer à la marche du corps du maréchal Soult, qui se dirigeait vers la Galice ; mais l'approche de Napoléon, qui venait la prendre en queue par Medina-del-Rio-Seco, l'obligea à faire une retraite précipitée à travers les provinces de Léon et de Galice.

De Saldaña, le chemin conduit à Léon par *Valderaniego*, *Cea*, *Mansilla*, et *Villarente*, village à 3 lieues de cette capitale. (Tous ces endroits appartiennent à la province de Léon.)

En sortant de Carrion los Condes, une route plus à l'ouest conduit à Léon, par *Sahagun*, *Cea*, *Mansilla*, etc.

PROVINCE DE VALLADOLID (1).

La situation de cette province est assez difficile à décrire. Une partie est au sud de la province de Palencia, et une autre enclave assez considérable de la

---

(1) M. Delaborde, avec tous les anciens géographes, et même M. Bourgoing, mettent Valladolid et ses environs dans la Vieille-Castille. La division moderne de l'Espagne la doit faire comprendre dans le royaume de Léon, puisque la par-

province de Valladolid sépare les provinces de Léon et de Zamora.

En revenant à Palencia pour se rendre à Valladolid, on trouve après *Dueñas* (province de Palencia) :

Cabezon, sur la rive orientale de la Pisuerga, avec un beau pont de pierre, à une demi-lieue de Valladolid.

Valladolid, capitale de la province, au confluent de la *Pisuerga* et de l'*Esgueva*, dans une plaine fertile en oliviers, à laquelle elle doit son nom *Vallis Oletum*. C'est une des plus grandes villes d'Espagne. Elle a une université fondée en 1471 par le cardinal Ximénès ; elle est la résidence d'un évêque. On y remarque un beau pont de dix arches sur la Pisuerga, qui, à quelques lieues de là, va se jeter dans le Duero. Le bâtiment de l'université a une belle façade moderne. Le palais où les rois Philippe II et Philippe III sont nés, et que Charles-Quint a habité, est entièrement délabré. La cathédrale, construite par le fameux architecte Herrera, est d'une grande beauté. La princi-

---

tie orientale de la province de Valladolid touche à la frontière du Portugal, et se compose de la partie centrale de cette province. Nous avons suivi, au reste, dans cette division, la carte de Lopez, publiée en 1792, l'ouvrage de don Isidore Antillon, l'autorité de M. Hyacinthe Langlois, nouvel éditeur de Guthrie, et les cartes de MM. Lapie, Brué, Poirson. On peut, au reste, trancher la difficulté en disant que la partie occidentale de la province de Valladolid appartient à la Vieille-Castille, et sa partie orientale au royaume de Léon.

pale place de Valladolid est fort régulière : elle a trois rangs de balcons, et l'on assure que 24,000 personnes peuvent y être assises. C'est là qu'on jouit du spectacle barbare des combats de taureaux. Une autre place au dessous de la ville, appelée *el Campo grande*, est entourée de quatorze ou quinze églises. Plusieurs milliers d'hérétiques ont été livrés aux flammes sur cette place par sentence de l'inquisition. L'un d'eux fut le célèbre Augustin Cacalla, prédicateur de Charles-Quint, exécuté en 1559. Il y a en tout 80 églises à Valladolid; celle de Saint-Paul offre des tableaux précieux : on y remarque les statues du duc et de la duchesse de Lerme, en bronze doré, ouvrage de Pompeo Leoni. On compte à peine 20,000 ames à Valladolid; du tems de Charles-Quint, elle en avait 100,000. On y trouvait toutes les choses nécessaires à la vie, beaucoup d'industrie et de commerce; mais l'indolence, l'énorme multiplication des prêtres et des moines ont fait disparaître presque tous ces avantages. M. Bourgoing trouvait cependant, en 1792, qu'on cherchait depuis quelques années à tirer Valladolid de cet état d'engourdissement : on y avait établi une école de dessin, une académie de mathématiques. On avait embelli plusieurs de ses quartiers par des mesures de police, ses environs par des promenades et des plantations de mûriers. Il observe, au reste, que ce fut la disette de bois qui obligea Philippe III à abandonner cette ville; cette disette n'a fait qu'augmenter depuis. Dans la dernière guerre d'Espagne, les Français entrèrent à Valladolid après la bataille de Burgos. Un mois après, le 15 décembre 1808, une armée anglaise parut dans cette ville, et les habitans se soulevèrent contre les Français. Mais Napoléon ayant dirigé toutes ses forces de ce côté, les Anglais évacuèrent Valladolid le 25 décembre, et une brigade française y entra le lendemain. Les habitans lui firent un assez mauvais accueil. Aussi, lorsque le 6 janvier suivant Napoléon porta son quartier général à Valladolid, il fit passer par les armes dix Espagnols, qui avaient été les principaux moteurs de l'insurrection. Il ordonna en outre la suppression du couvent des Dominicains, qui en avait été l'ame, et affecta de traiter avec beaucoup d'égards les moines bénédictins qui avaient paru favorables au parti français (1).

Fuensaldagne, village à une lieue de Valladolid, possède un couvent où les amateurs des beaux-arts vont examiner trois tableaux de Rubens, comparables pour la fraîcheur du coloris à ce qu'il a fait de plus beau.

Simancas, petite ville à 2 lieues de Valladolid, est le principal dépôt des archives de la monarchie, qui commencèrent à y être réunies par Philippe II, en 1566. Cette ville a un pont de dix-sept arches sur la Pisuerga, et un grand château maure sur les ruines duquel on a bâti un château plus moderne, entouré d'un fossé sec qui a deux ponts.

(1) Le bulletin de tous ces événemens offre un panégyrique de l'ordre des Bénédictins, vraiment curieux à lire.

Olmedo, à 8 lieues au sud de Valladolid. Dans ce trajet on ne voit d'autre verdure que celle d'une forêt de pins et celle des bruyères. Cette ville est située sur une éminence au milieu d'une plaine sans bornes. Elle était forte autrefois, et conserve encore une enceinte de murailles qui a près de trois quarts de lieue. Son intérieur annonce une ville ruinée, sans population et sans industrie. Elle a sept églises paroissiales, sept couvens, et seulement 2,000 habitans. « Quelques bri-
» queteries, un peu de vignes dans les environs, quel-
» ques potagers à l'ombre de ses vieilles murailles;
» voilà, dit M. Bourgoing, toute la fortune de ses
» habitans. » Ceux qui ont lu le chef-d'œuvre de notre Lesage, peuvent se faire l'idée la plus riante d'Olmedo dans le tems de sa prospérité. Olmedo est sur la frontière de la province de Valladolid et sur celle de la province de Ségovie (Vieille-Castille), elle en est en outre à 8 lieues.

A l'ouest de Valladolid on trouve :

Tudela de Duero, qu'il ne faut pas confondre avec la ville de ce nom, située dans le royaume de Navarre, et qui n'a rien de remarquable qu'une belle église. Le territoire de cette ville est fertile en blé et en vignobles, mais ses vins sont assez médiocres.

Peñafiel, sur le bord du Duero, à 10 lieues au sud-est de Valladolid, sur la limite de cette province et de celle de Burgos. On remarque son château bien fortifié. Ses fromages sont, dit-on, les meilleurs de l'Espagne.

Olivarès, sur les bords du Duero, à moitié du chemin de Tudela et de Peñafiel, est le chef-lieu d'un comté dont un célèbre ministre de Philippe IV a porté le nom.

Tordesillas (*Turris Syllana*), sur la rive droite du Duero, à 4 lieues au sud-ouest de Valladolid, est une ville bien fortifiée. Elle a un très-beau pont de dix arches sur ce fleuve; il fut bâti du tems des rois de Léon; au milieu est placée une grosse tour couronnée par des créneaux. Le pays est très-fertile en vins et en blé. Il y a à Tordesillas un très-beau couvent, nommé de Sainte-Claire où s'était retirée et est morte la mère de Charles-Quint, Jeanne, surnommée la Folle. Ce couvent a été construit sur les ruines d'un ancien palais de rois maures dont il reste un bain et deux salles d'une belle conservation.

Une route de 7 lieues conduit de Tordesillas à Medina-del-Rio-Seco. On trouve sur cette route, qui se dirige vers le nord :

Torre labaton, où l'on voit un château d'une haute antiquité, assez bien conservé.

Medina-del-Rio-Seco, ville fort ancienne, à huit lieues de Palencia et à environ 6 lieues au nord-ouest de Valladolid. Elle est située dans une plaine arrosée par le Sequillo, petite rivière. Cette ville, jadis célèbre par ses fabriques et sa richesse, est réduite de 25 à 30,000 ames, à une population de 7,000 individus. Ses foires étaient pour elle une si grande source de richesses, que l'exagération espagnole avait surnommé cette ville *India chica* (la petite Inde). Son château fort, que Henri de Transtamare ne put jamais prendre dans ses guerres contre le roi Don Pèdre, n'existe plus que par ses ruines. La campagne qui l'environne est très-fertile en grains et en vins. Il est plus d'une fois question de cette ville dans le récit de la dernière guerre d'Espagne. Le maréchal Bessières y battit, le 14 juillet 1808, l'armée de Galice forte de 40,000 hommes, et qui était commandée par le général Cuesta. L'action fut très-sanglante, et il resta plus de 8,000 Espagnols sur la place.

En revenant à Tordesillas, et en se dirigeant vers le sud par une route de 4 lieues qui conduit à Medina del Campo, on trouve :

RUEDA, petite ville, à 2 lieues de Tordesillas.

MEDINA DEL CAMPO (*Methyma Campestris*), fut autrefois la résidence de plusieurs monarques, et le théâtre de grands événemens et d'un grand commerce. Elle était peuplée de 50 à 60,000 ames, et elle ne compte à présent que 1,000 feux. La beauté de ses anciennes églises atteste son opulence passée. Après les églises, le plus bel édifice de Medina del Campo est celui des Boucheries, bâti par les ordres de Philippe II. On tient encore à Medina quelques foires assez fréquentées. Ses habitans avaient, de tems immémorial, de grands priviléges; ils étaient exempts de tous impôts. Le torrent de Zapardiel, qui traverse cette ville, souvent desséché par la chaleur, y répand des exhalaisons malsaines. Medina del Campo est tout-à-fait sur la frontière de la province d'Avila (Vieille-Castille).

Il nous reste à parcourir la partie occidentale de la province de Valladolid, située entre celle de Léon au nord et à l'est, celle de Zamora au sud, et la Galice à l'ouest. Cette subdivision appartient sans contredit à l'ancien royaume de Léon.

Villes et lieux principaux.

BENAVENTE, sur l'Ezla, à 10 lieues d'Astorga, et 17 lieues de Léon, est une ville peu considérable, peuplée de 3,000 individus. Elle a le titre de duché, et appartient à la famille de Pimentela, qui y possède un immense palais, d'une architecture antique et noble, avec un parc très-vaste. C'est à Benavente que, dans la dernière guerre d'Espagne, les chasseurs de la garde impériale française, surpris par des forces supérieures en nombre, éprouvèrent, le 29 décembre 1808, un échec assez considérable. Le général Lefebvre Desnouettes fut fait prisonnier dans cette rencontre, au passage de l'Ezla. Le lendemain, Buonaparte dirigea toutes ses forces sur cette ville, que les Anglais abandonnèrent précipitamment, après avoir rompu le pont.

L'EZLA prend sa source dans les montagnes qui séparent les Asturies du royaume de Léon, et va se jeter dans le Duero, à l'est de Zamora.

LA PUEBLA DE SENABRIA, petite ville sur la frontière de Portugal, est assez bien fortifiée : elle s'élève sur une hauteur dominant toute la vallée. Elle a deux beaux ponts. Au nord, on voit les restes d'un vieux fort; et au sud, un château bâti en pierres de taille, flanqué de quatre tours et bien conservé. En 1710, lors de la guerre de la Succession, cette place fut prise par les Portugais, et ils la gardèrent jusqu'en 1713, qu'ils la rendirent à l'Espagne par le traité d'Utrecht.

PARTIDO DE TORO.

La description de cette province est encore plus compliquée que celle de la précédente. La partie principale du Partido est située entre les provinces de Léon, de Zamora, de Salamanque et la partie orientale de celle de Valladolid. Une autre enclave du Toro est située entre la frontière occidentale de la province de Palencia et la limite orientale de la province de Léon. Enfin, une dernière partie du Partido de Toro est enclavée dans la Vieille-Castille (Province de Burgos).

Je ne parle pas de quelques autres petites enclaves qui sont jetées çà et là dans les provinces de Palencia et de Léon, et qui ont peu d'importance; mais, pour concevoir cette partie de la topographie espagnole, il faut étudier la carte de Lopez, et encore n'est-ce qu'à l'aide de beaucoup d'attention que l'on peut saisir ces détails.

Villes et lieux principaux.

Toro, sur une hauteur, près de la rive droite du

Duero, qui est très-large en cet endroit, et que l'on passe sur un pont de vingt-deux arches, remarquable seulement par sa longueur. La plaine et le coteau qui l'entourent sont fertiles en fruits et en vins excellens : on appelle cette plaine *Tra lo Duero*. On compte dans cette ville 7,500 habitans. La ville de Toro existait déjà sous les Romains : elle est le *Sarabris* ou l'*Octodurum* du pays des Vaccéens. On y trouve encore quelques ruines romaines. Elle fut détruite par les Maures et rétablie ensuite par don Garcie, fils d'Alphonse III, roi de Léon, en 904. Elle est célèbre par la bataille qui s'y donna entre les rois de Castille Ferdinand et Isabelle, et le roi de Portugal Alphonse V, en 1476. C'est aussi dans cette ville que Henri III, roi de Castille, rendit l'ordonnance qui enjoignait aux juifs et aux Maures de ne paraître en public qu'avec une distinction particulière, qui consistait en un morceau de drap rouge pour les juifs, et bleu pour les Maures. C'est encore dans Toro que furent rendues ces fameuses lois connues sous le nom de *Leyes de Toro*, qui ont été la base de la législation municipale de l'Espagne. Dans la dernière guerre des Français contre ce pays, le général Duvernay dispersa près de Toro un parti d'Espagnols, et entra dans cette ville avec 500 chevaux, le 6 janvier 1809. Les Français y laissèrent une garnison, qui, lors de l'insurrection de la province, formait un point de correspondance avec Zamora.

PEDROSO, petite ville dans un territoire sablonneux,

à cinq lieues de Medina-del-Rio-Seco, et sur la route de cette ville à Salamanque.

Dans cette partie du Partido de Toro, qui est entre les provinces de Palencia et de Léon, on trouve :

Carrion de los Condes, sur la rivière de Carrion, était fameuse sous les comtes de Carrion, qui jouent un grand rôle dans les chroniques espagnoles. Le territoire qui entoure cette ville est d'une extrême fertilité; il rapporte des grains en abondance. Les vignobles y produisent un excellent vin; on y récolte du lin de première qualité. La pêche et le gibier y sont très-abondans.

Nous parlerons de la portion du Partido de Toro qui forme une enclave de la province de Burgos, en faisant la description de la Vieille-Castille.

PROVINCE DE LÉON.

Elle est bornée au nord par les Asturies, à l'est par les provinces de Palencia, de Toro et de Valladolid, à l'ouest par la Galice, et au sud par les provinces de Valladolid, de Zamora et par le Partido de Toro.

Villes et lieux principaux.

En sortant de Rio-Seco, on passe de la province de Valladolid dans celle de Léon, et l'on trouve :

Villalpando ou Villalpanda, petite ville qui appartenait jadis aux connétables de Castille et où ils avaient leur arsenal. Sa situation est délicieuse, au milieu d'une plaine admirablement fertile en blé et en vins. Il y a encore un magasin d'armes.

Valderas, petite ville entre Medina-del-Rio-Seco et Benavente.

Sahagun, ville sur la route de Palencia à Léon, à 13 lieues nord-ouest de la première et à 6 lieues sud-est de la seconde (*voy*. ci-dessus.); elle est située sur la Cea. On y voit encore les restes de ses antiques fortifications. Population 4,000 habitans. Sahagun possède une abbaye de 60 religieux, très-riche. Ce monastère antique, dont la fondation remonte au roi Alphonse III, fut vers la fin du siècle dernier la prison où l'inquisition fit enfermer pendant quelque tems le célèbre Olavidès, intendant général de l'Andalousie. On sait que le Saint-Office, après avoir condamné à une prison perpétuelle cet homme d'état qui osait affecter en Espagne des sentimens philosophiques, fut ensuite assez humain pour transférer sa prison en Catalogne, d'où l'illustre prisonnier trouva moyen de s'évader facilement. Olivadès est venu finir ses jours en France. Dans la dernière guerre d'Espagne, l'abbaye de Sahagun fut pillée par les Anglais en retraite vers la Galice (décembre 1808).

Mancilla, petite ville, à 4 lieues de Léon, où dans la dernière guerre d'Espagne les débris de l'armée de la Romana battu à Espinosa furent culbutés d'une seule charge par le général de cavalerie Franceschi, le 30 décembre 1808.

Villarente, près de la rivière de Porma, qu'on passe sur un pont qui a dix-huit arches.

Leon (*Legio septima gemina*), à 3 lieues de Villarente, bâtie par les Romains, sous le règne de Galba, entre les deux sources de l'Ezla. Elle était autrefois plus grande et plus peuplée qu'actuellement. Cette ville fut la résidence des rois de Léon jusqu'en 1037, que ce royaume fut réuni à celui de Castille, après la défaite et la mort de Bermudo III, roi de Léon et dernier descendant de Pélage. Cette ville est le siége d'un des plus anciens évêchés du royaume. Sa cathédrale passe pour la plus belle de l'Espagne. On y voit les tombeaux de 37 rois et d'un empereur. Si ses édifices, si ses murailles dont une partie est en marbre jaspé attestent son ancienne splendeur, sa population, réduite à 7,000 ames, donne une triste idée de sa situation actuelle. Elle a cependant quelques fabriques de lainage, de fil, de gants de peau. Les environs sont assez fertiles et embellis par des plantations. Dans la dernière guerre d'Espagne, le maréchal Soult, après avoir battu un corps de troupes commandées par le marquis de la Romana, fit son entrée dans cette ville le 31 décembre 1808.

Valverde, village près de Léon, où dans la dernière guerre d'Espagne le général de division Milhaud, poussant une reconnaissance le 19 novembre 1808, chargea un bataillon d'étudians dont un grand nombre fut sabré et le reste dispersé.

Astorga (*Asturica*), à 12 lieues au sud-ouest de

Léon, ville très-ancienne sur le Tuerto et au milieu d'une campagne assez fertile. Quand elle disputait à Oviedo la dignité de capitale des Asturies, elle était remarquable par ses fortes murailles et passait pour une citadelle inexpugnable. On ne voit plus que les ruines de ses fortifications. Sa cathédrale gothique mérite l'attention. Elle est dépeuplée, les rues sont sales. Elle est toujours le chef-lieu d'un marquisat. Dans la dernière guerre d'Espagne, Napoléon, qui poursuivait l'armée de Galice, entra à Astorga le 1er janvier 1809. On y trouva des magasins considérables et plus de 200 chariots de bagages abandonnés sur la route par l'ennemi. Le 5 janvier, Napoléon partit de cette ville qui fut le terme de l'expédition qu'il fit en personne dans la Péninsule.

Dans les environs d'Astorga on trouve une petite peuplade, appelée les *Mauregas*, qui conservent encore l'antique costume du pays et des habitudes analogues. Ils ne se marient qu'entre eux.

Ponferrada, petite ville avec une ancienne forteresse entre Astorga et Villafranca. Dans la dernière guerre d'Espagne, les Français y mirent garnison au mois de décembre 1808 ; cette place leur fut enlevée le 30 mars 1809 par le marquis de la Romana.

Villafranca, petite ville à 15 lieues à l'ouest d'Astorga, non loin des frontières de la Galice, où les Français firent leur entrée, le 4 janvier 1809, après le combat de Prieros, dont le succès empêcha la jonction de l'armée anglaise avec celle du marquis de la

Romana. Le 9 avril 1809, ce général espagnol s'empara de Villafranca, dont il fit prisonnière la garnison française, qui était de 800 hommes.

Prieros, à 1 lieue en avant de Villafranca, entouré de hauteurs, présente une position militaire fort belle, et difficile à aborder. Dans la dernière guerre d'Espagne, le 3 janvier 1809, ce lieu fut témoin d'un combat entre la division du général Merle et l'arrière-garde de l'armée anglaise. Une brillante charge de cavalerie força les Anglais à faire retraite, mais coûta à la France un de ses plus vaillans guerriers, le général Colbert, digne de porter un si beau nom. Dans une reconnaissance, il fut atteint d'une balle au front, et vécut encore un quart-d'heure : ayant repris ses sens, il se fit mettre sur son séant ; et voyant les Anglais en fuite, il dit : « *Je suis bien jeune encore pour mourir, mais du moins ma mort est digne d'un soldat de la Grande Armée, puisqu'en mourant je vois fuir les derniers et les éternels ennemis de ma patrie.* »

Bembribe, bourg entre Astorga et Villafranca.

Piedra Filla, passage au delà de Villafranca, qui conduit du royaume de Léon au royaume de Galice, sur la route de Lugo ; c'est un pas très-dangereux dans lequel le maréchal Soult, après le combat de Prieros, le 4 janvier 1809, prit 500 Anglais, 5 pièces de canon, des caissons d'artillerie, et des voitures remplies d'or et d'argent.

PROVINCE DE ZAMORA.

Elle est bornée au nord par la partie orientale de la province de Valladolid, au sud par celle de Salamanque, à l'est par celle de Léon et par le Partido de Toro, à l'ouest par le Portugal. Elle est traversée par le Duero, et arrosée par l'*Ezla*, le *Valderadney*, et la rivière de *Tormes*.

Villes et lieux principaux.

ZAMORA, capitale, évêché, à 22 lieues de Léon, sur le Duero, qu'on traverse par un ancien pont de 7 arches de grandeur inégale, à la tête duquel s'élèvent deux tours qui en défendent l'approche. L'origine de cette ville est incertaine. Le nom de Zamora veut dire en arabe *turquoise* : ce sont les Maures qui l'avaient ainsi appelée, parce que son territoire offrait des mines de pierres précieuses. Elle se nommait auparavant *Sentica*. Elle possède les reliques de Saint-Ildefonse, évêque de Tolède, au 7ᵉ siècle. Alphonse-le-Catholique la prit sur les Maures en 748 ; mais elle fut reprise et presque détruite par Almanzor, roi maure de Cordoue, en 985 ; elle ne fut repeuplée qu'en 1053, par Ferdinand Iᵉʳ ; enfin, Alphonse VIII, roi de Castille, qui régnait en 1146, l'embellit par la construction de plusieurs monumens. Elle était autrefois très-fortifiée, et défendait de ce côté la province contre les invasions des Portugais. Bien qu'elle soit située dans l'ancien royaume de Léon, elle est depuis long-tems le siége du gouvernement militaire de la Vieille-Castille; ses casernes et ses murailles, flanquées de tours, sont bien entretenues. Il y a à Zamora une école pour le génie et l'artillerie; sa cathédrale est assez belle : population 8,000 habitans. Ses environs sont fertiles, et offrent de beaux pâturages. Il y a dans cette ville quelques fabriques de cuirs et de chapeaux. Il y a, tous les ans, une foire où l'on vend des chevaux et des mules très-estimés. On voit près de Zamora les restes d'un ancien château maure. Dans la dernière guerre d'Espagne, le général Maupetit battit complètement, près de cette ville, un parti de 800 Espagnols (4 janvier 1809); malgré ce succès, Zamora lui ferma ses portes. Le général Darricaut s'y porta alors avec 4 bataillons, prit la ville par escalade, et fit passer par les armes un grand nombre d'habitans. Une garnison française fut laissée dans Zamora; mais comme des partis nombreux infestaient la province, et venaient insulter les Français jusque dans les rues, ils furent plus d'une fois obligés de s'enfermer dans le château. Le maréchal Soult, après sa retraite de Portugal, y vint établir ses cantonnemens. Zamora est à 17 lieues au sud d'Astorga, et à 7 lieues à l'ouest de Toro. Un pays très-riche en blé la sépare de Salamanque, dans une distance d'environ 12 lieues.

Dans la plaine fertile en grains qui environne Zamora, on ne découvre à une très-grande distance ni villages ni habitations. Avant d'entrer dans cette ville, sur la route de Benavente, on aperçoit, dans le vestibule d'une petite chapelle consacrée à la Vierge, la peau d'un monstrueux serpent, tué dans le dernier siècle dans les montagnes près du Duero.

MAUROUELLA, riche abbaye sur les bords du Duero, à 2 lieues à l'ouest de Zamora, située dans une austère solitude au milieu d'un bois de chênes verts qui se prolonge jusqu'à l'Ezla. Son origine remonte au 8ᵉ siècle. L'église est un beau monument d'architecture gothique. On y remarque les tombeaux d'un roi et d'une reine de Portugal qui ont doté le couvent.

PENAUSENDE, village à 6 lieues au sud de Zamora, au milieu des rochers qui s'élèvent dans une plaine. On y trouve les ruines d'un ancien château maure.

PROVINCE DE SALAMANQUE.

C'est la plus vaste de toutes les subdivisions du royaume de Léon. Elle est bornée au nord par les provinces de Zamora, de Toro et de Valladolid, (partie orientale) ; au sud, par la province d'Estramadure ; à l'ouest, par le Portugal ; et à l'est, par la province d'Avila (Vieille-Castille). Elle est baignée par un grand nombre de rivières, dont les principales sont : la rivière de *Tormes* et celle d'*Agueda*, qui toutes deux prennent leur source dans cette province, et vont mêler leurs eaux à celles du Duero sur la frontière orientale de la province de Salamanque ; car de ce côté, le Duero en marque la limite et celle du Portugal. Enfin l'*Alagon* prend sa source dans la province de Salamanque, en traverse la partie méridionale, puis l'Estramadure espagnole, et va se jeter dans le Tage au-dessous de Coria.

Villes et lieux principaux.

Salamanque, capitale de la province, à 41 lieues au sud de Léon, est une ville très-belle et très-peuplée, et l'une des plus riches et des plus célèbres de l'Espagne. Elle est située, en amphithéâtre, sur la Tormes ; son enceinte embrasse trois collines et deux vallées ; et de tous côtés elle est environnée de sites délicieux, de villages et de maisons de plaisance. En entrant dans Salamanque, on trouve d'abord des rues étroites et mal peuplées ; mais les regards sont frappés d'admiration quand on arrive sur la place moderne *la Plaza mayor*, également remarquable par sa grandeur et la régularité de son architecture. Il y règne tout autour un portique composé de 90 arcades. Les maisons qui l'entourent sont bâties symétriquement ; elles ont deux étages avec des balcons de fer et des balustrades de pierre qui couronnent les toits sur toutes les faces de la place, qui a de chaque côté 293 pieds. Des portiques uniformes règnent sous les maisons, et ajoutent encore à la régularité de cette vaste construction. Quelques-uns de ces portiques sont ornés de médaillons et de bustes représentant les rois d'Espagne jusqu'à Charles III, et les grands guerriers qu'a produits cette nation, tels que Bernard del Carpio, le Cid, Gonsalve de Cordoue, Fernand Cortez, Pizarro, d'Avila. Les combats de taureaux se donnent dans cette place. La cathédrale de Salamanque est d'assez mauvais goût, bien que sa construction date du pontificat de Léon X. Cependant la hardiesse de sa nef, le fini de ses ornemens gothiques en font un des monumens les plus remarquables de l'Espagne. Outre cette cathédrale, Salamanque a 27 paroisses, 25 couvens d'hommes et 14 de filles. Plusieurs de ces édifices religieux, entre autres les couvens de Saint-Dominique, de Saint-Bernard et des Augustins, méritent d'attirer l'attention du voyageur. L'ancien collége des jésuites, le collége du roi, qui fut bâti du tems de Philippe II, se fait admirer par la beauté de l'architecture. L'édifice appelé *l'Université* est imposant par sa masse. Sa porte principale, construite dans le 15e siècle, a toute la dignité convenable au lieu auquel il appartient. L'université de Salamanque, si célèbre il y a trois siècles, fut fondée en 1239. 8,000 écoliers venaient y étudier de toutes les parties de l'Espagne, et 7,000 y venaient des autres pays de l'Europe. Cette université est bien déchue depuis le règne de Philippe II, quoique, d'après la dernière forme que lui a donnée le conseil de Castille, elle ait encore 61 chaires, outre un collége dit *des trois langues*, où l'on professe le grec, le latin et l'hébreu. Les revenus de l'université sont très-considérables. Le recteur, élu tous les ans par ses pairs, par les docteurs du premier rang, a d'immenses priviléges. Il ne reconnaît personne au dessus de lui. Dans toutes les cérémonies, son siége est placé sous un dais. Après lui est un grand-maître des classes, dont le pouvoir, les priviléges et les honoraires sont également fort étendus, et qui nomme tous les officiers civils de l'université. Les écoliers de l'université de Salamanque, qui sont encore au nombre de 3,000, portent tous la soutane, et ont aussi leurs priviléges. Ils ne dépendent absolument que de leurs professeurs, et sont sous la juridiction du recteur. Si le séjour de l'université donne encore quelque importance à Salamanque, sa population, jadis si florissante, n'est pas proportionnée avec l'étendue de son enceinte. On y compte 14,000 habitans, y compris les écoliers et les ecclésiastiques. Au sortir de Salamanque par la porte de Tormes, on traverse cette rivière sur un pont de 27 arches, bâti par les Romains, et qui est parfaitement conservé. Dans la dernière guerre d'Espagne, les étudians de l'université de Salamanque formèrent plusieurs bataillons qui firent partie de l'armée d'Estramadure, et qui combattirent avec courage à la journée de Burgos. Au commencement de décembre 1808, le général anglais Moore s'était porté sur Salamanque, dans le dessein de venir au secours de Madrid ; mais apprenant l'entrée de Buonaparte dans cette capitale, il partit, le 16, de Salamanque, et se dirigea vers le nord de la province pour arrêter la marche des Français sur Léon et sur la Galice. Vers le 20 janvier suivant, le général français Maupetit occupa Salamanque, et depuis ce moment, une garnison française tint ce point important de communication entre l'Estramadure, les provinces du nord de l'Espagne et le Portugal. Après la retraite de Galice, le maréchal Ney porta son corps d'armée à Salamanque, au mois de juillet 1809, et protégea cette ville que menaçait le duc del Parque.

Après avoir passé la Tormes, en se dirigeant vers le sud, on voit, en plusieurs endroits épars çà et là, des débris de colonnes milliaires, de frises et de chapiteaux, et sur un espace d'environ deux lieues, une belle route qui était la voie militaire des Romains de Salamanque à Merida.

Ledesma, sur la Tormes, à l'est de Salamanque, petite ville fort ancienne, nommée autrefois *Bletisa*. Elle est fortifiée par la nature et par l'art. Elle a dans sa juridiction 380 villages, dans lesquels on compte environ 16,000 feux. Elle est remarquable par ses eaux thermales, et entourée d'une campagne extrêmement fertile. Pendant la dernière guerre d'Espagne, le duc del Parque occupait cette ville avec 20,000 hommes au mois de juillet 1809. Dans une reconnaissance l'avant-garde du maréchal Soult culbuta 200 cavaliers espagnols qui gardaient le pont de Ledesma.

Quatre lieues au-dessous de Ledesma, la Tormes se jette dans le Duero, qui marque de ce côté la frontière du Portugal.

Alva ou Alba de Tormes, à 4 lieues au sud-ouest de Salamanque, ville assez considérable, était le chef-lieu du duché d'Albe. On voit encore près de cette ville le palais du fameux duc d'Albe, grand homme de guerre, et encore plus digne ministre de la tyrannie de Philippe II. En venant de Salamanque on entre dans cette ville par un pont de 26 arches sur la Tormes. Dans la dernière guerre d'Espagne le général Kellermann gagna près d'Alba, le 28 novembre 1809, une victoire sur les Espagnols. Le 10 novembre 1812, ce fut à Alba de Tormes que les trois armées françaises du Portugal opérèrent leur jonction, après les désastreux événemens qui forcèrent alors les Français à se replier sur l'Ebre, comme ils avaient été obligés de le faire une première fois au mois de septembre 1808.

Valverde, petite ville au sud-ouest d'Alba. Elle est sur la route de Salamanque à Plasentia (Estramadure). On voit près de là les vestiges d'une chaussée construite par les Romains avec des colonnes milliaires.

Penaranda, petite ville, au sud de la précédente.

Piedra-Hita, à 7 lieues de la précédente, et sur la route d'Alba de Tormes, est la dernière ville de la province avant d'entrer dans la Vieille-Castille et de se rendre à Avila, dont elle est éloignée de 10 lieues. On y voit une très-belle maison de plaisance, bâtie par le même duc d'Albe. Il y a 4 couvens et environ 150 familles.

Une autre route de 14 lieues, qui se dirige au nord-est, conduit de Salamanque à Medina-del-Rio-Seco par le Partido de Toro.

Une troisième route se dirigeant au sud, dans un

espace de 19 lieues, conduit de Salamanque à Plasentia, la première ville considérable de l'Estramadure de ce côté.

Ciudad-Rodrigo, à 16 lieues au sud-est de Salamanque. C'est la seconde ville de la province, et, de ce côté, le boulevart de l'Espagne contre le Portugal. Elle est située sur les bords de l'Agueda et bien fortifiée. Il y a une garnison considérable. C'était autrefois l'un des rendez-vous généraux où les Espagnols rassemblaient leurs armées lorsqu'ils avaient une guerre avec le Portugal. Ciudad-Rodrigo est le siége d'un évêché. Sa cathédrale, aussi ancienne que la ville, fut bâtie sous le règne de Ferdinand II, dans le 13e siècle. Sa population est de 10,000 ames. Il y a une tannerie et une fabrique de savon. Dans la guerre de la Succession, Ciudad-Rodrigo fut prise par les Portugais, en 1706. Les Espagnols la leur reprirent l'année suivante. Dans la dernière guerre d'Espagne, elle tomba au pouvoir des Français au mois de juillet 1810. Les Anglais la leur enlevèrent le 19 janvier 1812.

Les environs de Ciudad-Rodrigo sont très-fertiles en grains, huile, vin, miel et amandes; mais la culture y est assez négligée, et on ne tire pas d'un sol aussi riche tout le parti dont il serait susceptible. Il y a dans les environs des mines très-abondantes de cuivre, de plomb et de fer. On ne peut douter même qu'il n'y ait des mines d'or, car l'Agueda, en se jetant dans le Duero, près des frontières du Portugal, roule des paillettes de ce précieux métal.

Frageneda, petite ville, frontière du Portugal, près du confluent de l'Agueda, dans le Duero. Ses habitans savent chercher et séparer les paillettes d'or que roule cette rivière.

Peña de Francia (*le rocher de France*), petite ville, dans les montagnes appelées *Sierra de Francia*, à 5 lieues au sud-ouest de Ciudad-Rodrigo, et à 3 lieues de la frontière de l'Estramadure.

Las Batuecas, à 2 lieues au sud de la Peña de Francia, à 8 lieues de Ciudad-Rodrigo et à 14 lieues de Salamanque, forment un petit canton long-tems inconnu, même aux Espagnols, et sur lequel les traditions de ce peuple crédule racontaient des choses merveilleuses. Moréri a consigné ces contes ridicules dans son *Dictionnaire*, et Montesquieu n'a pas dédaigné d'y faire allusion dans ses *Lettres persanes*, quand il dit que les Espagnols ont dans leur propre pays des cantons qu'ils ne connaissent pas. Il résulte des recherches de quelques voyageurs modernes, et notamment de M. Bourgoing, que « ce sont deux vallées incultes qui
» n'ont guère qu'une lieue de long, et qui sont si
» étroites, si hermétiquement fermées de tous côtés,
» que le soleil doit avoir de la peine à s'y faire jour
» en hiver. Ce petit canton est remarquable par les
» groupes de rochers bizarrement taillés, par la variété
» des arbres, les sinuosités de la petite rivière qui
» arrose ces vallées, par les excavations des mon-
» tagnes qui les forment, par la quantité d'animaux de
» tout genre auxquels elles servent de repaire. La

» seule habitation humaine qui mérite d'être remar-
» quée, est un couvent de carmes déchaussés, dont
» les cellules sont comme ensevelies sous les rochers
» escarpés qui les menacent et les arbres qui les om-
» bragent. On ferait le tour de l'Europe avant de
» trouver un lieu plus propre à devenir l'asile du
» silence et de la paix. Ce canton, qui est presque
» inaccessible, et qui ne se trouve sur le chemin d'au-
» cune ville, est on ne peut pas moins fréquenté. Le
» peu de curieux qui s'y présentent y sont regardés
» comme des extravagans par les paisibles habitans,
» qui ne peuvent deviner le motif qui les amène parmi
» eux. » Leur territoire, d'où ils ne sortent presque
jamais, dépend de l'évêché de Coria (Estramadure).

Baños, petite ville, située dans un défilé auquel elle a donné son nom, et qui est voisin de la frontière de l'Estramadure. Les Romains y avaient des bains d'eaux minérales très-renommées. On croit que cette ville était l'ancien *Vicus Cœcilius*. Elle est bâtie sur leur ancienne voie militaire de Salamanque à Merida : on trouve souvent sur la route des débris de colonnes milliaires avec des inscriptions effacées.

Erbas ou Ervas, petite ville auprès de montagnes inaccessibles, dont le sommet est toujours couvert de neige. Après avoir gravi ces montagnes, on se trouve en Estramadure.

ROYAUME DE VIEILLE-CASTILLE.

Cette province est bornée, au nord, par le golfe de Biscaye ; au sud, par la Nouvelle-Castille ; à l'ouest, par les Asturies, le royaume de Léon et l'Estramadure; à l'est, par la Biscaye, la Navarre, l'Aragon et la Nouvelle-Castille. Il est assez difficile d'apprécier en somme sa largeur et sa longueur moyennes; mais la Vieille-Castille est de 65 lieues dans sa plus grande longueur, et de 45 lieues dans sa plus grande largeur. Quoique ce pays offre beaucoup de plaines fertiles, on y compte plusieurs chaînes de montagnes très-élevées, dont les principales sont celles de *Sant-Ander* et de *Burgos*, celles de *Somo Sierra* et de *Guadarrama*. Les principales rivières sont : l'*Ebre*, qui prend sa source dans les montagnes de *Santillana*, qui traverse la province de Burgos, sépare la Vieille-Castille de la Biscaye et de la Navarre, et va se jeter dans la mer Méditerranée, après avoir traversé l'Aragon de l'est à l'ouest; le *Duero*, qui prend sa source dans la Vieille-Castille, sur une montagne de la *Sierra d'Urbion*, et qui la traverse, de l'est à l'ouest, pour aller gagner le royaume de Léon. Population, 900,000 habitans.

Le territoire de la Vieille-Castille est très-fertile en grains; on y recueille beaucoup de vin dans quelques cantons ; mais la paresse des habitans est une cause permanente de dépopulation pour le pays et de stérilité pour le sol : on se donne à peine le soin de labourer les terres ; des cantons entiers sont dépouillés d'arbres. La Vieille-Castille est, de toute l'Espagne, le pays où il y a le moins de manufactures. Aussi la pauvreté, la malpropreté et la fainéantise des Castillans ont-elles mérité de passer en proverbe : ce n'est pas que ce peuple n'ait dans le caractère des traits de grandeur et de magnanimité dont il a donné des preuves à toutes les époques de son histoire, et principalement lorsqu'il soutint avec tant de constance son roi, Bourbon et Français, Philippe V, contre l'Europe entière, conjurée et victorieuse.

Le nom de Castille vient du grand nombre de châteaux que les Goths bâtirent dans cette province ; celui de Vieille-Castille désigne le berceau de la monarchie castillane proprement dite.

Le royaume de Vieille-Castille se divise en quatre provinces différentes, savoir : *las Montañas de Burgos et de Sant-Ander*, et les provinces de *Soria*, de *Ségovie* et d'*Avila* (1).

MONTAÑAS DE BURGOS ET DE SANT-ANDER.

Cette province est bornée, au nord, par la mer de Biscaye ; au sud, par les provinces de Ségovie et

---

(1) On a vu par quelle raison nous avons dû comprendre la province de Valladolid dans les subdivisions du royaume de Léon.

de Soria; à l'ouest, par les Asturies d'Oviedo et le royaume de Léon; à l'est, par la Biscaye et la Navarre.

Cette province peut se diviser encore en deux parties : le pays de Sant-Ander, qui comprend les Asturies de Santillane, et la province de Burgos proprement dite.

Telle est la complication des divisions de l'Espagne qu'entre la province de Sant-Ander et les limites du royaume de Léon, il y a encore un petit canton séparé qui appartient au Partido de Toro.

Villes et lieux principaux.

La province de Sant-Ander répond à une partie du pays des Cantabres, qui opposèrent une si vigoureuse résistance aux efforts d'Auguste, devenu le maître du monde. C'est cette province que les géographes français ont jusqu'à ce jour confondue, soit avec la Biscaye, soit avec les Asturies. Elle a plusieurs ports, que nous allons faire connaître, en allant de l'est à l'ouest, c'est-à-dire en venant de Bilbao.

Castro de Urdiales, à 4 quatre lieues à l'ouest de Bilbao, offre un mouillage excellent. Cette petite ville est défendue par un château; il y a un arsenal.

Laredo, port grand et beau, mais qui fait peu de commerce. La ville, bâtie par les Goths, est environnée de rochers et fortifiée par l'art. Ce fut, dans la dernière guerre d'Espagne, une des places que les

Français conservèrent le plus long-tems : ils ne la rendirent que le 23 février 1814.

SANT-OÑA. Ce port est formé par un vaste bassin qui pourrait abriter les flottes les plus considérables, mais on n'y aperçoit que quelques barques de pêcheurs, et les habitations qui l'entourent présentent l'aspect du plus misérable village.

SANT-ANDER est un des ports les plus commerçans de l'Espagne : il expédie pour les Amériques toutes les denrées qui s'exportent de la péninsule espagnole; il reçoit de même les marchandises d'importation qu'y amènent les vaisseaux étrangers : mais la rébellion des colonies espagnoles a dû nécessairement ralentir l'activité de ce commerce. De grands chemins qui communiquent avec les provinces de Vieille-Castille, de Navarre et d'Aragon, font affluer à Sant-Ander les grains, huiles et vins de ces contrées; mais la route qui conduit à Bilbao est impraticable pour les voitures, et même dangereuse à cheval ou à pied. La ville de Sant-Ander est bâtie sur une éminence ; son port est défendu par deux forts châteaux. Ses environs produisent d'excellent vin. Sa population est d'environ 10,000 habitans. Il y a trois brasseries, deux raffineries de sucre, une fabrique de câbles et d'agrès, plusieurs tanneries, vingt-cinq forges et deux fonderies royales pour les ancres, canons, bombes et boulets. Le fer qu'on tire des mines aux environs de Sant-Ander est aussi bon que celui de Biscaye. Sant-Ander est la résidence d'un évêque. Les événemens de la dernière guerre d'Espagne ont ajouté à l'illustration de cette ville. Le port de Sant-Ander vit les Anglais débarquer sans cesse des troupes destinées à combattre les Français. Ce fut là qu'au mois de septembre 1808 le marquis de la Romana débarqua la division espagnole que, secondé par les Anglais, il avait ramenée de Danemarck. Cette place fut prise par le maréchal Soult, le 16 novembre 1808.

SANTILLANA (*Sanctæ Julianæ fanum*), sur les bords d'une rivière dont les environs se nomment les *Asturies de Santillana*. Elle est à 22 lieues d'Oviedo. On y remarque une belle église. Son territoire est fertile en grains, en lin, en chanvre. Population, 1,500 habitans. Cette ville est peu éloignée de la mer. Elle fut occupée le 20 novembre 1808, après la bataille d'Espinosa, par la division du général français Sarrut.

SAN-MARTIN DE LA ARENA, petit port près de Santillana, sert à l'usage de cette ville. Après la bataille d'Espinosa, le général Sarrut, après avoir occupé Santillana, arrêta dans ce port un convoi anglais chargé de denrées coloniales (novembre 1808).

CUNILLAS, petit port, qui offre au commerce un utile débouché. Dans la dernière guerre d'Espagne, les Français, après la bataille d'Espinosa, y saisirent un convoi considérable d'artillerie anglaise.

SAN-VICENTE DE LA BARQUERA, petit port, à une lieue à l'ouest du précédent. Près de là est un défilé commandé par une hauteur, et placé entre un marais et la mer, que l'on passe sur un pont de 400 toises. C'est dans ce lieu que le général Sarrut, avec 900 hommes, tua et jeta dans la mer ou dans le marais une colonne de 6,000 hommes, faisant partie de l'armée de Galice, alors en retraite, le 20 novembre 1808 (1).

On trouve en outre dans les environs de Santillana :

POTÈS, petite ville, à 9 lieues au sud-ouest de Santillana, chef-lieu du petit pays de Liebana.

CABESON, petite ville, à 3 lieues et sur la route de Santillana à Ségovie. Il ne faut pas la confondre avec la ville de même nom, qui est sur la route de Burgos à Valladolid.

En revenant vers les frontières de la Biscaye propre, à l'est, on trouve :

ESPINOSA, à 6 lieues au sud-ouest de Bilbao, ville assez considérable, est devenue fameuse par les faits d'armes dont elle fut témoin à l'ouverture de la campagne de 1808. C'est là que l'armée de Galice, commandée par les généraux Blake et La Romana, en vint aux mains avec les Français, commandés par le maréchal Victor. Le 10 novembre, les Espagnols occupaient la plaine d'Espinosa. Le général Pacthod enleva, malgré la plus vigoureuse résistance, un ma-

---

(1) La pièce officielle à laquelle nous empruntons ce détail ajoute que le général Sarrut dépassa ensuite la province de *las Montanas*, et entra dans les Asturies. Voilà donc encore une nouvelle autorité en faveur de la division que nous avons adoptée.

melon situé en avant de leur ligne, et jeta dans les abîmes la troupe du général de la Romana, qui occupait cette position. Les Espagnols firent des efforts prodigieux pour la recouvrer, et la nuit seule sépara les combattans. Le lendemain, la bataille se livra sur toute la ligne. L'ennemi, débordé à gauche par le général Maisons, à droite par le maréchal Lefebvre, poussé au centre par le maréchal Victor, abandonna aux Français une glorieuse victoire. Soixante pièces de canon, 20,000 hommes tués ou pris, douze généraux espagnols restés sur la place, tels furent les résultats de cette journée.

Medina del Pomar, au sud d'Espinosa et à quelque distance d'Orduña (Biscaye).

Villarcayo, bourg sur la Nela, à 3 lieues au sud d'Espinosa. Après le premier échec que l'armée de Galice essuya le 30 octobre à Bilbao, le maréchal Lefebvre la poursuivit dans la direction de Villarcayo, où, quelques jours après, cette même armée ayant encore été battue à Espinosa, fut accablée par le général Sebastiani.

Tels sont les lieux les plus remarquables de *las Montañas de Burgos*, depuis la mer de Biscaye jusqu'à l'Ebre; mais avant de passer ce fleuve, pour ne rien laisser en arrière, parcourons cette petite portion du *Partido de Toro* qui est enclavée dans la Vieille-Castille.

Reynosa en est la principale ville. La route qui y conduit est une des plus belles de l'Espagne; elle va depuis Irun jusqu'à Valladolid. C'est là que dans la dernière guerre d'Espagne l'armée de Galice avait établi ses parcs d'artillerie. Mais à la suite de la bataille d'Espinosa le maréchal Soult entra dans Reynosa et s'empara de tout ce matériel (novembre 1808).

ARANDILLO, montagne voisine de Reynosa, remarquable par un vaste plateau que forme son sommet, et qui est couvert de prairies très-riches et d'une étendue immense; on y voit encore les ruines d'un village abandonné.

ESPINOSA, bourg sur la frontière du royaume de Léon, qu'il ne faut pas confondre avec la ville de ce nom dont nous avons parlé ci-dessus.

Reprenant la description de *las Montanas de Burgos*, nous allons reconnaître les lieux remarquables au delà de l'Ebre.

FRIAS, petite ville sur une montagne, au pied de laquelle coule l'Ebre. Elle a le titre de duché.

MIRANDA DE EBRO, à cinq lieues au sud de Vittoria, est une ville très-ancienne, située sur l'Ebre, que l'on traverse sur un beau pont. Ce fleuve, qui servit jadis de bornes aux conquêtes de Charlemagne du côté du sud, ainsi qu'aux nôtres, en 1795, est un de ces objets agrandis par la magie de l'histoire qu'on trouve fort inférieurs à leur réputation. Il est vrai qu'à Miranda l'Ebre est encore assez près de son berceau, placé au pied des montagnes des Asturies. On remarque dans cette ville une place ornée de belles fontaines. Près de ses murs s'élèvent sur une colline les ruines d'un vieux château fort, ce qui n'embellit pas l'aride paysage que présente cette contrée, d'ailleurs assez fertile en vignobles.

Pancorvo ou Pancorbo, ville et forteresse à 3 lieues au sud de Miranda. La ville est bâtie dans une gorge très-resserrée entre deux montagnes. Ce passage bien gardé, pourrait empêcher de pénétrer en Espagne sur ce point : à droite et à gauche sont des hauteurs escarpées, formées par des rochers groupés d'une manière pittoresque, et qui ont exercé le crayon de plus d'un voyageur. La route, au milieu de la montagne, est très-belle ; elle est taillée dans le roc. Au dessus de la petite ville de Pancorvo est le fort de ce nom, sur le sommet d'une montagne ; il défend le passage. Ce château était occupé au commencement de la campagne de 1808 par les Français.

Bribiesca, à 2 lieues au sud de Pancorvo, à 5 lieues au nord de Burgos, petite ville qui a une enceinte de murs et quatre portes symétriquement placées. C'est le chef-lieu du petit canton de *Burena*.

Burgos, archevêché, capitale de la Vieille-Castille, est située sur la rive droite de l'Arlançon, au pied d'une colline défendue par un château, qui tombait en ruines il y a trente ans, mais qui fut remis en état lors de la dernière guerre d'Espagne. Les comtes, puis les rois de Castille y firent autrefois leur résidence ; elle cessa d'être le séjour des rois sous Charles-Quint, qui transporta sa cour à Madrid. Depuis ce tems Burgos est dépeuplée et sans industrie ; on y compte à peine 10,000 habitans. La cathédrale est un des plus beaux édifices du genre gothique qui existent en Europe. Une de ses chapelles contient un tableau de Michel-Ange. Dans un des couvens de la ville est un crucifix auquel on attribue des miracles. Les rues sont étroites, mais il y a des places publiques nombreuses et ornées de fontaines. Sur l'une d'elles on voit la statue pédestre de Charles III, érigée par un habitant de cette ville. L'hôtel-de-ville mérite d'être vu. On remarque encore un arc de triomphe érigé du tems de Charles-Quint en mémoire de Ferdinand Gonzalez, premier comte de Castille, illustre guerrier, mort en 968. Il y a environ quarante ans, Burgos a payé le même tribut au fameux Rodrigue Bivar Campeador, si connu sous le nom du Cid : on a élevé un monument à l'endroit où était la maison de ce grand capitaine. Il y a, à Burgos, un collége pour l'instruction de la jeunesse. L'industrie y est peu florissante ; il n'y a qu'une fabrique de draps fins, et quelques-unes de draps grossiers, de couvertures et de toiles. Néanmoins, comme c'est par cette ville que passent la plupart des laines de la Vieille-Castille qu'on exporte dans les pays étrangers par le nord de l'Espagne, ce commerce d'entrepôt offre aux habitans des profits considérables. Au nom de Burgos se rattachent plusieurs événemens importans de la dernière guerre d'Espagne : cette ville était, à l'ouverture de la campagne de 1808, occupée par l'armée espagnole dite d'Estramadure qui s'y maintint jusqu'au 10 novembre, que Napoléon la fit attaquer. Alors se livra,

dans la plaine de Burgos, une bataille, dont le résultat glorieux fut dû à l'habileté du maréchal Soult et à l'intrépidité du maréchal Bessières, qui commandait la cavalerie, ayant le général Mouton sous ses ordres : trois mille Espagnols restèrent sur le champ de bataille, trois mille prisonniers furent faits, douze drapeaux et vingt-cinq canons furent pris. Les Français entrèrent dans Burgos pêle-mêle avec l'ennemi, en déroute. On peut voir, dans le bulletin même de Buonaparte, la triste situation de cette ville après l'entrée des Français : « L'infortunée ville de Burgos, y disait-il,
» en proie à tous les maux d'une ville prise d'assaut,
» me fait frémir d'horreur. Prêtres, moines, habitans
» se sont sauvés à la première nouvelle du combat,
» menacés de voir les soldats de l'armée d'Estrama-
» dure se défendre dans les maisons, comme ils en
» avaient annoncé l'intention ; pillés d'abord par eux,
» et ensuite par nos soldats, etc. » Les Français trouvèrent le château de Burgos en bon état de défense. On prit, dans cette ville et dans les environs, pour 30,000,000 de laines, qui furent confisquées et transportées à Bayonne. En 1812, le château de Burgos, défendu par une garnison française, résista à tous les efforts de Wellington, qui fut obligé de se retirer, le 21 octobre, après avoir perdu 5 ou 6000 hommes.

GAMONAL, village près de Burgos. C'est sur ce point que commença, le 10 novembre 1808, l'attaque à la bataille de Burgos. Le maréchal Bessières, qui marchait en reconnaissance à la tête de la division du général Mouton, fut accueilli par une décharge de trente pièces de canon, ce qui fut pour les Français le signal du pas de charge (*Voyez* Burgos).

MIRAFLORES, chartreuse, à une demi-lieue de Burgos, où le roi Jean II et sa femme ont des tombeaux magnifiques.

A l'orient du pays qu'on vient de parcourir, on trouve un canton riche en vins et en grains, c'est la *Rioja* ou *Rioxa*, qui, vers le sud, est séparée de la Biscaye et de la Navarre par l'Ebre. Ce canton prend son nom du *Rio d'Occa*, rivière qui a sa source dans la *Sierra d'Occa*, traverse la Rioja du nord au sud, et va se jeter dans l'Ebre. — On y trouve :

HARO, sur l'Ebre, à l'ouest de Miranda. Cette petite ville est le chef-lieu d'un comté érigé par le roi Jean II en faveur de don Pèdre Fernandès de Vellasco, tige des comtes de Castille.

CALZADA DE SAN-DOMINGO, au sud de la précédente, sur la petite rivière de Laglera. C'était autrefois un évêché; elle passe pour la principale ville de la Rioja. Il y a une fabrique de draps à l'anglaise. C'est près de cette ville que le Rio d'Occa prend sa source.

NAVARRETE, à l'est de Haro, située sur une montagne non loin de l'Ebre. Il s'y donna, en 1366, entre don Pèdre, roi de Castille, et Henri de Transtamare, son frère naturel et son compétiteur au trône, une bataille dans laquelle Duguesclin fut fait prisonnier.

NAJERA, sur le Najerillo, à 4 lieues à l'est de la Calzada, renferme les tombeaux de plusieurs rois de

Castille. Elle est située dans une plaine assez vaste appelée la *Val Pedre*, et qu'a rendue célèbre la dernière bataille entre don Pèdre et Henri de Transtamare, à la suite de laquelle ce dernier, luttant avec fureur contre son frère, le perça de son poignard (1369). Dans la dernière guerre d'Espagne, il y eut un engagement le 26 novembre 1809 dans Najera, entre le général français Solignac et un parti de la bande du général Porlier.

Logroño (*Varia*), très-ancienne ville, sur l'Ebre, est dans une vaste plaine fertile en grains, vins, miel, olives, etc. Cette ville communique avec la Navarre par un pont, qu'à l'ouverture de la campagne de 1808 le général espagnol Pignatelli, qui occupait Logroño, fit détruire à l'approche des Francais. Le maréchal Ney marcha sur cette ville, battit l'ennemi, se rendit maître de Logroño, et fit rétablir le pont (27 octobre 1808). Plus tard, quand l'Espagne se couvrit de guerillas, le général Solignac voulut en vain surprendre dans Logroño le fameux Porlier; il entra dans cette ville le 19 novembre 1809, sans avoir à tirer un seul coup de fusil; mais ce chef de partisans sut échapper à ses recherches.

Arnedo, petite ville où l'on trouve des eaux minérales froides.

Arnedillo, à 4 lieues au sud de la précédente, ville célèbre par une source d'eaux thermales très-abondantes.

En revenant de Burgos on rencontre au sud:

Lerma, à 10 lieues de Burgos, située sur l'Arlança.

C'est un duché érigé par Philippe III, en 1599, en faveur de François Gomez de Sandoval. Cette petite ville a un très-beau château, qui appartient aux ducs de Lerma. Après la bataille de Burgos, le général Lasalle prit possession de cette ville le 12 novembre 1808. Elle fut presque entièrement consumée par les flammes.

Quintana de la Puente, à 12 lieues sud-ouest de Burgos, petite ville, sur la Pisuerga, est la dernière de la Vieille-Castille en entrant dans la province de Valladolid (royaume de Léon). On y remarque un beau pont de 18 arches.

Lara, petite ville, à l'est de Burgos.

Aranda de Duero, à 17 lieues au sud de Burgos, ville assez considérable, située dans un pays fertile, sur la rive gauche du Duero. Population, 2,500 habitans. Elle était jadis beaucoup plus commerçante qu'aujourd'hui. Dans la dernière guerre d'Espagne, deux jours après la bataille de Burgos, Napoléon porta son quartier-général à Aranda et y dirigea toutes les opérations qui amenèrent la conquête de Madrid. Au sud-est et tout près d'Aranda est le bourg d'*Arandilla*.

Roa, petite ville, à l'ouest d'Aranda, sur le Duero, dans une vaste et fertile campagne, avec un beau palais.

PROVINCE DE SORIA.

Cette province, au sud-est de celle de Burgos, est entourée des autres côtés par l'Aragon, la Nouvelle-Castille et la province de Ségovie.

Le Duero y prend sa source dans la Sierra d'Urbion.

Villes et lieux principaux.

On trouve vers la frontière de Navarre :

Calahorra, évêché, au confluent du Cidagon et de l'Ebre. Cette ville est bâtie sur une éminence, en forme d'amphithéâtre, mais ses rues sont irrégulières. C'est la fameuse *Calaguris* des Romains. On y voit beaucoup de restes d'antiquités, entre autres un cirque parfaitement conservé, et différens bains dont les murs sont aussi solides que s'ils étaient de roche vive. Auguste s'était fait une garde parmi les habitans de cette ville, qui est la patrie du célèbre Quintilien et du poète Aurelius Prudentius. Les chrétiens remportèrent aux environs de Calahorra une grande victoire sur les Maures en 825. Cette ville était, avant la bataille de Tudela, le 20 novembre 1808, occupée par le général Castanos, commandant l'armée d'Andalousie, qui l'évacua à l'approche des Français, qui y entrèrent le 22 novembre.

Alfaro, à l'est de la précédente, sur les bords de l'Ebre, ville peu considérable.

Une route vers le midi, et d'environ 14 lieues, conduit de Calahorra à Soria par *Arnedillo*, *Arnedo*. (*Voy.* ci-dessus ces deux villes.)

En parcourant ce pays on trouve :

Soto, sur la frontière du Rioxa, situé au fond d'une vallée profonde, que traverse un torrent. Un chemin étroit conduit de Najera à Soto : près de cette ville il se resserre. De l'autre côté s'élève une montagne très-escarpée, dans le flanc de laquelle on a construit une route tortueuse qui conduit à Munilla et à Cervera. Dans la dernière guerre d'Espagne, la ville de Soto, à cause de sa situation, était devenue le centre d'une junte provinciale d'insurrection contre les Français : c'était la place d'armes du chef de partisans Porlier. Le 21 décembre 1809, les Français, commandés par le général Solignac, entrèrent dans Soto, et trouvant cette ville abandonnée de ses habitans, ils la pillèrent.

Cervera, petite ville près des frontières de la Navarre et de l'Aragon.

Soria, à 26 lieues sud-est de Burgos, évêché, capitale de la province, est située non loin de l'emplacement où s'élevait Numance, qui fut détruite par Scipion l'Africain 30 ans avant J. C. Elle est renommée pour la beauté des laines qui se tirent de ses environs. On en exportait naguère par an plus de 90,000 arrobes (une arrobe vaut 25 livres de France). Population, 6,000 habitans. Dans la dernière guerre d'Espagne, après la bataille de Burgos, le maréchal Ney entra dans cette ville le 22 novembre 1808, sans éprouver la moindre résistance.

En se reportant au sud-est, vers la frontière de l'Aragon, on rencontre :

Agreda, construite sur les ruines de l'ancienne *Graccuris*, à 6 lieues au sud de Calahorra, située au pied du mont Cayo, sur l'extrême frontière de l'Aragon, est une ville peu considérable, bien qu'on y voie les ruines d'anciennes fortifications. Elle a un couvent de religieuses dont une abbesse, connue sous le nom de Marie d'Agreda, morte en 1675, s'est rendue fameuse par des écrits mystiques, que condamna la Sorbonne en 1697.

D'Agreda, une route de 23 lieues conduit aux frontières de la Nouvelle-Castille. On trouve sur cette route : *Hinijoso*, village; *Almeriz*, *Almazan*, petites villes ; *Parades*, *Baroana*, villages; et enfin :

Atienza, petite ville entourée de montagnes auxquelles elle donne son nom. C'est, de ce côté, la limite des deux Castilles. Les campagnes environnantes sont fertiles en blé, en pâturages, et offrent de riches mines de sel.

Au midi de Soria, on trouve encore :

Medina Celi (*Methymna Cœlestis*), ville très-ancienne près la source du Xalon, capitale du duché de Medina Celi, duquel dépendaient 80 villages.

Lodares, près de Medina Celi, hameau peu intéressant par lui-même, mais à une lieue duquel on trouve un village nouveau, bâti par les soins de l'évêque de Siguenza ; car, comme l'observe M. Bourgoing, partout, en Espagne, les prélats sont à la tête des bienfaiteurs de leurs cantons.

Quelques lieues plus loin, à l'est, on trouve :

Huerta, village appartenant à un monastère de Bernardins, qui fait régner autour de lui l'aisance et une culture assez brillante : ce monastère contient d'ailleurs quelques tombeaux remarquables, entre autres ceux de plusieurs seigneurs français qui étaient venus, avec le connétable Duguesclin, au secours de Henri de Transtamare.

Dans la partie occidentale de la province de Soria, nous citerons :

Osma (*Uxama*), à 23 lieues au sud-est de Burgos, sur l'*Ucero*, petite rivière qui se jette près de là dans le Duero. Elle a une université fondée en 1550, et le titre d'évêché; mais l'évêque réside dans un bourg tout voisin de cette ville, qui présente l'aspect de la ruine et de la dépopulation, bien qu'elle soit située au milieu d'une plaine fertile.

Saint-Estevan de Gormas, à 2 lieues à l'ouest d'Osma, ville peu considérable.

Calaroga, bourg près d'Osma, est la patrie de saint Dominique.

Siguenza (*Segontia*), évêché au sud-est d'Osma, sur la frontière de la Nouvelle-Castille, est une ville fortifiée au pied du mont Atienza; il y a une université fondée au commencement du 16e siècle; elle possède un arsenal.

PROVINCE DE SÉGOVIE.

Cette province est bornée au nord par celles de Valladolid, de Burgos et de Soria; à l'ouest, par celles de Valladolid et d'Avila; à l'est, par celle de Soria; et au sud, par la Nouvelle-Castille.

Villes et lieux principaux.

En suivant à l'est la frontière de Valladolid, on trouve :

Cuellar, petite ville, est le premier endroit remarquable en venant de Tudela de Duero (province de Valladolid). C'était la résidence des marquis de ce nom, et l'on voit encore leur antique château au sommet de la montagne sur laquelle est bâtie Cuellar. Cette ville est assez grande, mais peuplée seulement de 3,000 ames. Il y a des fabriques de laine. On cultive la garance dans ses environs. Il y a dans le palais des seigneurs de Cuellar une collection d'armures très-précieuse.

Coca, au sud de la précédente, sur l'Adaja. C'est la première ville de la province, à gauche de la route d'Olmedo (province de Valladolid). Elle était autrefois une place considérable, et elle fut détruite par Lucius Licinius Lucullus, qui fit périr 20,000 habitans. C'est, dit-on, la patrie du grand Théodose. Près de là est un château entouré d'un fossé et garni de batteries, avec une tour au centre. Le château de Coca appartient aux comtes d'Alcala. C'est un grand édifice carré, entièrement construit en briques et d'une très-belle architecture. Dans la dernière guerre d'Espagne, ce château fut occupé par une compagnie d'infanterie française destinée à protéger cette partie solitaire de la route de Ségovie à Valladolid.

Santa Maria de Nieva, bourg de 600 feux, qui a chaque année le privilége d'avoir une fête consacrée à des combats de taureaux, ce qui attire dans ce lieu toute la population du voisinage. Les environs sont très-fertiles en froment, mais n'offrent ni arbres ni verdure.

En reprenant le chemin d'Olmedo pour gagner la frontière de la Nouvelle-Castille, on traverse sur une superbe route une campagne stérile, et l'on rencontre entre autres villages :

Martin-Munoz, à 8 lieues au sud d'Olmedo, patrie du cardinal Diego d'Espinosa, un des favoris et des ministres de Philippe II.

Villacastin, à 5 lieues du précédent, remarquable par une belle église. Ici le pays devient de plus en plus sauvage.

Sierra de Guadarrama, à 10 lieues de Villacastin, chaîne de montagnes qui sépare les deux Castilles. C'était un passage difficile, escarpé, dangereux, que le travail de l'homme a transformé en une route belle et même facile pour gravir et descendre la montagne. Cinq voitures peuvent y passer de front. Quand on est parvenu au sommet appelé *le Pas de Guadarrama*, on voit un lion très-bien exécuté en marbre, et porté sur une colonne. Il tient dans ses pattes un écu, sur lequel est gravée une inscription latine portant que cette route a été faite, en 1749, par l'ordre du roi Ferdinand VI. On n'est plus alors qu'à 8 lieues de Madrid.

D'Olmedo, une seconde route de 11 lieues, tirant vers la droite, mène à Ségovie. Cet intervalle est peut-être la partie la plus pauvre, la plus dépeuplée de l'Espagne.

Ségovie, évêché, capitale de la province de Ségovie, au centre de laquelle elle est située, est la seconde ville de la Vieille-Castille. Elle est bâtie sur un vaste roc, entre deux montagnes qui forment deux vallées profondes, dont l'une est arrosée par l'*Eresma*, qui reçoit les eaux du *Clamores*, ruisseau qui baigne l'autre vallée. Ségovie est entourée de murailles flanquées de tours; elle est grande, mais dépeuplée, et contient tout au plus 9,000 habitans : elle mérite cependant de fixer l'attention du voyageur. Sa cathédrale offre un mélange du goût gothique et de celui des Arabes. Le vaisseau en est vaste et d'une majestueuse simplicité. L'*Alcazar*, ou palais royal, fut bâti par les Maures dans le 8e siècle. Les rois de Castille y faisaient autrefois leur résidence. Ce palais est devenu ensuite, et est encore une prison d'état : c'est celle dans laquelle nous transporte l'ingénieux auteur du roman de *Gilblas*. On y renfermait aussi les corsaires barbaresques qui tombaient entre les mains des Espagnols; ils y étaient traités avec beaucoup de douceur. Dans le siècle dernier, le roi Charles III a établi, dans une partie de ce palais, une école militaire pour les jeunes gentilshommes qui se destinent à l'artillerie. L'Alcazar est situé sur un rocher, et séparé de la ville par un fossé sec très-profond, que l'on passe sur un pont de pierre. Ce palais est construit de pierres de taille blanches : une tour s'élève au milieu, environnée d'un grand nombre de tours plus petites, et dont tous les toits sont couverts en plomb. Les déco-

rations intérieures de ce vieil édifice sont également remarquables par leur antiquité. Dans le salon royal, on voit 52 statues de bois peintes, représentant, de grandeur naturelle, tous les anciens rois chrétiens et reines, et d'autres personnages illustres de l'Espagne, depuis Froïla Ier, mort en 760, jusqu'à la reine Jeanne, morte en 1555. Les dorures de ce salon et de plusieurs autres appartemens sont si solides, que, bien qu'elles soient faites depuis plus de sept siècles, l'ouvrage paraît encore tout neuf. On voit enfin dans ce palais l'appartement où le roi Alphonse-le-Sage ou *l'Astronome* composait ses tables astronomiques en 1260. C'est là qu'il méditait ces fameuses lois nommées *partidas*, qui sont restées, jusqu'à nos jours, le fondement de l'administration intérieure de l'Espagne. Mais Ségovie ne contient rien de plus remarquable que son aqueduc, dont la plupart des savans fixent la construction au règne de Trajan. De niveau, à son origine, avec l'Eresma, dont il reçoit les eaux, et soutenu d'abord par un seul étage d'arcades qui n'ont pas trois pieds de haut, il va, par une élévation progressive et presque insensible, gagner le sommet d'une colline qui est à l'autre extrémité de la ville, parcourant ainsi un espace de 3,000 pas. Dans sa partie la plus élevée, il a 202 pieds de haut. « On croit voir,
» dit M. Bourgoing, un pont jeté sur un abîme. »
Cet édifice a 118 arches, dont 43 sont à double étage.
« Ces deux rangs d'arcades s'élèvent majestueuse-
» ment, et l'on est effrayé en comparant leur peu

» de base avec leur hauteur. Sa solidité, qui a bravé
» les efforts de plus de seize siècles, paraît inexplicable
» lorsqu'on observe de près la simplicité de sa construc-
» tion. Il n'est composé que de pierres carrées (de
» trois pieds de long sur deux d'épaisseur) et posées
» les unes sur les autres, sans apparence extérieure
» de ciment... On gémit en voyant de chétives mai-
» sons accolées aux jambages des arcades, cherchant
» dans ces robustes débris des appuis pour leur fai-
» blesse, et payant ce bienfait par la dégradation du
» monument. » (Bourgoing, *Tableau de l'Espagne
moderne*, t. 1, p. 75.) On prétend que lors du tremblement de terre de 1755, on vit vaciller cet aqueduc
sans qu'il en souffrît aucun dommage. Il y a environ
30 ans, une pierre, formant le cintre d'une arche,
s'étant détachée, l'arche s'écroula : elle a été recons-
truite par un moine, bon architecte; mais on reconnaît
le fragile ouvrage d'un moderne à côté de cette œuvre
imposante de l'antiquité. Ségovie a été fameuse de tous
tems par la beauté de ses laines. C'est dans les montagnes qui l'avoisinent qu'une innombrable quantité
de troupeaux voyageurs errent pendant la belle saison ;
puis au mois d'octobre, on les voit franchir les montagnes qui séparent les deux Castilles pour aller se
disperser dans les pâturages de la Sierra Morena, ou
dans les plaines de l'Estramadure au tems de la mesta
(*Voy.* Province de l'*Estramadure* : détails généraux).
La fabrique et l'apprêt des laines de Ségovie, bien que
déchus de ce qu'ils étaient il y a deux siècles, donnent

encore à cette ville une grande importance. Il faut le reconnaître, toutefois, ces manufactures ont commencé à se ranimer depuis cinquante ans. Les draps de Ségovie sont fort recherchés. Il y a aussi une manufacture de faïence et de papier. Ségovie possède un hôtel des monnaies. Toutes les machines qui servent à la fabrication se meuvent par des roues auxquelles l'eau de l'Eresma imprime le mouvement. L'hôtel des monnaies de Ségovie est le plus ancien de l'Espagne. Deux autres sont établis à Madrid et à Séville. Après la bataille de Tudela, le maréchal Lefebvre fit son entrée à Ségovie le 3 décembre 1808, et depuis cette époque jusqu'à la retraite des Français, Ségovie devint un fréquent passage militaire.

Rio Frio, à 3 lieues au sud de Ségovie, château bâti par la reine Isabelle Farnèse, seconde femme de Philippe V.

Revenga, entre le village d'*Outero* et Ségovie, village, avec un pont dans un défilé très-dangereux. Sa funeste célébrité s'est accrue, pendant la dernière guerre d'Espagne, par le massacre de plusieurs escortes et d'un grand nombre de courriers français.

Saint-Ildefonse ou La Granja, château royal, à 2 lieues au sud de Ségovie : c'est le Versailles de l'Espagne, dont il offre une image imparfaite. Philippe V, qui a bâti Saint-Ildefonse, s'était plu à s'entourer d'objets qui lui rappelassent le séjour chéri de sa première jeunesse. A certains égards il a été mieux servi par la nature que son auguste aïeul : les eaux, qui font le principal ornement de Saint-Ildefonse, sont aussi abondantes, aussi vives, aussi limpides que celles de Versailles sont stagnantes et infectes. Mais comme l'emplacement qu'occupe ce château royal était la croupe escarpée d'une masse de rochers, qu'il a fallu créer un sol factice, les grands arbres, le plus noble ornement du séjour des rois, n'y trouvent pas assez de terre végétale pour former d'épais ombrages. C'est un Français nommé Bouteleux qui a été l'ordonnateur des superbes jardins de cette résidence. Ce sont des sculpteurs français, Fermin et Thierry, artistes du second ordre, qui les ont embellis de statues, de groupes et de vases. Parmi les richesses que la sculpture a prodiguées dans ce séjour, on ne peut s'empêcher d'admirer le groupe d'Andromède, celui de Latone, et surtout celui de Neptune : le génie a présidé à sa composition et au choix de son emplacement. Au milieu d'un immense bassin toujours limpide, entouré d'un triple rideau de verdure, le dieu de l'Océan est debout, entouré de sa cour marine : son attitude indique qu'il vient d'imposer silence aux flots mutinés. « Combien de fois, dit M. Bourgoing, suis-je venu » me placer, un Virgile en main, au bord de ces ondes » tranquilles, à l'ombre de cette verte architecture, » et me suis-je rappelé le fameux *Quos ego!* » Le palais de Saint-Ildefonse n'a rien de magnifique, surtout à l'extérieur du côté des jardins. Il y a une façade d'ordre corinthien qui n'est pas sans majesté. Du côté de la cour l'ensemble de l'édifice a quelque ressemblance avec celle de Versailles. Philippe V se retira dans ce délicieux séjour en 1724, après avoir abdiqué la couronne en faveur de don Louis, son fils aîné; mais ce jeune prince étant mort dans la même année, Philippe V remonta sur le trône. Ce prince mourut en 1746, et il voulut que ses cendres reposassent dans la chapelle qui est en avant du château. Maître de la plus vaste monarchie qui fût alors au monde, il ne fut pas heureux; une sombre mélancolie obscurcit les vingt dernières années de sa vie. Regrettait-il d'avoir endetté le royaume qui l'avait adopté de 45 millions de piastres, dépense énorme et pour le seul plaisir de forcer la nature en construisant un palais enchanteur là où elle avait déployé toute l'âpreté d'un désert? Après sa mort le château de Saint-Ildefonse fut tout-à-fait abandonné par la cour d'Espagne. La seconde femme de Philippe V, Isabelle Farnèse, y resta seule de la famille royale, et y mena, pendant 13 ans que dura le règne de Ferdinand VI, issu du premier mariage de Philippe V, la vie la plus retirée et la plus tranquille. Entièrement morte pour le monde, elle ne semblait occupée que de son salut, lorsque la mort de Ferdinand VI appela en 1759, au trône d'Espagne, Charles III, alors roi de Naples, fils du second lit de Philippe V. Isabelle Farnèse reparut alors à la cour et eut la plus grande part aux affaires. Le nouveau roi hérita du goût qu'avait eu son père pour Ildefonse; tous les ans la cour d'Espagne venait y chercher un refuge contre les ardeurs de la canicule, depuis la fin de juillet jusqu'au com-

mencement d'octobre. Ce fut dans cette résidence qu'en 1782, le roi Charles III fit à M. le comte d'Artois et à M. le duc de Bourbon, qui venaient faire leur première campagne au camp de Saint-Roch, une réception si touchante. J'aime à en prendre le détail impartial dans un écrivain imbu des idées républicaines. « Depuis la con-
» quête de l'Espagne à la maison de Bourbon, écrivait
» M. Bourgoing, c'était la première entrevue de ce
» genre. Le vieux monarque, qui n'était point étranger
» aux sentimens de la nature, déploya pour célébrer
» cette réunion autant de bonté que de magnificence.
» Il mit même à accueillir ses deux parens toutes les
» recherches d'empressement et de délicatesse aux-
» quelles ses manières simples semblaient devoir diffi-
» cilement se prêter. Le comte d'Artois et toute sa
» suite furent logés dans son palais. Toute sa maison fut
» aux ordres du jeune prince. On eut soin de l'entourer
» de plus près des personnes dont les formes et le lan-
» gage pouvaient lui retracer au moins une faible
» image de la cour qu'il venait de quitter. Toutes ces
» attentions n'eurent de bornes que celles qu'y mit
» le désir qu'on avait de lui laisser la liberté, si préfé-
» rable, même pour les favoris du hasard, aux vains
» hommages de la représentation. Charles III menait
» une vie très-réglée. L'emploi de tous ses momens
» était calculé. Rien n'y fut dérangé. La chasse, la
» pêche, ses pieuses occupations, son travail avec
» ses ministres, tout fut continué comme auparavant.
» Le duc de Bourbon, qui ne paraissait que sous le

» nom de comte de Dammartin, fut traité avec moins
» de cérémonie, mais non avec moins de bonté. Jeunes
» encore, étrangers à l'étiquette de la cour d'Espagne,
» ils sentirent le besoin d'être dirigés et se mirent
» sous la tutelle du comte de Montmorin, alors am-
» bassadeur de France. »

Le feu roi Charles IV, parvenu au trône en 1789, parut d'abord vouloir abandonner Saint-Ildefonse; mais sa répugnance pour ce délicieux séjour se dissipa. Ce prince, amateur passionné de la chasse comme son père Charles III, la rendit moins désastreuse pour les environs de ses résidences, en faisant des règlemens propres à opérer la destruction des bêtes fauves qui dévastaient impunément ce canton. En effet, sous les règnes précédens, la chasse, permise dans tout le reste de l'Espagne, avait été toujours interdite à 4 lieues autour des résidences royales.

La ville de Saint-Ildefonse compte près de 5,000 habitans. On y admire la belle manufacture de glaces où l'on en coule de 135 pouces de haut, sur 65 de large. On y fabrique aussi des cristaux, des ouvrages en fer et en acier, des toiles de lin et de chanvre. Il y a dans cette ville une riche abbaye, dont l'abbé est archevêque *in partibus*. Le fameux traité d'alliance offensive et défensive, conclu en 1796 entre la république française et l'Espagne, fut signé à Saint-Ildefonse.

EL PAULAR, village et riche chartreuse à 2 lieues à l'est de Saint-Ildefonse, est situé dans une vallée charmante, et arrosé par un ruisseau abondant et limpide, qui fait aller un moulin à papier. La chartreuse n'offre de remarquable qu'un vaste cloître où Vincent Carduche a tracé les principaux événemens de la vie de saint Bruno. Il serait assez curieux qu'un amateur éclairé pût être à même de comparer les ouvrages de ce maître espagnol avec les chefs-d'œuvre de notre Lesueur.

Pedraça de la Sierra, bourg à l'est de Saint-Ildefonse. Il y a un château fort dans lequel François, dauphin de France, et Henri, son frère, enfans du roi François Ier, furent détenus pendant quatre ans comme otages, après le traité de Madrid.

Une route de 10 lieues conduit de Saint-Ildefonse à l'Escurial. On y trouve :

Balsaïn, à trois quarts de lieue de Saint-Ildefonse, village situé dans un fond, qu'environnent de grands bois. Les rois d'Espagne y avaient une maison de chasse avant que Philippe V eut créé Saint-Ildefonse. Ce vieux château servit long-tems d'habitation à l'ambassadeur de France, pendant le séjour que la cour d'Espagne faisait dans cette résidence.

On traverse ensuite le Pas de Guadarrama, puis, quittant la route de Madrid, on se dirige au sud-ouest vers l'Escurial.

L'Escurial ou San-Lorenzo, village où Philippe II a fait construire, en 1563, un magnifique couvent de l'ordre de Saint-Jérôme, en mémoire de la victoire que ses troupes remportèrent sur les Français près de Saint-Quentin, en 1557, le jour de la fête de Saint-Laurent, auquel il dédia ce monument. On sait que ce saint fut rôti sur un gril dans le 3me siècle. Tout rappelle à l'Escurial l'instrument du supplice de ce martyr : non-seulement on le voit sur les portes, sur les fenêtres, sur les autels, mais l'édifice même de l'Escurial en présente la figure. En effet, les bâtimens forment une masse quadrangulaire, dont les différens corps séparés par des cours, représentent les barres d'un gril renversé. Les appartemens du palais en sont comme le manche écourté ; et quatre tours de 190 pieds de haut, qui s'élèvent aux quatre angles, représentent les pieds. L'édifice a 280 pas de long sur 260 de large; et malgré le goût bizarre qui a présidé à son ensemble, on ne peut s'empêcher de le trouver bien imposant. Outre les bâtimens habités par les moines, et le palais du roi, il s'y trouve un collége, et une bibliothèque qui contient 30,000 volumes, et qui possède de rares manuscrits latins et arabes, entre autres les œuvres de saint Augustin écrites de sa main. On voit dans cette bibliothèque un portrait frappant de Philippe II. Son caractère est peint sur sa physionomie sombre et sévère. L'église a la forme d'une croix grecque surmontée d'un dôme. Son architecture est simple, mais majestueuse ; Le maître-autel, auquel on monte par une vingtaine de marches, est magnifique, mais la prodigalité des ornemens qui le décorent nuit à l'effet général. On voit dans le chœur une statue de saint Laurent en argent massif, et les superbes mausolées de Charles-Quint et de Philippe II. Les chefs-d'œuvre des Paul-Véronèse ;

des Titien, des Tintoret, des Rubens, des Guide, des Wandick, des Annibal Carrache, enfin des Raphaël, décorent les diverses parties de cette église. L'Escurial sert de résidence à la cour d'Espagne pendant une partie de l'année. C'est aussi la sépulture des rois ; le souterrain où leurs dépouilles mortelles sont déposées s'appelle le *podridero* ou *pourrissoir*. Elles sont renfermées dans des caisses de bronze, placées par étages dans des compartimens que forment des colonnes de marbre. Le premier tombeau est celui de Philippe II, fondateur ; ceux de Philippe III, Philippe IV et Charles II, ses successeurs, suivent immédiatement. On n'y voit encore, pour les souverains de la maison de Bourbon, que les tombes de Louis Ier, de Charles III et de son épouse : Philippe V et la reine sa femme ont été enterrés à Saint-Ildefonse, et Ferdinand VI à Madrid. Dans un autre souterrain on dépose les corps des autres princes et princesses d'Espagne qui n'ont pas régné. C'est dans cet endroit que reposent les restes du duc de Vendôme, le vainqueur de Villaviciosa.

Quant à la ville de l'Escurial, elle est bâtie entre deux montagnes qui dominent une campagne couverte de bruyères et de chênes verds. Dans cette position, on aperçoit au nord le sommet du Guadarrama presque toujours couvert de neige ; et à l'est, un horizon sans bornes à travers les vastes plaines de la Nouvelle-Castille. En 1808, lors des coupables machinations du prince de la Paix contre le prince des Asturies, depuis Ferdinand VII, la résidence de l'Escurial devint la prison de l'héritier présomptif du trône jusqu'à la fin du scandaleux procès qu'il eut à subir. (*Voy.* Madrid, Aranjuez.) Plus tard, lorsque toutes ces intrigues eurent allumé la dernière guerre d'Espagne, un corps de 6,000 Anglais arriva à l'Escurial, le 20 novembre 1808. On s'attendait qu'ils viendraient défendre le passage de Somo-Sierra, ou tout au moins la capitale de l'Espagne; mais à peine eurent-ils appris que les montagnes qui séparent les deux Castilles avaient été forcées par les Français, qu'ils battirent en retraite. Le 5 décembre, après l'occupation de Madrid, le général Lahoussaie entra à l'Escurial; 5 à 600 paysans voulaient défendre le couvent; ils en furent chassés de vive force. On trouva dans une maison de la ville 300 Français de tout sexe et de tout âge, que les autorités y avaient fait enfermer pour les soustraire à la fureur du peuple (1).

En remontant vers la frontière septentrionale de la province de Ségovie, on trouve:

Peñaranda, petite ville au nord-est d'Aranda, et non loin des bords du Duero.

Sepulveda, petite ville sur une hauteur, aux bords du Duraton, petite rivière, et à 11 lieues au sud de Ségovie.

PROVINCE D'AVILA.

Cette province est bornée au nord par la province de Valladolid et par celle de Salamanque, qui forme également sa limite à l'ouest; à l'est par la pro-

---

(1) Plusieurs géographes placent mal à propos l'Escurial et Saint-Ildefonse dans la Nouvelle-Castille.

vince de Ségovie, et au sud par la Nouvelle-Castille.

Villes et lieux principaux.

Arevalo, au nord, près de la frontière de la province de Valladolid, et sur la rivière d'Arevatello, qui se jette dans l'Adaja, fut jadis une ville considérable, mais n'est plus qu'un bourg dépeuplé. Sa porte massive conduit à un pont dont la solidité peut braver les débordemens et les ravages du tems : les communes de 30 lieues à la ronde ont contribué à sa construction. Dans l'intérieur d'Arevalo on voit des restes de colonnes antiques, sur lesquelles posent de misérables baraques.

Fontiveros, petite ville au midi d'Arevalo, mal bâtie ; population, 2,000 habitans.

Cardenosa, au midi de la précédente, et à 3 lieues au nord d'Avila, bourg à l'entrée d'une plaine bien cultivée, fertile, et où les villages sont nombreux.

Avila, évêché, université, capitale de la province, située au sud-ouest de Ségovie sur l'Adaja, dans une plaine fertile ; ses épaisses murailles, ses tours bâties dans le 11e siècle par Alphonse VI, et qui sont très-bien conservées ; ses trois ponts de pierre, son vieux palais, sa cathédrale, ses huit églises, attestent son antique splendeur ; mais on y compte à peine 4,000 habitans. Il y avait, au commencement du siècle dernier, une manufacture de draps, rivale de celles de Ségovie ; mais elle est tombée, et le gouvernement a fait de vains efforts pour la relever. Cependant, en 1789, une manufacture royale de cotonades s'y est établie, et a fini par prospérer; en 1792, elle employait plus de 700 personnes. Avila est la patrie de sainte Thérèse, de Gil Gonzalès d'Avila, et du fameux Sanche d'Avila. Dans la dernière guerre d'Espagne, les Français surprirent cette ville le 21 décembre 1808.

Guisando, vallée arrosée par l'Alberge, sur les confins de la Nouvelle-Castille, renferme un village et un monastère de même nom, et offre un monument qui, selon les uns, remonte au tems des Celtibériens; selon les autres, est l'ouvrage de Jules César. Ce sont quatre colosses taillés dans le roc et connus sous le nom de *Toros de Guisando*. Ceux qui soutiennent la dernière opinion prétendent que ce dictateur ayant défait complètement dans ces montagnes Sextus et Cneus, fils du grand Pompée, fit célébrer cette victoire par des hécatombes de taureaux, et qu'on éleva ceux-ci pour en perpétuer le souvenir. Sous un autre rapport, ces colosses ont exercé la sagacité des voyageurs; car on ne saurait décider s'ils représentent des taureaux ou des éléphans, tant les formes données par le sculpteur à ces masses imposantes ont été effacées par la main du tems. L'imagination du peuple espagnol attache quelque idée merveilleuse aux taureaux de Guisando. « Ils reviennent souvent dans la conversation
» familière, dit M. Bourgoing, pour exprimer d'une
» manière burlesque le courage d'un homme capable
» d'affronter les plus grands dangers; et à ce titre, ils
» se trouvent dans la bouche d'un des héros de Cer-

» vantes. » La peinture a fait connaître en France les tableaux de Guisando dans un tableau très-distingué, exposé au salon de 1817, qui représente une escorte surprise par des guérillas; scène dont M. le général Lejeune fut le peintre et le héros (1).

Une autre partie de la province d'Avila est située entre la Nouvelle-Castille et l'Estramadure. Elle est arrosée au nord par le Tietar, qui se jette dans le Tage; et au sud bornée par ce dernier fleuve : on y remarque :

OROPESA, petite ville.

ROYAUME DE NOUVELLE-CASTILLE.

CETTE province, la plus vaste de l'Espagne, est au centre de ce royaume. Au nord, une chaîne de montagnes, toujours couvertes de neige, la sépare de la Vieille-Castille ; elle est bornée, au sud, par l'Andalousie et le royaume de Murcie ; à l'ouest, par l'Estramadure ; et à l'est, par l'Aragon, et les royaumes de Valence et de Murcie. Elle a 75 lieues de longueur, sur 60 de large.

Elle est arrosée par trois fleuves, le Tage, le Xucar et la Guadiana, et par vingt-trois rivières.

(1) Voyez la description détaillée de ce tableau dans l'*Essai sur le Salon de* 1817, par M. Miel, amateur passionné des beaux-arts, et cependant juge éclairé de leurs productions.

La Nouvelle-Castille, après avoir successivement passé, comme tout le reste de l'Espagne, des Romains aux Goths, et des Goths aux Arabes, resta sous le joug de ces derniers jusque vers la fin du 9ᵉ siècle, que les rois de Léon conquirent une partie de cette province. Orduño Ier, l'un d'eux, perdit par sa cruauté la Nouvelle-Castille, dont les habitans, révoltés contre lui, se donnèrent pour chef Fernand Gonzalez, sous le titre de comte de Castille, en 923. Ses descendans régnèrent à ce titre sur cette contrée jusqu'en 1028, que Nuña Mayor, sœur du dernier d'entre eux, mort sans postérité, apporta ce riche fief à Sanche, roi de Navarre, son époux, qui prit dès lors le titre de roi de Castille. Bientôt, uni à celui de Léon, le royaume de Castille devint la puissance prépondérante de l'Espagne jusqu'en 1475, époque à laquelle le mariage d'Isabelle de Castille avec Ferdinand-le-Catholique, roi d'Aragon, fit passer sous le même sceptre toute la monarchie espagnole. Jeanne, fille de Ferdinand et d'Isabelle, transmit ses états à la maison d'Autriche par son mariage avec l'archiduc Philippe-le-Beau, et cette maison posséda l'Espagne depuis l'an 1516, époque de l'avènement de Charles-Quint, jusqu'en 1700, que la maison de France fut appelée à cette couronne.

Sanche Ier, fondateur de la monarchie de Castille, était un prince français, de la maison de Bigorre. Raymond de Bourgogne, qui, après l'extinction de la postérité masculine de Sanche, devint roi de Castille et de Léon par son mariage avec Urraque, héritière de ces couronnes, était aussi prince du sang royal de France. La maison de Bigorre a régné pendant 126 ans, celle de Bourgogne pendant 446, et celle de Bourbon règne depuis 123 ans. A cette occasion, M. Delaborde remarque que, depuis l'extinction des rois goths et l'expulsion des rois maures, la Castille a toujours eu des rois français, à l'exception d'un intervalle de 194 ans, où elle a été gouvernée par des princes de la maison d'Autriche.

La Nouvelle-Castille était autrefois florissante et peuplée; aujourd'hui elle ne renferme plus, y compris la Manche, que 1,220,000 habitans; plus de la moitié du pays est inculte; et 195 bourgs ou villages qui furent peuplés autrefois n'ont point aujourd'hui un seul habitant.

La Nouvelle-Castille est très-fertile en blé partout où l'on se donne la peine de cultiver la terre; les arbres y sont plus rares qu'en aucune province de l'Espagne; cependant il y a quelques montagnes assez bien boisées, quelques vallées très-fertiles en toutes sortes de productions. Les pâturages nourrissent de nombreux troupeaux de bœufs, de mulets et de porcs. Les manufactures y sont fort peu multipliées.

La Nouvelle-Castille est divisée en cinq gouvernemens, savoir : ceux de *Guadalaxara*, *Madrid*, *Cuença*, *Tolede* et la *Manche*. Telle est la division la plus récente; mais anciennement la Castille ne se subdivisait qu'en trois parties : l'*Algaria*, comprenant Madrid, Guadalaxara, Tolède et leurs districts, la *Sierra de Cuença* et *la Mancha*.

PROVINCE DE GUADALAXARA.

Cette province est la plus septentrionale de la Nouvelle-Castille ; elle est coupée par plusieurs enclaves, qui en rendent la description difficile à concevoir pour qui n'a pas la carte sous les yeux.

Immédiatement au nord de la province de Ségovie se trouve la partie la plus étendue de celle de Guadalaxara ; cette partie est bornée, au nord, par les montagnes qui séparent les deux Castilles ; à l'ouest, par la province de Ségovie et par celle de Madrid ; à l'est, par les provinces de Soria et de Cuença ; et au midi, par la province de Tolede et par une enclave de celle de Madrid.

Villes et lieux principaux.

Somo Sierra, village près du *Puerto de Somo Sierra* ; position qui est, en quelque sorte, la clé de la Nouvelle-Castille et de Madrid. Dans la dernière guerre d'Espagne, le 30 décembre 1808, le maréchal Victor se présenta au pied de la montagne, que défendait l'armée espagnole, au nombre de 13,000 hommes, avec une formidable artillerie. L'ennemi se croyait inexpugnable dans cette position ; mais ces Thermopyles furent forcées, avec une héroïque impétuosité, par un régiment de chevau-légers polonais que conduisait le général Montbrun. Presque tous les officiers espagnols prisonniers, seize pièces de canon, dix drapeaux et un immense bagage, furent le résultat de cette brillante affaire, qui ouvrit à Napoléon les portes de Madrid. La bataille du Somo Sierra a fourni à M. Horace Vernet le sujet d'un de ses meilleurs tableaux.

Buitrago, bourg à 2 lieues au sud-est de Somo Sierra, sur la route de Madrid.

En revenant au nord-est, frontière de la Vieille-Castille, à Atienza, dernière ville de cette province sur ce point, on trouve, après une route de 5 lieues :

Xadraca, village ; puis trois lieues plus loin :

Flores, village entouré d'un bois de chênes sur lequel on trouve le *Coccus*, plus connu sous le nom de *Kermès*.

Hita, près de Flores, ancienne ville qui n'est plus qu'un misérable village. On voit les ruines d'un ancien château fort sur le sommet de la colline au pied de laquelle il est situé.

Cogolludo, village au nord-est de la précédente, devenu fameux, pendant la dernière guerre d'Espagne, par une rencontre, dans laquelle le partisan *l'Empecinado* manqua d'enlever Joseph Napoléon, comme il se rendait de Guadalaxara à Siguenza, le 7 septembre 1809.

Torrija, ville jadis très-forte, mais aujourd'hui en ruine, est située sur une hauteur. On y voit encore des débris de fortifications très-imposans.

Guadalaxara, à 15 lieues nord-est de Madrid,

ville ancienne située sur la rive gauche du *Hénarez*, est assez grande, mais mal bâtie. On y remarque un très-beau pont, le palais des ducs de l'Infantado et l'église des Cordeliers. Cette ville fut conquise sur les Maures en 1081, et reçut en 1464 du roi de Castille Henri IV, dit l'*Impuissant*, le titre de cité et le droit d'envoyer des députés aux cortès. Elle était alors très-peuplée, mais elle ne renferme plus aujourd'hui que 9 à 10,000 ames. Guadalaxara est le seul endroit de l'Espagne où l'on fabrique, avec des laines de Buenos-Ayres, ce drap de vigogne si recherché, et qu'on ne peut se procurer qu'après l'avoir commandé quelques mois à l'avance. Il s'en fabrique pour le compte du roi, qui en fait des présens à des souverains. En 1782, Charles III en envoya 20 pièces au Grand-Seigneur, à la suite du traité qu'il venait de conclure avec la Porte. On fabrique aussi à Guadalaxara d'autres draps fins et des serges. Dans la dernière guerre d'Espagne, le maréchal Bessières, après la bataille de Tudela, remporta dans Guadalaxara un avantage assez considérable sur l'arrière-garde de la division espagnole du général Pennas en retraite (1818).

Molar, village connu par ses eaux minérales.

A l'est de Guadalaxara se trouve une enclave de la province de Tolède, où est situé *Brihuega*, et dont nous parlerons ci-après.

Villaviciosa, village à deux lieues à l'est de Brihuega et à 6 lieues, même direction, de Guadalaxara. Ce lieu fut le théâtre d'une bataille entre le duc de Vendôme et le général Stahremberg le 10 décembre 1710, le lendemain de la prise de Brihuega. Le roi Philippe V, qui était au corps de bataille, fit dans cette journée des prodiges de valeur. Le duc de Vendôme et le général ennemi y firent des prodiges d'habileté. Stahremberg laissa sur le champ de bataille 6,000 hommes, 3,000 blessés, presque toute son artillerie, 68 drapeaux, les bagages de son armée et 700 mulets chargés des richesses de la Castille. C'est après cette victoire décisive, que Philippe V, couvert de sang et de poussière, aborda Vendôme en lui disant : *Je vous dois ma couronne.* — *Sire*, répondit ce héros, *vous avez vaincu vos ennemis, et j'ai imposé silence aux miens.* La nuit qui suivit ce combat, Philippe ne sachant où poser sa tête, le duc de Vendôme lui dit : *Je vais vous faire donner le plus beau lit sur lequel jamais roi ait couché*; et aussitôt il fit rassembler tous les drapeaux enlevés aux ennemis.

Cifuentes, bourg près de Villaviciosa, par lequel Stahremberg, après sa défaite, opéra sa retraite, à la faveur de la nuit. Le talent avec lequel il avait disputé la victoire, son habile retraite, lui attirèrent presque autant de gloire qu'à Vendôme; mais son armée n'en était pas moins détruite, à peine sauva-t-il 6,000 hommes (1).

La seconde partie de la province de Guadalaxara est séparée de celle que nous venons de décrire par la por-

---

(1) Voyez l'*Abrégé chronologique de l'Histoire d'Espagne*, par Désormeaux, tome V, page 300.

tion principale de la province de Madrid. Elle est bornée au nord et à l'ouest par la Vieille-Castille, au sud et à l'ouest par la province de Madrid.

Villes et lieux principaux.

Après avoir franchi le pas de Guadarrama qui appartient à la Vieille-Castille (*Voy*. ci-dessus), on trouve :

Guadarrama, à deux lieues au delà du passage, petite ville à 5 lieues au sud de Ségovie et à 10 lieues au nord de Madrid. Des géographes la placent par erreur dans la Vieille-Castille. Cette ville est renommée par ses fromages, et cette branche de commerce entretient l'aisance parmi ses habitans.

Mançanarez, à l'est de la précédente; petite ville, chef-lieu d'un canton de même nom, près de la source du ruisseau le Mançanarez, qui passe à Madrid.

PROVINCE DE MADRID.

Cette province, comme la précédente, est divisée en deux enclaves. La première, à l'occident de la Nouvelle-Castille, est bornée au nord et à l'ouest par la province de Ségovie et celle de Guadalaxara, au sud et à l'est par celle de Tolède.

Villes et lieux principaux.

San-Augustino, village qui touche à la frontière de Castille, et à 4 lieues en avant de Madrid.

El Pardo, à 2 lieues au nord de Madrid, sur la

rive gauche du Mançanarez, est une très-ancienne maison de chasse, entourée de bois épais. Elle fut agrandie considérablement par Charles III, qui y résidait deux mois chaque année.

Fuen Carral, petite ville à un quart de lieue du Pardo, et à une lieue et demie de Madrid, est renommée par ses vignobles, qui donnent d'excellent vin muscat. Population, 1,500 habitans.

Madrid (*Mantua Carpetanorum*), capitale de toute l'Espagne, est la résidence des rois et le siége du gouvernement depuis l'an 1563, que Philippe II abandonna le séjour de Tolède : ce n'était auparavant qu'un hameau, appartenant à l'archevêque de cette dernière ville. Elle a 156,000 habitans ; on y compte 140 églises. Elle est environnée de toutes parts de montagnes couvertes de neige pendant une grande partie de l'année. Elle n'a ni murs, ni fossés, ni fortifications ; elle a quinze portes, dont plusieurs sont d'une architecture monumentale, entre autres la porte d'*Alcala* et celle de *San-Vicente*. Trente fontaines publiques lui fournissent de l'eau ; mais comme un grand nombre de ces fontaines manquent de salubrité, il y est suppléé par des canaux qui amènent les eaux de la rivière de Guadarrama. La vente et le transport de ces eaux donnent du pain à une classe nombreuse de gens qui sont presque tous Galiciens.

La plupart des maisons de Madrid sont de briques : leurs croisées sont garnies de jalousies ; mais elles ne sont plus fermées avec autant de soin qu'autrefois. Les

rues sont en général très-bien percées : celle d'*Alcala* est la plus belle; dans une longueur très-considérable, elle est assez large pour donner passage à dix carrosses de front. Toutes sont pavées en cailloux pointus, et de chaque côté des maisons, on a placé de grandes pierres plates qui servent de trottoirs. Les rues sont tenues avec une propreté qui égale celle des villes de la Hollande. Elles sont, la nuit, fort bien éclairées. Madrid contient dix-huit paroisses, trente-six hôpitaux, un amphithéâtre pour les combats de taureaux, bâti en 1749, et plusieurs belles places, parmi lesquelles on remarque la *Plaza mayor*. Cette place est parfaitement carrée et environnée de maisons uniformes, à cinq étages avec balcons. La réputation du *Prado*, la principale promenade de Madrid, est universelle depuis deux siècles. « Elle l'était alors assez gratuitement, dit M. Bour-
» going. Le lieu était peu de chose en lui-même ; il
» n'avait de prix que par les scènes dont il était le
» théâtre. L'obscurité, l'inégalité même du terrain,
» tout y favorisait les intrigues, mais tout y appelait
» les dangers. Charles III, en l'aplanissant, en le
» plantant d'arbres, en éclairant ses avenues, en
» pourvoyant à son arrosement, en l'ornant de statues
» et de fontaines, en a fait une promenade superbe
» qu'on peut fréquenter, dans toutes les saisons, avec
» plaisir et avec sécurité. » Le Prado a près d'une demi-lieue d'étendue, et est renfermé dans l'enceinte intérieure de la ville. Près du Prado est le *Buen-Retiro*, espèce de maison de campagne à l'extrémité

de Madrid, que les princes de la dynastie autrichienne habitaient de préférence. Philippe V s'y était affectionné. Ferdinand VI n'eut pas d'autre habitation, et Charles III y passa les premières années de son règne. Cependant le Buen-Retiro n'a rien d'imposant ; c'est un composé informe de pièces de rapport. Les jardins qui l'entourent manquent d'eau, et servent depuis long-tems de promenade publique. On y voit quelques statues dignes d'attention ; celle de Charles-Quint, foulant aux pieds l'Hérésie; mais surtout une statue équestre de Philippe IV, ouvrage de Pierre Tacca, célèbre sculpteur florentin. Pendant la dernière guerre d'Espagne, les Français avaient fait de ce lieu une citadelle défendue par plus de cent pièces d'artillerie, presque toutes pointées sur la ville. « C'est ainsi, dit » M. de Naylies, que s'entretenait la confiance entre » le roi Joseph et ses sujets de Madrid. »

A l'extrémité opposée de Madrid, non loin de la porte San-Vicente, et dans l'intérieur de la ville, s'élève le palais qu'habite actuellement le roi d'Espagne ; il a vue sur le Mançanarez, et il est entièrement neuf. Celui qu'occupait Philippe V ayant été brûlé en 1734, ce prince voulut qu'il fût rebâti à la même place. Le nouveau palais est un des plus vastes et des plus beaux de l'Europe. Isolé sur une éminence, sans terrasse, sans parc et sans jardin, il présente de loin l'aspect d'une citadelle, mais vu de près, toutes ses beautés se déploient. Il est de forme carrée, et autour de la cour intérieure règnent de larges portiques. Les bureaux, les logemens des personnages attachés à la cour occupent le rez-de-chaussée. Les appartemens du roi, auxquels on monte par un bel escalier de marbre, sont disposés dans les plus magnifiques dimensions. La salle du trône peut être admirée après la galerie de Versailles. Les plafonds des différentes salles sont décorés des meilleures peintures. Les glaces, les plus grandes peut-être qu'il y ait en Europe, et les verres des croisées, viennent de Saint-Ildefonse. Les tapisseries ont été fabriquées dans une manufacture voisine de Madrid. Les carrières variées de la Péninsule ont fourni le marbre des tables et des lambris. Rien n'est comparable aux richesses que renferme ce palais en fait de tableaux. On y voit les chefs-d'œuvre des Titien, des Tintoret, des Rubens, des Raphaël, des Vandick, des Poussin, des Corrège, des Paul Véronèse, des Mengs, etc. Non loin du palais est l'arsenal, qui contient une superbe collection d'armes antiques, nationales et étrangères. On y remarque l'armure des anciens guerriers américains, et celle de quelques rois d'Espagne, entre autres de saint Ferdinand. On y montre l'épée que Roland portait à Roncevaux, et celle que François Ier portait à Pavie. On y voit aussi celles de Pélage et du Cid. Quelques palais bâtis par des particuliers, entre autres ceux de Medina Celi, de l'Infantado, du prince de la Paix, de Villafranca, etc., méritent d'attirer l'attention, surtout par leurs ornemens intérieurs et par leur richesse en tableaux. Les académies sont assez multipliées à Madrid;

trois ont été fondées par Philippe V, qui en cela voulait imiter son illustre aïeul ; l'académie espagnole, formée, en 1714, à l'instar de l'académie française ; l'académie d'histoire, établie en 1735 ; enfin l'académie de peinture. L'Espagne doit encore à ce monarque l'établissement de la bibliothèque du roi en 1712. L'académie de peinture fut l'objet de l'affection particulière de Ferdinand VI, qui lui a donné le nom de son patron San-Fernando. La cour d'Espagne entretenait à Rome les élèves qui avaient obtenu les prix dans cette académie. Le roi Charles III, qui devint le bienfaiteur de tous ces établissemens, a fondé un cabinet d'histoire naturelle ; enfin le Prado doit au même prince un jardin botanique qui ne contribue pas peu à l'embellissement de cette promenade. Les productions du règne végétal y sont rangées suivant la méthode de Linnée. Des cours de botanique se font dans ce jardin. Les édifices sacrés de Madrid n'ont rien qui puisse exciter l'admiration ; cependant il en est plusieurs qui méritent au moins l'attention, et dont quelques parties offrent des modèles de l'art. Le portail de l'église de Saint-Isidore, qui appartenait autrefois aux jésuites, est fort remarquable, et son intérieur n'est point sans beauté. L'église de *las Salesas*, ou de la Visitation, fondée par Ferdinand VI et par la reine Barbe son épouse, a quelque chose d'imposant au premier aspect. Les cendres du couple royal y reposent sous deux mausolées pompeux. L'inscription gravée sur celui de Ferdinand VI passe pour un modèle de style lapidaire. Un couvent de franciscains, bâti dans le dernier tiers du siècle passé, forme un édifice d'un caractère noble, bien qu'il soit plus solide qu'élégant. Il faudrait des volumes pour indiquer toutes les richesses que renferment les églises et les couvens de Madrid, en fait de tableaux précieux. Les prisons de la cour, édifice régulier et imposant; l'hôtel de la poste sur la belle place *del Sol;* la douane, construite, en 1769, dans la rue d'Alcala ; l'hôtel-de-ville (*Casa del Ayuntamiento*) ; le palais des conseils , etc. , contribuent encore à l'ornement de la capitale de l'Espagne. L'instruction publique était jadis confiée aux jésuites. Charles III l'attribua, en 1770, à des prêtres séculiers qui la rendirent florissante. Madrid avait encore sous ce règne, et sous celui de Charles IV, un collége pour la jeune noblesse. La capitale de l'Espagne n'est pas sans industrie, mais elle est sans commerce ; car ses fabriques, presque toutes royales, ne donnent rien au négoce. Telles sont celles de marqueterie et de porcelaine établies au *Buen-Retiro ;* la manufacture de tapisseries qui se trouve hors de la porte de Sainte-Barbe, fondée par Philippe V en 1720 : une fabrique de salpêtre est encore établie aux portes de Madrid; c'est la plus considérable de toutes. Avant la révolution d'Espagne, elle occupait près de 5,000 ouvriers. La banque de Saint-Charles, créée, en 1781, par les conseils de M. Cabarrus, banquier français, releva un peu les finances de l'Espagne; et si elle n'a pas justifié les espérances de ses fondateurs, il faut s'en prendre moins à leurs faux calculs qu'aux préjugés des détracteurs de cet établissement. Quelques manufactures particulières étaient florissantes à Madrid avant la dernière révolution d'Espagne, et la plupart avaient été établies par des Français.

Après le Prado, *la Florida*, au dehors de la porte San-Vicente, est la promenade la plus agréable de Madrid; elle appartient au duc d'Albe. Il y a dans cette ville trois théâtres qui ne se soutiennent qu'avec peine, et les édifices qui leur sont consacrés n'offrent rien de remarquable. Les cafés sont nombreux, très-fréquentés, et la bonne société en hommes s'y rassemble et forme des réunions très-agréables.

Le nom de Madrid se rattache à plusieurs faits intéressans de l'histoire des monarchies française et espagnole. C'est dans cette ville que François Ier fut conduit prisonnier après la bataille de Pavie en 1525. C'est à Madrid que fut signé, le 14 janvier 1526, le traité qui rendit la liberté à ce monarque. En 1621, autre traité de Madrid, entre les deux puissances, par lequel Louis XIII garantit la possession de la Valteline aux Grisons, auxquels les Espagnols voulaient enlever cette province, sous le prétexte d'y faire dominer la religion catholique. Une convention d'une nature bien différente fut signée, l'an 1642, à Madrid par Olivarès, au nom du roi d'Espagne Philippe IV, et par Fontrailles, au nom du duc d'Orléans, frère de Louis XIII, tendant à livrer à l'Espagne les ressources de la France, afin de perdre le cardinal de Richelieu. Après la mort de Charles II, roi d'Espagne, Philippe V, petit-fils de Louis XIV, fut proclamé son successeur à Madrid, le 24 novembre 1700. Il fit son entrée dans cette capitale, le 18 février suivant, et y fut reçu avec enthousiasme. Les habitans lui restèrent fidèles malgré les disgrâces qu'il essuya dans la guerre de la Succession. Il fut obligé de quitter, en 1706, cette ville où les Anglais firent proclamer roi l'archiduc d'Autriche; mais la bataille d'Almanza, gagnée l'année suivante, lui rouvrit les portes de sa capitale, où les généraux du parti de l'archiduc avaient été accueillis avec tous les témoignages de la haine et aux cris de *vive Philippe V !* Ce monarque fut une seconde fois forcé de quitter Madrid, le 9 septembre 1710; alors Charles d'Autriche y fit son entrée, mais il n'aperçut chez tous les citoyens que la haine dont il était l'objet, jointe à l'horreur excitée par les profanations, les sacriléges et les brigandages des Anglais et des Hollandais, qui soutenaient ce prince. La solitude de la ville, la tristesse et l'audace de la plupart des citoyens qui se retiraient dans leurs maisons quand ils l'apercevaient dans les rues, ou qui osaient faire retentir à ses oreilles les cris de *vive le roi Philippe !* déconcertèrent ce prince, qui dès lors désespéra de régner jamais sur les Castillans. Chaque jour les bourgeois lui tuaient des soldats, et les chirurgiens de Madrid empoisonnaient les plaies de ceux que leurs blessures amenaient dans les hôpitaux. L'archiduc lui-même manqua d'être enlevé dans les bois du Pardo, comme il prenait le plaisir de la chasse. Il se détermina bientôt à quitter Madrid, et avant de partir il aurait livré cette ville au pillage si, de tout son conseil, milord Stanhope ne s'était seul opposé à cette indigne violence. *Eh bien!* s'écria l'archiduc, plein de honte et de colère : *puisque nous ne pouvons la piller, abandonnons-la.* Il faut remarquer que pendant tout cet intervalle ce prince n'avait pas osé passer une seule nuit dans Madrid, mais qu'il avait résidé dans le Pardo. Philippe V rentra dans sa capitale le 3 décembre de la même année. Il faut lire dans les historiens avec quels transports il fut accueilli; et cet enthousiasme était d'autant plus touchant, que les Castillans avaient montré, pour le roi qu'ils s'étaient donné, le même attachement dans ses jours de malheur. Le peuple de Madrid, si fidèle à ses rois, ne se montra pas toujours très-patient pour obéir à leurs favoris. On le vit sous Charles III se révolter afin d'obtenir le renvoi de Squilasci, parvenu italien, qui de douanier était devenu premier ministre. Lors des intrigues qui amenèrent, il y a 15 ans, le bouleversement de la monarchie d'Espagne, les habitans de Madrid manifestèrent énergiquement leur haine et leur juste mépris contre le prince de la Paix, ce vil Godoï, qui trahit son roi et la famille royale, pour livrer l'Espagne à l'ambition de Napoléon. Le 30 octobre 1807, il avait osé accuser le prince des Asturies, depuis

Ferdinand VII, de conspiration contre les jours de son père Charles IV. Le conseil de Castille proclama l'innocence du prince : le père, obsédé par l'indigne favori, ne confirma pas la sentence ; et il accorda un pardon, généreux de sa part, mais ignominieux pour l'héritier du trône. Cependant les troupes françaises, entrées en Espagne, s'étaient emparées des principales forteresses et s'étaient avancées presque aux environs de Madrid, sous prétexte d'exécuter un grand projet contre l'Angleterre. Bientôt, par suite d'un soulèvement qui avait éclaté à Aranjuès, Charles IV abdiqua et Ferdinand VII fut proclamé à Madrid le 19 mars 1808. Les habitans firent éclater leur enthousiasme par des transports de joie auxquels se mêlèrent quelques excès, car le feu fut mis aux maisons de plusieurs personnes suspectes : ce fut un prétexte pour les Français d'entrer à Madrid, le 24 mars. Murat, qui les commandait, braqua des canons sur les places publiques et exerça un despotisme qui fut blâmé par Napoléon lui-même. Alors Charles IV, toujours abusé, rétracta son abdication par un acte qu'il envoya à Napoléon, qui se trouvait à Bayonne. Ferdinand VII fut assez aveugle de son côté pour abandonner Madrid afin de se rendre à Bayonne, laissant tous ses pouvoirs à une junte de gouvernement. Après son départ, le peuple de Madrid en fureur se souleva contre Murat, qui réprima l'insurrection en versant des flots de sang. A la suite de ces événemens, Napoléon, à Bayonne, arracha à la faiblesse de

Charles IV et de son fils une double abdication et un abandon de leurs droits en sa faveur. Le conseil de Castille, qui résidait à Madrid, cédant à une terreur qui l'a couvert d'opprobre, sanctionna tous ces actes, sans en avoir le droit. Joseph Buonaparte, que Napoléon son frère avait nommé roi d'Espagne, fit son entrée à Madrid le 21 juillet 1808. Il y fut proclamé le 25, et cinq jours après, la victoire remportée en Andalousie par Castanos sur le général Dupont, força Joseph d'abandonner Madrid. Tous les commerçans français établis depuis long-tems dans cette ville furent obligés de le suivre. Ferdinand VII fut alors proclamé de nouveau, et il se forma une junte de gouvernement, à la tête de laquelle était le comte de Florida Blanca. Après avoir forcé le pas du Somo Sierra, Napoléon se présenta le 3 décembre devant Madrid et fit sommer cette ville de se rendre. Une junte militaire présidée par le général Castellar y commandait. Les portes étaient barricadées, et plus de 60,000 hommes étaient sous les armes, avec 100 pièces de canon. Napoléon n'ayant obtenu que des réponses évasives, fit commencer la canonnade dirigée par le général Senarmont : son effet fut terrible. Le palais du Retiro, après avoir été fort endommagé, fut emporté ainsi que plusieurs autres points de la ville. Étant maître du Retiro on l'est de Madrid; aussi toute résistance devint inutile, et Napoléon fit une troisième fois sommer le général Castellar de renoncer à le défendre. Castellar envoya le général Morla et une députation à Napoléon pour capituler. Buonaparte la reçut avec hauteur, et tirant sa montre, leur donna jusqu'au lendemain 6 heures du matin pour lui annoncer la soumission du peuple (1). La junte espagnole se conforma à cette injonction, et dès le lendemain à 10 heures, le général Béliard prit le commandement de Madrid. Napoléon n'y fit pas d'entrée publique comme dans les autres capitales. Toujours campé avec sa garde sur les hauteurs de *Chamartin*, il fit désarmer les habitans, et il donnait journellement des décrets pour supprimer le conseil de Castille, les deux tiers des couvens, les droits féodaux, les justices seigneuriales, les impositions aliénées, l'inquisition, etc. En partant de Madrid le 22 décembre 1808, il nomma le *roi* Joseph Napoléon *son lieutenant général commandant la garnison française*. 28,000 chefs de famille lui avaient prêté serment devant le Saint-Sacrement, mais on dit que les prêtres les avaient déliés d'avance de tous les sermens qu'ils feraient au vainqueur. Le 28 janvier 1809, Joseph rentra dans Madrid, dont les habitans ne lui témoignèrent que de l'aversion. Il n'y fut jamais en sûreté, et fut obligé d'évacuer plusieurs fois cette capitale, selon les chances de la guerre, jusqu'en 1813, qu'elle lui fut pour jamais fermée.

LE MANÇANAREZ passe à côté de Madrid; ses eaux sont fort basses en été et son lit presque à sec, tandis qu'en hiver il grossit considérablement par la

---

(1) Cette scène a fourni à Vernet le sujet d'un de ses tableaux.

fonte des neiges. Deux ponts ont été construits sur cette rivière ; le premier, sous Philippe II, en 1584, s'appelle *le Pont de Ségovie ;* il a 695 pieds de long sur 36 de large : l'autre, appelé *le Pont de Tolède,* a été bâti, en 1718, par les ordres de Philippe V. Il n'a que 385 pieds de long sur 36 de large. C'est du premier de ces ponts qu'on a dit qu'*il ne lui manquait qu'une rivière* (1). Le Mançanarez n'est pas navigable, mais on a commencé, sous Charles III, à y suppléer par un canal qui doit s'étendre depuis le pont de Tolède près de Madrid jusqu'au Xarama près de la petite ville de Mançanarez, dans une étendue de 4 lieues. On en a déjà fait la moitié.

Casa del Campo, ancienne maison de plaisance des rois d'Espagne, n'est séparée du palais neuf de Madrid que par le Mançanarez : cette habitation offre une belle façade du côté des jardins. L'intérieur est orné de quelques bons tableaux. On admire dans les jardins la statue équestre en bronze de Philippe III. Une très-belle forêt de 2 lieues de tour environne ce lieu de plaisance.

La Alameda, village et maison de plaisance à une

---

(1) Ceux qui ont fait, ceux qui répètent cette plaisanterie n'ont pas songé que ces dimensions, en apparence démesurées, qu'on a données en Espagne à presque tous les ponts, tiennent à une cause très-raisonnable. On les a calculées, non d'après le petit volume habituel de l'eau des rivières, mais d'après la largeur qu'elle acquiert tout à coup par la fréquence des débordemens.

lieue de Madrid, où, dans l'année 1809, Joseph Napoléon manqua d'être enlevé par *l'Empecinado*, pendant qu'il donnait à dîner au général Béliard.

VILLAVICIOSA, à 3 lieues à l'ouest de Madrid, est une autre maison royale qu'affectionnait Ferdinand VI, et qui a été abandonnée par ses successeurs.

LEGANÈS, à la même distance, était depuis long-tems un des quartiers du régiment des gardes wallonnes.

GETAFE, au sud de Leganès, gros bourg sur la route de Madrid à Tolède, est cité pour la bonté de sa culture.

SAN-FERNANDO, autre village à la même distance, a eu quelques années de célébrité à cause de la fabrique de draps qu'on y avait établie et qui a été transférée à Guadalaxara: mais les draps n'en ont pas moins conservé le nom du village de San-Fernando. C'est aujourd'hui l'endroit où l'on renferme ces femmes dégradées que la police de Madrid arrache au vice pour les condamner à la pénitence.

VALLECAS, petite ville à 2 lieues à l'est de Madrid, en est séparée par une route très-dangereuse à cause d'un ruisseau qui devient très-profond dans la crue des eaux. Vallecas est assez peuplé et fournit beaucoup de pain à Madrid. L'église paroissiale, dédiée à saint Pierre, est d'une grande beauté. Les environs sont très-bien cultivés.

CASARUBIOS, petite ville à 6 lieues à l'est de Madrid, vers la frontière de la province d'Avila, était jadis fort peuplée. Elle compte à peine aujourd'hui

600 habitans. On y voit des débris de fortifications dont quelques parties sont assez bien conservées.

Maqueda, petite ville à 6 lieues au sud-est de la précédente.

Une autre partie de la province de Madrid est située à l'est de la première dont elle est séparée par une enclave de la province de Tolède. Cette partie est baignée par le Tage. On y trouve :

Pastrana, petite ville à 18 lieues à l'est de Madrid. Elle a le titre de duché.

PROVINCE DE CUENÇA ET SEÑORIO DE MOLINA.

Cette province est bornée au nord par celle de Soria (Vieille-Castille), à l'est par l'Aragon et le royaume de Valence, au sud par le royaume de Murcie et la Manche, à l'ouest par les provinces de Guadalaxara, de Madrid et de Tolède.

Le Señorio de Molina est entre la province de Soria, l'Aragon et la province de Cuença. Il est couvert de montagnes élevées appelées *la Sierra de Molina*. C'est là que le Tage prend sa source, ainsi que trois autres rivières, qui sont *le Guadalaviar, le Xucar* et *le Cabriel*.

Molina, capitale, ville fortifiée, sur le Gallo, dans un territoire très-fertile en pâturages.

Dans la province de Cuença on trouve :

Auñon, sur les confins de la province de Madrid, avec un pont sur le Tage. En face de ce pont est une montagne à pic qui ne laisse entre elle et le fleuve qu'un espace étroit où la route est pratiquée. Dans la dernière guerre d'Espagne, les soldats français appelèrent la *gueule du diable* cet affreux défilé, où quelques fantassins auraient pu arrêter une armée.

Alcocer, petite ville où l'on arrive, après avoir passé le Tage à Auñon.

Huete, à 19 lieues à l'est de Madrid, petite ville de 1,800 habitans. Elle a un château fort et deux ou trois églises ou couvens qui méritent d'être vus. On y récolte du chanvre et du safran.

Cuença, capitale de la province, arrosée par deux rivières, le Huecar et le Xucar. Elle est située sur un plateau fort élevé, d'où l'on aperçoit, à une profondeur de 200 pieds, couler avec rapidité le Huecar à travers des masses de rochers. Le pont de Saint-Paul est jeté sur cet abîme. Il a été construit par Juan del Pozo pour communiquer de la ville haute au couvent de Saint-Paul. Ce pont, dont la longueur est d'environ 300 pieds, a cinq arches dont les piliers ont 150 pieds de haut. Rien n'est plus irrégulier que les rues de Cuença, que l'on ne peut gravir qu'avec peine. Elle est divisée en haute et basse ville. La première, qui est la plus grande, contient l'évêché, la cathédrale et plusieurs beaux édifices. On y trouve quatorze églises, douze couvens, et elle ne compte que 6,000 habitans. Cuença a long-tems appartenu aux Maures. Elle fut apportée en dot au roi de Castille, Alphonse IV, par son mariage avec la princesse Zaïda, fille de Benabet, roi maure de Séville. La cathédrale, fondée, dans le 12ᵉ siècle, par Alphonse IX, est un beau bâtiment gothique. Il y a dans cette ville quelques fabriques de laine. On récolte aux environs une grande quantité de miel et de cire. Dans la dernière guerre d'Espagne, cette ville fut prise et pillée par les Français le 3 juillet 1808. Après l'occupation de Madrid, au mois de décembre suivant, les débris de l'armée d'Andalousie se jetèrent sur Cuença, et formèrent bientôt plus de 25,000 hommes aux ordres du duc de l'Infantado. Déjà cette armée menaçait Madrid ; mais la bataille d'Uclez la dispersa. (*Voy.* Uclez). Cuença n'en fut pas moins le point de réunion d'une foule de guérillas, qui ne cessaient de faire des incursions sur le Tage. Le fameux *l'Empecinado* y avait fait sa place d'armes. Au mois d'avril 1811, le général Lahoussaie le chassa de cette ville après avoir forcé le pont sur le Xucar.

La Sierra de Cuença, appelée par les Romains *Montes Orospedani*, passe pour la partie la plus élevée de l'Espagne.

En suivant le cours du Xucar, on trouve sur sa rive orientale :

Valera, ville à 5 lieues de Cuença. Elle a 200 habitans. On y trouve des débris d'antiquités qui attestent une splendeur qu'elle a perdue.

Solera, à une lieue à l'est de la précédente, est située sur une hauteur. Elle est plus peuplée que Valera, et possède un château seigneurial et une très-belle église. Elle est à 6 lieues de Cuença.

Alarçon, à 10 lieues au sud de Cuença, ville bâtie sur une roche baignée de trois côtés par le Xucar. On y voit des restes très-bien conservés de fortifications. Elle est presque entièrement dépeuplée, car on n'y compte pas 2,000 habitans; et ses rues offrent des ruines à chaque pas.

Villa Nueva de la Jara, ville très-bien bâtie, à 13 lieues au sud de Cuença. Elle est située au pied d'une montagne, sur le bord d'une petite rivière qui se jette dans le Xucar. La maison de ville et deux églises méritent d'attirer l'attention. Les environs sont fort bien cultivés.

Yniesta, à 2 lieues au sud de la précédente; belle église. Population, 900 habitans.

Miglanilla, à 3 lieues à l'est d'Yniesta, village de 200 habitans, fameux par les salines qui l'avoisinent. Ce sont des cavernes spacieuses, dignes d'attirer la curiosité du naturaliste. Leur produit est un des plus beaux revenus de la cour d'Espagne.

En se dirigeant dans un espace de 8 lieues à l'est, on trouve :

Requeña, chef-lieu d'un canton assez riche, ville fortifiée, bien bâtie, peuplée de 6,000 habitans, située à 26 lieues sud-est de Cuença et 55 lieues de Madrid. La rivière d'Oliana, qui se jette dans le Xucar, traverse cette ville. Dans la guerre de la Succession, milord Peterborough s'en empara en 1706; mais le duc d'Orléans la reprit en 1707. Elle est située dans une campagne fertile en grains, vin et safran. Quoiqu'il n'y ait pas de mûriers dans les environs, la ville offre plusieurs fabriques d'étoffes de soie. Les habitans de Requeña et de ses environs sont doués d'une activité, d'une gaîté qui annoncent qu'on va quitter les plaines des graves et nonchalans Castillans pour entrer dans le pays industrieux et animé des Valenciens. En effet, la frontière de Valence n'est qu'à 2 lieues de Requeña.

Moya, ville bâtie sur une éminence, sur l'Algara, avec un château fort. Elle est à 5 lieues au nord de Requena, et à 4 lieues de la frontière de Valence.

En revenant vers le sud, on trouve sur une petite rivière qui se jette dans le Xucar :

Tarazona, à 50 lieues sud-est de Madrid, ville assez considérable qu'il ne faut pas confondre avec la ville du même nom, qui est une des principales de l'Aragon.

A l'occident du Xucar, et au sud-ouest de Cuença, nous citerons :

San-Clemente, près de la rivière de Zancara, petite ville qui se fit remarquer, pendant la guerre de la Succession, par sa fidélité à Philippe V, qui lui a donné les titres de *très-noble, très-royale et très-fidèle*.

PROVINCE DE TOLÈDE.

Cette province, traversée de l'est à l'ouest par le Tage, est bornée au nord par les provinces de Madrid et de Guadalaxara, au sud par l'Estramadure et par la province de la Manche, à l'ouest par l'Estramadure et la province d'Avila. Elle a en outre deux enclaves au milieu de la province de Guadalaxara.

Pour ne pas nous écarter de l'ordre que nous avons suivi, en allant toujours du nord au sud, nous commençons par la description de ces enclaves.

Villes et lieux principaux.

Le première des enclaves de la province de Tolède touche par un point à l'ouest aux confins de la Vieille-Castille, et des autres côtés est entourée par la province de Guadalaxara; elle est baignée par le Xarama. On y trouve :

Torrelaguna, petite ville sur la route de Madrid à Saint-Ildefonse : elle possède une belle église. Les environs sont délicieux, et fournissent d'excellent vin. C'est la patrie du célèbre cardinal Ximenez.

Ureda, à l'est de la précédente, sur l'Henarez, est le chef-lieu d'un duché dont plusieurs titulaires ont joué un rôle important.

En se dirigeant vers l'orient, on trouve la seconde enclave de la province de Tolède, entourée de tous côtés par celle de Guadalaxara (partie orientale). On y remarque :

Grajanejos, sur la route de Madrid à Saragosse, à 19 lieues à l'est de cette première ville, bourg assez riche. Le coteau où il est situé domine sur un petit vallon riant et cultivé comme un jardin.

Brihuega, au sud et tout près de Grajanejos, à

18 lieues nord-est de Madrid, petite ville au pied d'une montagne, sur le bord de la *Tajuna*, a une belle manufacture de draps à l'imitation de ceux de Hollande. Ce fut là que, le 9 décembre 1710, le duc de Vendôme surprit et, après une vigoureuse résistance, fit prisonnier un corps de 6,000 hommes commandés par lord Stanhope. Philippe V donna, dans cette affaire, des preuves d'une grande intrépidité, et se tint toujours près de la brèche. Le duc de Vendôme lui dit au milieu de l'action : *Sire, ces gens-là ont peur; il y a une heure que votre majesté et moi nous aurions été tués, s'ils tiraient juste.*

Revenons à la partie principale de la province de Tolède. On peut la diviser en deux parties : la partie septentrionale, sur la rive droite du Tage, depend de l'ancienne *Algaria* : la partie méridionale, sur la rive gauche de ce fleuve, formait la portion septentrionale de la *Mancha*, sauf un espace de 2 lieues au delà du Tage qui dépendait encore de l'*Algaria*.

Partie de la province de Tolède sur la rive droite du Tage.

On y remarque les villes et lieux suivans :

TORREJON, premier bourg de cette province en venant de Madrid, sur le Tojote, faible ruisseau qui se jette dans l'Henarez, et sur lequel est un pont de pierre. Une lieue plus loin, on passe, sur un autre pont de même construction, l'Henarez, dont le cours forme beaucoup de sinuosités, et dont les bords ne manquent pas d'ombrage. Dans la dernière guerre d'Espagne, le fameux chef de guerillas, *l'Empecinado*, qui avait tenté d'enlever Joseph Napoléon à Cogolludo (*Voy*. ce nom), le poursuivit si vivement jusqu'aux portes de Madrid, qu'il lui tailla en pièces plus de 40 de ses gardes.

ALCALA DE HENAREZ, à 6 lieues de Madrid, conserve encore une enceinte de murailles. Elle est fort peu large pour sa longueur, et assez bien bâtie : on y remarque plusieurs églises assez belles ; un immense palais, qui appartient aux archevêques de Tolède, et le collége de Saint-Ildefonse, qui est le plus bel édifice de cette ville. Alcala de Henarez n'a d'autre industrie que la culture de ses campagnes, qui produisent d'excellent froment. Le Henarez, d'où cette ville prend son surnom, coule, à quelque distance de ses murs, au pied d'un rang de collines pelées. L'université d'Alcala qui a quelque célébrité, a été fondée, en 1508, par le cardinal Ximenès, qui lui donna des revenus considérables, une riche bibliothèque, et y établit 46 professeurs. C'est par les savans qu'il rassembla dans son université qu'il fit travailler à l'édition de la fameuse Bible polyglotte, connue des théologiens sous le nom de *Biblia Complutensis*. Ce fut encore en ce lieu que cinquante-deux théologiens, assemblés en conciliabule sous sa présidence, condamnèrent les erreurs de Pierre d'Osma, professeur de Salamanque, sur plusieurs questions théologiques. Les cendres de ce fameux cardinal reposent dans l'église du collége de Saint-Ildefonse. Alcala est la patrie d'Antoine de Solis, l'élégant historien de la conquête du Mexique, et de Michel Cervantes, l'immortel auteur de *Don Quichotte*. Population, 5,000 habitans.

Loeches, petit village au sud d'Alcala et à 4 lieues de Madrid, possède un petit couvent de religieux dominicains, fondé par le comte-duc d'Olivarès, ministre de Philippe IV. C'est là qu'après sa disgrâce se retira cet homme d'état, dont le ministère fut marqué par la révolte des Catalans et par la perte du Portugal. L'ingénieux auteur de *Gilblas* décrit la retraite du duc d'Olivarès et ses causes avec la plus frappante vérité historique. Dans ce couvent étaient ensevelis des chefs-d'œuvre ignorés des Espagnols eux-mêmes, six tableaux capitaux de Rubens et un de Paul Véronèse.

Arganda, au midi de Loeches, petite ville avec un château qui appartenait aux ducs de Lerme. Population, 600 habitans. L'agriculture y est florissante.

On traverse la *Tajuna*, rivière qui se jette dans le Xarama, et l'on trouve, en descendant au midi :

Colmenar, bourg non loin des bords du Tage, à 10 lieues à l'est de Madrid.

Aranjuez, petite et très-jolie ville, n'était d'abord qu'une maison de chasse qui fut embellie par Charles-Quint, et qui est devenue, par les soins des derniers rois d'Espagne depuis Ferdinand VI, une des plus agréables résidences qu'il y ait en Europe. Le palais, sans être magnifique, a le degré d'élégance qui convient à une maison de plaisance. C'est la nature qui crée les principales beautés de ce séjour. Le Tage traverse les jardins d'Aranjuez, et si ce fleuve, selon l'expression d'un poète, les embellit, ces jardins, à leur tour, font paraître le Tage plus beau. Ils sont arrosés par une infinité de limpides canaux qui entretiennent la fraîcheur de l'air, et donnent une grande vigueur à la végétation des arbres qui sont d'une grandeur et d'une beauté remarquables. Dix ponts de bois et un pont de pierre sont jetés sur ce fleuve dans l'espace de ce jardin qui a plus de deux lieues de tour. Un bras du fleuve forme une île enchantée, et baigne de si près les murs du palais, qu'on peut, du haut de la terrasse, se donner le plaisir de la pêche. Sept fontaines décorées avec goût, ajoutent aux beautés de ce séjour. Sous Ferdinand VI, Aranjuez était presque borné au château; des masures éparses sur un terrain inégal servaient de *pied à terre* aux personnes de la cour et aux ambassadeurs. Elles ont fait place, depuis environ 60 ans, à des maisons uniformes et bâties avec une élégante simplicité. Les rues sont tirées au cordeau, et fort larges. C'est à Aranjuez qu'est placé le haras du roi d'Espagne, un de ceux où la race des chevaux espagnols conserve encore son antique beauté. Le roi Charles IV affectionna toujours particulièrement le séjour d'Aranjuez; il était adoré des habitans, et, lors des coupables intrigues par lesquelles Napoléon et son agent, le prince de la Paix, préparèrent la révolution d'Espagne, les habitans d'Aranjuez se montrèrent très-sensibles aux humiliations de la famille royale. Quand le bruit courut, au mois de mars 1808, qu'égarée par les conseils de Godoï, elle allait se rendre en Andalousie et s'embarquer pour l'Amérique, ils se réunirent pour empêcher l'exécution de ce funeste projet. Le favori, qui avait encouru la juste haine du peuple, ne dut la vie qu'à la magnanimité du prince des Asturies, lequel devint roi, sous le nom de Ferdinand VII, par suite des mouvemens qui éclatèrent à Aranjuez les 17 et 19 mars. (*Voyez* ci-dessus Madrid.)

Au nord d'Aranjuez est un petit district qui dépend de la province de Ségovie: il est enclavé entre la province de Madrid et celle de Tolède, et traversé, du sud au nord, par le Xarama, qui va se jeter dans le Tage, au dessous d'Aranjuez. C'est également dans ce district que la *Tajuña* a son embouchure dans le Xarama.

On n'y trouve aucune ville vraiment importante, et les lieux désignés dans les cartes les plus détaillées sont: *Chinchon*, *Belmonte*, *Cienpozuelos*.

Au nord d'Aranjuez, et dans le pays qui s'étend depuis cette ville jusqu'à Tolède, dans la direction de l'est à l'ouest, et jusqu'à la province de Madrid, dans la direction du sud au nord, on rencontre:

VALDEMORO, ville que son nom indique avoir été fondée par les Maures, est située dans une vallée abondante en blé, en vin et en huile. Elle a une fabrique de draps et une manufacture où l'on fait des rubans, des galons, des bas, des bonnets, etc. Population, 2,000 habitans.

Entre Valdemoro et Aranjuez, qui n'en est qu'à 3 lieues, on trouve un beau pont, construit sur le Xarama, sous le règne de Charles III.

Illescas, gros bourg non loin de Getafé, mérite d'être cité pour la fertilité du sol et pour les soins qu'on donne à la culture; mais il est peu pittoresque, car s'il produit beaucoup de blé, on n'y voit pas un seul arbre. C'est dans ce lieu que, pendant la dernière guerre d'Espagne, la bande du chef de guerillas, Medico, brûla 80 grenadiers français qui s'étaient retranchés dans une chapelle (décembre 1810). Ce fut à Illescas que le colonel Lejeune soutint, contre Medico, ce combat, dont, par une fiction permise aux artistes, il a transporté la scène à Guisando (*Voy*. ce nom).

Olias, petite ville, à 2 lieues de Tolède, entourée de vergers.

Anover, près de l'embouchure du Xarama dans le Tage, village dont les habitations sont pratiquées sous la terre. Ce lieu offrirait plus d'une observation importante aux géologues et aux minéralogistes.

Villamejor, à 3 lieues d'Aranjuez. C'est un lieu qui appartient au roi d'Espagne, et qui est exclusivement destiné à l'habitation des personnes préposées à l'entretien d'un innombrable troupeau de bœufs et de vaches qui appartient au souverain. Tous les environs forment un immense pâturage, dans un espace de 5 lieues, où l'on ne trouve pas une seule habitation.

Aceja, maison de chasse royale située sur une hauteur et construite par Philippe II.

Tolède, sur la rive droite du Tage, à 12 lieues de Madrid, et à 7 d'Aranjuez, ville ancienne et qui fut successivement la capitale des Goths et des Arabes d'Espagne, puis des rois de Castille. Sa population était de 200,000 ames; elle se monte aujourd'hui à peine à 22,000. « Des rues désertes, étroites, tor- » tueuses, l'absence presque absolue de l'aisance et » de l'industrie se combinent mal, dit un voyageur » moderne, avec l'idée qu'on se forme de cette ville, » qui porte le titre pompeux d'impériale depuis qu'Al- » phonse VI l'enleva aux Maures. » Cependant, tous ses monumens attestent son antique splendeur : sa cathédrale fut bâtie en 587, sous Recarède, le premier roi Goth qui ait renoncé à l'arianisme pour se faire catholique. Elle est un des monumens sacrés les plus précieux qu'il y ait en Europe. Pendant près de quatre siècles, consacrée au culte mahométan de 714 à 1090, recouvrée enfin par Alphonse VI, elle conserva la forme de mosquée jusqu'à saint Ferdinand, qui lui donna, en 1227, celle qu'elle a de nos jours. Toute la somptuosité des édifices gothiques y fut déployée, et sous les règnes suivans elle fut encore enrichie de décorations de tous les genres. Plusieurs de ses chapelles sont remarquables par les tombeaux qu'elles renferment : on distingue, soit dans le chœur, soit dans les chapelles, ceux de plusieurs rois de Castille, de plusieurs prélats célèbres, entre autres du cardinal

Porto Carrero, dont le génie et la souplesse triomphèrent de l'éloignement de Charles II pour la maison de Bourbon, et lui dictèrent le testament qui fit monter sur le trône d'Espagne le petit-fils de Louis-le-Grand. Parmi les nombreuses peintures qui décorent cette magnifique cathédrale, on remarque des tableaux de grands maîtres. Il s'est tenu, dans cette cathédrale, un grand nombre de conciles. Le cardinal Ximenès y a fondé la chapelle appelée des *Musarabes*, du nom de Muza, chef des Maures, qui, ayant soumis les habitans de Tolède, leur laissa la liberté de conscience et six églises, dans lesquelles ils conservèrent l'usage de célébrer l'office divin selon la forme prescrite par saint Isidore, archevêque de Séville. Pour conserver la mémoire de cet office, Ximenès, ayant trouvé de vieux manuscrits en caractères gothiques où il était contenu, fonda cette chapelle, y établit douze chanoines avec un doyen, et dépensa 50,000 écus à faire imprimer des missels et des bréviaires pour cet usage. L'archevêque de Tolède est primat des Espagnes ; son revenu est de 2,000,000. Le pape et le roi d'Espagne sont chanoines de la cathédrale. Une autre église, celle de *San-Juan de los Reyes*, bâtie par Ferdinand et Isabelle, présente un monument moins glorieux pour les arts sans doute, mais bien précieux aux yeux de la religion et de l'humanité ; ce sont les chaînes des chrétiens qui furent délivrés après la prise de Grenade. L'Alcazar, palais bâti par le roi Alphonse X, et restauré par Charles-Quint, était un des plus beaux monumens de l'Espagne; mais, dans la guerre de la Succession, il fut brûlé par les Portugais en 1710, et n'offrait plus que des ruines encore assez imposantes, quand l'incendie de 1809 est venu détruire même ces débris : il y existe cependant encore quelques statues et un superbe escalier. Le cardinal Lorenzana, l'un des plus respectables prélats qui aient jamais occupé le siége de Tolède, releva les débris de ce palais et y établit des métiers en soieries qui occupaient plus de 700 pauvres, et un hospice pour les femmes indigentes et les vieillards ; enfin, une école pour 200 enfans du peuple. Outre sa cathédrale, Tolède a encore 25 paroisses, une foule de couvens et de fondations pieuses : tel est l'hôpital de Saint-Jean-Baptiste, superbe édifice fondé par le cardinal Tavera. Tolède doit aussi à un de ses prélats, le cardinal Mendoza, un très-bel hôpital pour les enfans-trouvés. Un autre asile ouvert à l'humanité par la charité fervente des archevêques de Tolède, c'est la maison des fous, qui est tenue avec une propreté et un ordre admirables. L'université de cette ville est très-célèbre : le beau bâtiment qu'elle occupe est d'une construction moderne. Tolède était autrefois renommée pour sa fabrique de lames d'épée, mais cette branche d'industrie s'était tout-à-fait perdue. Le roi Charles III voulut la faire renaître; par ses ordres, une nouvelle fabrication d'armes blanches fut établie à Tolède, sur le bord du Tage : elle est aujourd'hui assez florissante. Non loin de cet établissement, se voit un endroit qui servait de port aux grandes barques qui allaient de Tolède à Lisbonne. Ce fleuve n'est guère navigable maintenant : il est hérissé de rochers dans tout son cours. On trouve, à la porte de la ville, les restes d'un cirque romain; on reconnaît aussi les débris d'un aqueduc qui était destiné à conduire dans Tolède de l'eau dont la source est à 7 ou 8 lieues de distance. Après l'occupation de Madrid par Napoléon, le 3 décembre 1808, la junte de Madrid, présidée par Florida Blanca, se retira à Tolède.

En parcourant ensuite, de l'est à l'ouest, le pays compris entre la rive droite du Tage, le Guadarrama, la frontière de l'Estramadure et la province de Madrid, on trouve :

Torrijos, village près duquel les Français, commandés par le maréchal Victor et le général Sébastiani, vainquirent, le 26 juillet 1809, le général Cuesta, qui s'était porté en avant, après avoir laissé l'armée anglaise près de Talavera. Les Français poursuivirent leurs succès; le général espagnol fut rejeté sur l'Alberche; mais, réuni à l'armée anglaise, il devait, le surlendemain, prendre sa revanche. (*Voy.* Talavera de la Reyna.)

Noves, à 11 lieues sud-ouest de Madrid, petite ville d'environ 1,000 habitans, remarquable par une belle église.

La Puebla de Montalban, petite ville riche, bien bâtie, dans un pays fertile, tout près du Tage. Ses environs produisent d'excellent vin et beaucoup d'huile.

Santa-Olalla, petite ville jadis considérable, et qui n'a plus aujourd'hui que 400 habitans. Elle a deux églises paroissiales; mais elle n'offre presque partout que des ruines. Les environs sont arrosés par d'abondantes eaux, et fertiles en vignes et en oliviers.

Cevolla, petite ville d'environ 2,500 habitans, à une demi-lieue du Tage. On y voit un palais assez beau, à la famille des ducs d'Albe. Ce lieu est renommé par ses bons vins et son agréable position.

Talavera de la Reyna, à 11 lieues à l'ouest de Tolède, dans une plaine fertile, arrosée par le Tage et l'Alberche, est une ville ancienne, qui existait du tems des Romains. On lui a donné le nom qu'elle porte, parce qu'elle était l'apanage des reines de Castille. Elle a 7,000 habitans. Il y a une fabrique d'étoffes de soie, mêlée d'or et d'argent. Un Français y a porté cette industrie, en 1748. Le gouvernement y a établi une école d'artillerie. Son terroir est fertile en vins et en fruits. C'est la patrie du jésuite Mariana, auteur d'une histoire d'Espagne, qui a joui long-tems d'une réputation colossale. Dans la dernière guerre, après l'occupation de Madrid, les généraux Lasalle et Milhaud se portèrent sur Talavera de la Reyna, le 11 décembre 1808, et trouvèrent cette ville abandonnée par les Anglais et par les Espagnols, qui avaient pendu San-Juan, leur général. Le 28 juillet 1809, Joseph Buonaparte et le maréchal Jourdan furent vaincus, avec une perte de 10,000 hommes, près de Talavera, par les généraux Wellesley et Cuesta. Les Français montrèrent, dans cette occasion, leur courage accoutumé; mais l'impéritie et l'indécision de Joseph perdirent tout. Dans les différentes opérations qui suivirent, la possession de Talavera devint fort importante pour conserver la communication de Madrid avec l'Estramadure.

PUENTE DEL ARZOBISPO, belle ville sur le Tage, qu'on y passe sur un beau pont, à 20 lieues environ à l'ouest de Tolède, et à 28 lieues sud-ouest de Madrid. Elle appartient à l'archevêque de Tolède. Après la prise de Madrid, le général Sébastiani passa le Tage sur le pont de l'Arzobispo, le 24 décembre 1808, et y mit en déroute les débris de l'armée d'Estramadure. Après la bataille de Talavera, les Français commandés par les maréchaux Soult et Mortier battirent, au pont de l'Arzobispo, les Espagnols commandés par le général Cuesta, qui perdit 16,000 hommes, le 8 août 1809.

En remontant au nord de Talavera de la Reyna, entre l'Alberche, rivière qui se jette dans le Tage, et la frontière d'Avila, on trouve :

ESCALONA, sur l'Alberche, à 9 lieues au nord-ouest de Madrid. C'est un duché érigé par le roi de Castille, Henri IV, au milieu du 15e siècle, en faveur du marquis de Villena. Son territoire est très-fertile en vins, en huile et en fruits.

Partie de la province de Tolède sur la rive gauche du Tage.

Tout ce pays dépendait jadis de la province de *la Mancha*, dont elle formait la partie méridionale.

Après avoir traversé le Tage à Puente del Arzobispo, on trouve, en se dirigeant à l'ouest :

Talavera la Vieja, sur la rive gauche du Tage, près des frontières de l'Estramadure : petite ville jadis plus considérable et plus peuplée ; elle n'a plus que 500 habitans. Son territoire est fertile et bien cultivé.

Castel Blanco, petite ville sur la Guadiana, au midi de la précédente, non loin de l'endroit où elle reçoit les eaux du Guadalapejo.

Ajofrin, gros bourg, à deux lieues au sud du Tage, et à la même distance de Tolède, est situé, dans une contrée fertile et bien cultivée. Ce bourg est compris dans ces deux lieues de pays, sur la rive gauche du Tage, qui appartiennent à l'ancienne Algaria.

Almonacid, petite ville, avec un château sur une éminence, près de laquelle, dans la dernière guerre d'Espagne, le général Sébastiani battit complètement le général Venegas le 15 août 1809.

Ocaña, à deux lieues au sud d'Aranjuez, ville très-ancienne, était, d'après l'ancienne division, la première ville de la Manche de ce côté. Elle offre encore les restes d'antiques fortifications. Elle a appartenu successivement aux chevaliers de Calatrava et de Saint-Jacques. Elle a même été autrefois la résidence du grand-maître de ce dernier ordre. Sa population est bien inférieure à ce qu'elle était, et un grand nombre de ses maisons sont en ruines. On y comptait jadis jusqu'à 72 fabriques de gants, mais cette industrie est entièrement tombée. Il n'y a plus aujourd'hui qu'une manufacture de cuirs et quelques fabriques de savon. On y remarque une belle fontaine construite par un grand-maître de l'ordre de Saint-Jacques ; les églises y sont assez nombreuses. C'est la patrie du fameux théologien Suarez. Les environs sont très-fertiles. Dans la dernière guerre d'Espagne, les maréchaux Soult et Mortier remportèrent, le 10 novembre 1809, près de cette ville sur le général espagnol Arisaga, une victoire qui livra aux Français l'Andalousie. Les ennemis étaient au nombre de 50,000, les Français à peine 25,000 ; la moitié de l'armée espagnole fut taillée en pièces ; 20,000 prisonniers, 50 canons, plusieurs drapeaux restèrent en notre pouvoir. Le général Arisaga, qui observait la bataille du haut du clocher d'Ocaña, faillit être pris.

La Guardia, petite ville également bien déchue de ce qu'elle était autrefois : elle a deux églises où l'on remarque de fort belles peintures. Population 4,000 ames.

Tembleque, petite ville située dans une plaine fertile en vins et en blés. Il y a une raffinerie de salpêtre que l'on tire des environs de Corral de Almaguer. (*Voy.* ci-après.)

Mora, bourg, près duquel on voit les ruines d'un fort bâti par les Maures : il défendait le pays entre le

Tage et la Guadiana, et fut souvent pris et repris par les rois de Castille et les souverains arabes de l'Andalousie. Pendant la dernière guerre d'Espagne, l'occupation de ce fort, que les Français rétablirent, leur servait à protéger leurs convois sur la Sierra Morena et à faire régner la tranquillité dans la Manche (1810).

Madridejos, jolie petite ville assez peuplée, où l'on fabrique beaucoup d'étamines. Ses environs sont embellis par des arbres et de fertiles vergers, ce qui est une chose rare dans les plaines de la Manche et de la Castille. Pendant la dernière guerre d'Espagne, ce bourg était le point de réunion d'une bande de guerillas; aussi les habitans étaient-ils fort animés contre les Français. C'est de là et des villages voisins que partit le signal atroce qui fit égorger, en juin 1808, tous les malades que le général Dupont avaient laissés sur la route de Tolède, à la Sierra Morena.

Puerto Lapice, à 3 lieues au sud de Madridejos, petit village au pied de deux coteaux, près duquel Michel Cervantes nous représente don Quichotte se faisant armer chevalier à l'entrée de sa carrière. En 1810, pendant la dernière guerre, les Français qui occupaient cette position y avaient transformé en fort une mauvaise auberge où ils avaient une garnison. « Le héros de la Manche, dit M. de Naylies, aurait » bien pu y voir cette fois des fossés, un pont-levis et » des créneaux. »

Consuegra, à 9 lieues au sud d'Ocaña, petite

ville bâtie au pied d'une hauteur sur laquelle on voit encore les ruines d'un antique et vaste château. Elle appartenait aux chevaliers de Malte. Son château était la résidence ordinaire du grand-prieur de Castille. Il y a dans les environs une carrière de belles pierres de taille.

VILLARTA, petite ville où l'on fabrique de gros draps avec la laine qu'on récolte dans les environs. Avant d'y arriver, on passe un pont de pierre étroit et long, des deux côtés duquel est une large flaque d'eaux croupissantes, recouvertes par des herbes marécageuses. Cette espèce de marais est le fleuve de la *Guadiana*, qui, à quelque distance de là, cache tout-à-fait sous terre ses ondes paresseuses, reparaît trois ou quatre lieues plus loin en un endroit qu'on appelle *los oyos de Guadiana*, traverse l'Estramadure, puis une partie du Portugal, et se rend dans la mer en formant la limite entre ce royaume et l'Espagne.

Il nous reste à faire connaître une dernière partie de la province de Tolède, c'est celle qui s'étend le long de la frontière de Cuença. Des géographes modernes la comprennent encore dans la province de la Manche, dont elle dépendait autrefois.

Les principaux lieux sont :

FUENTI DUENAS, bourg assez considérable sur le Tage, dépend de l'ancienne Algaria.

En sortant de Fuenti Duenas, après avoir passé le Tage, on trouve à 2 lieues plus loin :

BELINCHON, village situé sur une éminence, dont

les environs sont fertiles en blé. Ici commencent de ce côté les plaines de l'ancienne province de *la Mancha.*

Tarançon, petite ville assez mal bâtie. Ses environs produisent en abondance du vin excellent. On y voit une belle église. C'est sur ce point ainsi que sur le village de *Fuente de Padronaro*, que, dans la dernière guerre d'Espagne, se porta le maréchal Victor, le 12 janvier 1809, pour attaquer les Espagnols qui avaient pris position à Uclez.

Uclez, à 2 lieues à l'est de Tarançon, château habité par des moines, et qui avait été autrefois une forteresse, dont il conservait encore des restes imposans. Ce lieu fut en 1108 le théâtre d'une défaite sanglante dans laquelle l'infant don Sanche, fils du roi Alphonse Ier, et sept comtes furent tués par les Maures. La bataille en a conservé le nom de *Journée des sept comtes.* La dernière guerre d'Espagne a donné à Uclez une nouvelle célébrité militaire. C'est là que le corps du duc de Bellune battit, le 13 janvier 1809, une armée espagnole formée des débris de celle d'Andalousie et de nouvelles levées. La division Villatte rencontra la première l'armée ennemie rangée en bataille sur la crête d'une colline escarpée. Quand les Espagnols, au nombre de 13,000, virent l'impétuosité et le sang-froid avec lesquels les Français gravissaient, l'arme au bras, les rochers, ils se débandèrent, après avoir fait leur première décharge.

Santa Cruz de la Zarza, village à 2 lieues sud-ouest

de Tarançon; c'est là que le général Montbrun dispersa, le 8 décembre 1808, un corps qui protégeait la fuite de l'armée d'Andalousie vaincue à Tudela.

VILLATOBAS, village voisin du précédent, et qui, ainsi que Santa Cruz, appartenait à l'ordre de Saint-Jacques de Compostelle.

SAELICES, petite ville, dans les environs de laquelle on trouve les débris d'anciennes fortifications.

ALCAZAR, à l'est d'Uclez, dans une enclave appelée par les géographes espagnols *Comun de Uclez*. Ce fut par ce bourg que le maréchal Victor, avec la division du général Ruffin, tourna les Espagnols mis en déroute à Uclez par le général Villatte. Les ennemis mirent bas les armes; plus de 330 officiers et 12,000 soldats furent faits prisonniers. Quarante pièces de canons, trente drapeaux restèrent aussi au pouvoir des Français.

CORRAL DE ALMAGUER, petite ville très-ancienne, et dont les maisons offrent l'apparence de la ruine et de l'abandon; elle a pourtant une population de 4,000 ames et quelque industrie. On y fabrique de la poterie, on tire du salpêtre de son territoire, et ses environs sont très-fertiles.

QUINTENAR DE LA ORDEN, petite ville qui appartenait à l'ordre de Saint-Jacques; elle est assez peuplée. Ce lieu est un de ceux que le roman de Cervantes rendra éternellement célèbre, car c'est la patrie qu'il attribue à son héros. On prétend que c'est afin de se venger d'une injustice faite à lui par les magistrats de Quintenar, que Cervantes leur donna pour compatriote le *chevalier de la triste figure.*

El Toboso, village assez riche, auquel se rattache le même souvenir. Il fut visité par les Français dans la dernière guerre d'Espagne. « Le Toboso, dit M. de
» Rocca dans ses *Mémoires*, ressemble parfaitement
» à la description qu'en a faite Michel Cervantes,
» dans le poëme immortel de *Don Quichotte* de la
» Manche. Si ce héros imaginaire ne fut pas, pen-
» dant sa vie, d'un grand secours aux veuves et aux
» orphelins, au moins son souvenir protégea-t-il, con-
» tre les désastres de la guerre, la patrie supposée
» de sa Dulcinée. Dès que les soldats français entre-
» voyaient une femme aux fenêtres, il s'écriaient, en
» riant : Voilà Dulcinée ! Leur gaîté rassura les ha-
» bitans ; loin de s'enfuir, comme à l'ordinaire, à la
» première vue de nos avant-gardes, ils se rassem-
» blèrent pour nous voir passer. Les plaisanteries sur
» Dulcinée et don Quichotte furent un lien commun
» entre nos soldats et les habitans du Toboso, et les
» Français, bien accueillis, traitèrent à leur tour
» leurs hôtes avec douceur. »

La Mota del Cuervo, ancienne ville, qui n'est plus aujourd'hui qu'un village entre Quintenar et le Toboso, dans une vallée assez agréable. Quatorze moulins à vent occupent le sommet d'une des hauteurs qui forment cette vallée, et rappelleraient le premier exploit du chevalier de Dulcinée, si l'on ne se souvenait que les moulins qu'il prit pour des géans étaient dans la plaine de Montiel, à 12 lieues plus loin vers le sud.

PROVINCE DE LA MANCHE.

Cette province, qui ne renferme aujourd'hui dans la division administrative de l'Espagne que la moitié de l'espace qu'elle occupait jadis, est bornée au nord par celle de Tolède et sur un point très-resserré par celle de Cuença, à l'ouest par l'Estramadure, au sud par les royaumes de Cordoue et de Jaen, enfin à l'est par le royaume de Murcie.

Les limites entre cette province et celle de Tolède sont en général très-vaguement définies dans les géographes. Les meilleures cartes diffèrent à cet égard, et je n'ai rien trouvé de précis dans M. de La Borde, ni dans aucun autre des auteurs que j'ai consultés. Pour sortir de cet embarras, je me suis attaché à la carte de Lopez, et j'ai consulté l'auteur du *Don Quichotte*, qui a décrit le théâtre des exploits de son héros avec autant d'exactitude qu'Homère a retracé les différentes localités de la Grèce.

Villes et lieux principaux.

Mançanarez, un des plus gros bourgs de la Manche, est peuplé d'environ 8,000 habitans. Son territoire est fertile en grains, en huile, en safran et en excellent vin. Les carabiniers royaux avaient dans ce bourg leur principal quartier, ce qui répandait l'abondance dans le canton. Dans la dernière guerre d'Espagne, Mançanarez fut constamment occupé par les Français, qui y avaient fait fortifier un vieux château situé dans les faubourgs. C'est là que résidait l'intendant de la province; et c'est par cette ville que les Français entretenaient la communication avec Séville.

Val de Peñas, bourg à 4 lieues du précédent, produit l'un des meilleurs vins de la Manche.

Santa Cruz de Mudela, à 2 lieues de Val de Peñas, situé près d'une hauteur. On y trouve une riche mine d'antimoine.

Almoradiel, une des colonies modernes fondées dans la *Sierra Morena*, sous Charles III. Là se terminent les immenses plaines de la Manche; puis l'on entre dans le royaume de Jaen, partie de l'Andalousie. Ces colonies étaient composées en grande partie d'Allemands. En 1810, lorsque, après la bataille d'Ocaña, nos troupes pénétrèrent en Andalousie, les vieillards les plus âgés de ces colonies les suivaient des heures entières pour jouir encore, avant leur mort, du bonheur de parler leur langue maternelle avec ceux de nos hussards qui étaient Allemands (*Mémoires* de M. de Rocca).

Las Pedroneras, ville ancienne, qui n'est plus qu'un village, possède une fabrique de salpêtre.

Minaya, petite ville dépeuplée; une belle église rappelle son antique splendeur.

La Roda, ville assez grande, assez riche, qui offre quelques beaux édifices religieux, et plusieurs maisons particulières assez belles, ce qui est fort rare dans la Manche (1). Cette ville est peu éloignée du Xucar.

En se dirigeant vers l'ouest, on trouve :

ALCARAZ, à 18 lieues est de Ciudad-Real, est défendue par un château fort. On y voit les restes d'un aqueduc qui est un des plus beaux monumens d'antiquité de l'Espagne.

MONTIEL, à 3 lieues au sud-est d'Alcaraz, village situé dans la vaste plaine du même nom, *Campo de Montiel*, où don Quichotte mit fin à l'aventure des moulins à vent, et soutint un terrible combat contre un Biscayen.

On remonte au nord, et l'on trouve :

CALATRAVA, sur la Guadiana, est le chef-lieu de l'ordre de chevalerie de ce nom institué en 1158, par don Sanche II, roi de Castille. Le titre de grand-maître de cet ordre a été affecté en 1522 à la couronne de Castille par Adrien VI, qui donna une bulle pour rendre cette charge héréditaire, d'élective qu'elle était auparavant.

CIUDAD-REAL, au midi de la précédente, est la capitale de la Manche, et la résidence de l'intendant de cette province. Elle est fort bien bâtie, et quoique ses fabriques de lainage soient fort déchues, elle pos-

---

(1) Quelques cartes placent *Las Pedroneras*, *Minaya* et *La Roda* dans la province de Cuença.

sède encore 8 à 9,000 habitans. On remarque sa grande place, son église paroissiale et son hospice, fondé par le cardinal de Lorenzana, archevêque de Tolède. Les environs de cette ville produisent d'excellent vin ; on y recueille du miel et on y nourrit un grand nombre de bestiaux. Elle était autrefois le chef-lieu de l'ancienne *Santa-Hermandad*, institution vraiment chrétienne dont l'objet était de purger les campagnes des voleurs qui les infestaient. Dans la dernière guerre d'Espagne, le général Sébastiani défit complètement, auprès de Ciudad-Real, le 27 mars 1809, l'armée espagnole destinée à garder les défilés de la Sierra Morena.

Almagro, près de Ciudad-Real, ville qui contient une population de 3,000 personnes. Ses jardins produisent des melons délicieux, et ses champs d'excellentes pommes de terre.

Almodovar, petite ville au sud-ouest de Ciudad-Real, est située dans une charmante vallée au pied de la Sierra Morena. Elle est défendue par un château.

Almaden, dernier village de la Manche, sur les confins du royaume de Cordoue, à 17 lieues sud-ouest de Ciudad-Real, est célèbre dans toute l'Europe par ses mines de vif-argent qui sont extrêmement productives. On y voit un hôpital bien entretenu et une prison pour les forçats.

ROYAUME DE MAJORQUE.

Le royaume de Majorque forme la quinzième province de l'Espagne. Il se compose des îles de *Majorque*, *Minorque* et *Cabrera*, qui sont les Baléares, et de celles d'*Iviça*, *Formentera* et *Conigliera*, qui sont les îles Pityuses. Ces îles sont groupées vis-à-vis la Catalogne, l'Aragon et le royaume de Valence. Elles ont passé successivement sous la domination des Carthaginois, des Romains, des Vandales en 426; de l'empire grec au tems de Justinien; puis des Arabes au tems de leur invasion en Espagne. Une flotte de Charlemagne conquit sur eux ces îles vers l'an 800; mais bientôt les Arabes en devinrent de nouveau les maîtres. Plus tard, les Génois les en chassèrent; mais les Maures reconquirent pour la troisième fois ces possessions; enfin Jayme Ier, roi d'Aragon, les réunit pour jamais à l'Espagne chrétienne de l'an 1229 à l'an 1232.

ÎLE DE MAJORQUE.

Cette île est la plus grande des îles Baléares, ainsi que l'indique le nom de *Major* que lui donnèrent les Romains, et que les Espagnols traduisent par *Mallorqua*, dont nous avons fait *Majorque*. Elle est située entre l'île d'Iviça à l'ouest et celle de Minorque à l'est. Sa longueur est de 20 lieues de long sur 13 de large.

On évalue sa population à 135,900 habitans (1). Les animaux domestiques y sont fort multipliés ; mais dans toute l'île on ne trouve ni loups ni renards. Il y a plusieurs carrières de marbre. Majorque produit des oranges, des limons, des amandes, des huiles, des vins, qu'elle exporte en Espagne ; des eaux-de-vie que viennent chercher des bâtimens du Nord; un peu de soie qui passe en Catalogne; quelques grossiers lainages dont s'accommodent la Sardaigne et l'Italie ; enfin les Majorquains excellent dans les ouvrages de marqueterie. Majorque reçoit du blé par les ports de France et d'Italie ; des bestiaux par ceux du Languedoc et de la Catalogne ; du riz et des soieries par la côte de Valence. Les Anglais, les Hollandais, et surtout les Génois et les Français, lui apportent tous les autres objets dont cette île peut avoir besoin. Les Majorquains ont, comme presque tous les insulaires, du goût et de l'aptitude pour la navigation. Le bois de construction que produisent leurs forêts est employé à Palma, leur capitale. Ils vont chercher eux-mêmes à Marseille du cacao, du sucre, du fer et des planches ; et leurs chebecs vont prendre des chargemens à Cadix. Leur commerce serait encore plus étendu s'il pouvait n'avoir rien à craindre des régences barbaresques.

Le climat de l'île est plus chaud que tempéré, mais il est fort sain. Tout son littoral offre d'excellens mouillages.

(1) M. Bourgoing ne la porte qu'à 80,000.

Les habitans ressemblent, pour les manières, au reste des Espagnols ; mais principalement aux Castillans. Ils sont très-dévots. Le cardinal de Retz, dans ses *Mémoires*, donne une idée très-agréable de la société de ce pays et de leur hospitalité envers les étrangers. Il fait surtout l'éloge de la beauté des femmes, et dit qu'il n'y en a point de laides dans toute l'île. Ce sont, pour la plupart, dit-il, des beautés délicates, des teints de lis et de roses. Il parle aussi de religieuses qui chantaient à la grille des airs et des paroles plus passionnées que ne le sont les chansons de Lambert (1). D'après cette description, on ne doit pas être surpris que les anciens prétendissent que Vénus était la déesse des îles Baléares, que les Grecs appelaient aussi *Aphrodisiades*. Le cardinal de Retz remarque aussi qu'il règne assez de liberté politique dans le royaume de Minorque, et que le vice-roi de ces îles n'est pas, à beaucoup près, si absolu que ceux des autres royaumes de l'Espagne.

Cette île a donné naissance à deux grands-maîtres de l'ordre de Malte, de la maison de Cottoner, et à Raymond Lulle, fameux philosophe et médecin du 14e siècle.

Palma ou Mallorca, capitale et port principal de l'île, est la résidence du capitaine général et d'un évêque suffragant de l'archevêque de Valence. C'est une grande et belle ville, fort ancienne, puisqu'elle

---

(1) Fameux musicien du tems.

a été fondée, ou du moins agrandie par le conquérant romain des îles Baléares, Metellus Balearicus, qui lui donna le nom de *Palma* en mémoire de son triomphe sur les insulaires. Son port est situé au fond d'une vaste baie, sur la côte sud-ouest de l'île, entre deux caps, celui de *Galafiguera* et le cap *Sanderocel*. Un peu plus loin est le cap *Regana*, et enfin le *Cabo Blanco*, l'un des principaux de l'île. Trois citadelles défendent l'entrée du port. La cathédrale, située dans la partie élevée de l'île, est un chef-d'œuvre d'architecture gothique par la beauté et la hardiesse de son vaisseau et de son clocher, qu'on a surnommé *la Tour des Anges*. On y voit le tombeau du roi Jayme II. Le palais royal, siége du gouvernement, et l'hôtel-de-ville, méritent d'être remarqués. Dans l'intérieur de ce dernier édifice est établie une école de dessin, fondée par un archevêque de Séville, et qui est sous la protection de l'évêque de Majorque. On y voit encore l'horloge nommée *Baléarique* ou du *Soleil*. On ignore son auteur ; mais cette horloge, unique dans le monde, marque et frappe les heures du jour et de la nuit selon la progression de la marche du soleil, et la différence entre les solstices où les jours se trouvent inverses aux nuits. Minorque comprend en outre vingt-deux églises, six hôpitaux, trois couvens de femmes, quelques manufactures de soieries, de laine, de fil et de marqueterie. On remarque enfin la bourse, et quelques hôtels particuliers qui offrent des modèles d'architecture gothique. Population, 30,000 habitans. Il y a une audience royale pour tout le royaume, une université et un consulat, ou tribunal de commerce, qui juge les causes sommairement et sans frais.

Palumbaria, petite ville maritime, à 2 lieues à l'ouest de Palma, en face de la petite île de Dragonera; c'est là que Jayme II, roi d'Aragon, voulut effectuer sa descente lors de la conquête qu'il fit des îles Baléares, en 1229; mais repoussé par les Maures, il ne put aborder qu'au port de *Santi-Ponce*.

Alcudia, situé au nord-est de l'île, au fond d'une baie, à laquelle elle donne son nom, et vis-à-vis l'île de Minorque, passe pour la quatrième ville du royaume. Elle a environ 7,000 habitans; une grande partie de ses maisons tombent en ruines. Elle a une belle église. Le manque de bonne eau force les habitans à ne boire que de l'eau de citerne; c'est là sans doute la cause de l'état peu florissant de cette ville, qui, chaque année, se dépeuple. La culture de ses environs est fort négligée, mais on y entretient des troupeaux, dont la laine est la plus belle de toute l'île.

Pollenza, c'est l'ancienne *Pollentia*, colonie fondée l'an 124 de Rome avant J. C., par Metellus *Balearicus*, après la conquête de l'île. Elle est située à 2 lieues au nord d'Alcudia, au fond d'une baie. Les environs sont assez cultivés. Elle a 5,000 habitans. Le vin de Pollenza est fort recherché.

Soller, à l'ouest de Pollenza et à quelque distance de la mer, est située dans une vallée délicieuse, peuplée d'oliviers et d'orangers. Le port qui dépend de cette ville est défendu par des rochers et par deux forteresses. Il s'y fait un grand commerce d'exportation de limons et d'oranges, etc.

Cabo Formentor, au nord-ouest de Pollenza, est un des principaux caps de l'île.

Lluch-Mayor, petite ville, bâtie en 1300, par Jayme, roi des îles Baléares, prince de la maison royale d'Aragon, dans l'intérieur des terres, partie sud-est de l'île. C'est sous ces murs que ce même roi éprouva une sanglante défaite, et perdit la vie en combattant pour recouvrer le royaume de Majorque, que lui avait enlevé son beau-frère, Pierre IV, roi d'Aragon (1349).

Cabo de Salinas est le promontoire le plus méridional de l'île.

Porto-Petri, port de mer au nord-est du cap Salinas, offre un excellent mouillage, et est défendu par un château fort.

ILE DE MINORQUE.

Minorque est, pour l'étendue, la seconde des îles Baléares. Elle a 8 lieues de long sur 4 de large. On lui donne 28,000 habitans. Le climat n'est pas aussi doux, ni le sol aussi fertile que dans les autres îles. Elle produit cependant du blé, du vin, des oranges et des fruits. Le gibier y est abondant. Ses pâturages nourrissent d'assez nombreux troupeaux, et des mulets d'une race excellente. Au milieu de l'île est un pic élevé, nommé *el Toro*, qui s'aperçoit en mer à une grande distance. Elle est presque sans industrie et sans commerce. Le produit de ses exportations se monte à peine à 500,000 fr., en fromages qui passent en Italie, en laines, en vins, en sel et en miel. On trouve du corail sur ses côtes. La pêche du thon est fort abondante. On y fabrique des cordages. Les Carthaginois prirent cette île sur les Phéniciens, l'an 452 avant J. C. Les revers de Carthage, pendant la seconde guerre punique, rendirent les Baléares à leur antique indépendance, et Minorque ne fut conquise, avec tout cet archipel, que l'an 132 avant J. C. Les Vandales la prirent sur les Romains, l'an 421 de J. C. Les Sarrasins la leur enlevèrent vers 697. Charlemagne la prit sur les Maures, au commencement du 9 siècle; mais ils y rentrèrent peu de tems après. Jacques Ier, roi d'Aragon, les rendit tributaires en 1232, et Minorque passa ensuite sous la domination espagnole. Pendant la guerre de la Succession, les Anglais prirent Minorque, au mois de septembre 1708. Le marquis de la Jonquère, qui commandait au Port-Mahon, l'avait si mal défendu, qu'il fut traduit devant un conseil de guerre, à Toulon, et dégradé. La possession de cette ville leur fut confirmée trois ans après le traité d'Utrecht. Le duc de Richelieu la reprit sur les Anglais, en 1756, et Louis XV la rendit aux Anglais par le traité de paix, signé à Paris, en 1763. L'Angleterre perdit de nouveau, en 1782, Minorque, dont s'empara le duc de Crillon, et cette île fut laissée aux Espagnols, par la paix conclue l'année suivante. Reprise de nouveau par les Anglais, le 8 brumaire an 8, elle a été rendue à la paix de 1802. Si l'on en croit M. Bourgoing, les Minorquains lui paraissaient regretter la domination étrangère, parce que, dit-il, cette île, sans industrie, était approvisionnée de tout par les bâtimens étrangers, et surtout par les nôtres. Depuis que la dernière révolution d'Espagne a laissé ce royaume sans marine, Minorque est destinée à devenir la conquête de la première puissance maritime, dont l'ambition osera braver les malédictions du reste de l'Europe. Les cabinets de Londres et de Pétersbourg convoitent, dit-on, chacun de leur côté, cette importante station de la Méditerranée.

Port-Mahon (*Portus Magonis*), ville fondée par Magon, frère d'Annibal. Son port, à l'abri de toute espèce de vent, passe pour un des meilleurs de la Méditerranée. Elle est bien bâtie, mais ses édifices publics n'ont rien de remarquable. Le Port-Mahon était défendu par plusieurs forts, entre autres le fameux fort *San-Felipe*, pour lequel les Anglais, depuis 1708 jusqu'en 1756, épuisèrent toutes les ressources de l'art. Cette place passait pour imprenable; mais le duc de Richelieu mettant de côté les règles de la vieille tactique, et sachant tirer tout le parti possible de l'héroïsme du soldat français, prit cette place après un siége de six semaines, le 28 juin 1756. Il y avait dans ce fort, au moment de sa réduction, 3,000 hommes de troupes, 240 pièces de canon, des projectiles, et des munitions à proportion. On connaît ce fameux ordre du jour par lequel Richelieu interdit l'honneur de monter à l'assaut à tout soldat qui s'enivrerait. Jusqu'alors les punitions les plus sévères n'avaient pu empêcher nos troupes de boire avec excès les excellens vins du pays : cette noble et française punition produisit tout l'effet qu'en pouvait attendre le général. Cet exploit extraordinaire rendit européenne la réputation de Richelieu, et on est fâché de dire que Louis XV n'eut d'autre compliment à adresser au brillant vainqueur de Mahon, à son retour, qu'une question dédaigneuse sur la beauté des figues du pays. Ce monarque rendit cette forteresse huit ans après. Il était réservé à un autre Français, le duc de Crillon, de reprendre sur les Anglais cette forteresse, qui même, après l'exemple du maréchal de Richelieu, passait pour imprenable. On évaluait à 1,500,000 livres sterling les dépenses des fortifications ajoutées à l'île de Minorque depuis 1763 jusqu'au jour où les Espagnols y firent leur débarquement. Le duc de Crillon s'empara d'abord sans coup férir de toute l'île et de Mahon, à l'exception du fort Saint-Philippe. Il trouva dans cette ville 160 pièces de canon, et dans le port 100 navires parmi lesquels il y avait 14 corsaires en armement. Le fort Saint-Philippe, qui assurait la reddition de l'île, capitula, le 4 février 1782, après un siége d'un mois. La garnison anglaise fut faite prisonnière de guerre. Le surnom de *Mahon* donné à l'émule de Richelieu, vint ajouter à l'éclat du nom déjà si glorieux de Crillon. La cour d'Espagne fit détruire ce fameux fort Saint-Philippe, et ne laissa, pour toutes fortifications à Minorque que deux simples redoutes.

CITADELLA (en espagnol *Ciudadella*), capitale de l'île Minorque, était au 5ᵉ siècle le siége d'un évêché. Le gouverneur de l'île pour le roi d'Espagne y réside. Les Anglais tenaient également un gouverneur avec une bonne garnison, et sous leur domination l'île était gouvernée par ses anciennes lois. Le port n'est pas très-vaste, mais il est sûr. La cathédrale, bâtie dans le 13ᵉ siècle, est d'une grande beauté.

ILE DE DRAGONERA.

Petite île située à l'ouest de l'île de Majorque, a un petit fort avec quelques soldats.

ILE DE CABRERA.

Un peu plus grande que la précédente, est située au sud de l'île de Majorque dont elle est séparée par un bras de mer de 4 lieues. Elle est peu habitée. Elle possède un fort toujours occupé par une petite garnison. Elle est remplie de chèvres sauvages, d'où elle tire le nom de Cabrera. L'auteur de Gil-Blas fait une description très-exacte de cette île, où il représente plusieurs de ses personnages surpris par des corsaires barbaresques, détail malheureusement pris dans la vérité : car ces îles sont sans cesse exposées aux entreprises des pirates.

ILES PITYUSES.

Elles sont situées entre les îles Baléares et les côtes du royaume de Valence, presque en face et à environ

18 lieues du cap Martin. Les deux principales sont *Iviça* et *Formentera*.

ILE D'IVIÇA.

Cette île est l'*Ebusus* des anciens. Elle a 7 lieues de long sur 5 de large. Elle est si fertile en blés, en vins, en fruits, en sel, qu'on en exporte une grande quantité pour l'Espagne et pour l'Italie. Elle a cet avantage, qu'on n'y voit point de serpens ni aucune autre bête venimeuse.

Iviça, capitale, offre un port grand et commode dont les Anglais s'emparèrent en 1706, dans la guerre de la Succession. Mais cette île rentra par la suite sous la domination des Espagnols. La ville renferme une population d'environ 900 habitans.

L'île d'Iviça a pour principale richesse son sel, que viennent charger les bâtimens étrangers et surtout les Suédois. Elle reçoit ses approvisionnemens par Majorque et par les côtes d'Espagne.

ILE DE FORMENTERA.

Cette île est située au sud d'Iviça ; elle a 3 lieues de long sur 2 dans sa plus grande largeur. Elle doit son nom à l'abondance du froment qu'on y recueille dans sa partie occidentale ; et, dans sa partie orientale, elle est couverte de bois. On y voit un grand nombre d'ânes sauvages. On prétend qu'elle renferme une population d'environ 1,200 personnes dont les habitations disséminées dans la campagne et sur les côtes ne forment pas même de village.

FIN

TABLE RAISONNÉE

DES SOMMAIRES.

Nota. Ce signe (-) entre deux chiffres indique une suite non interrompue de pages.

	Pages.
Détails généraux sur l'Espagne.	1
Fleuves, rivières et canaux.	3
Climat et sol.	8
Productions naturelles.	11
Caractère et population.	14
Gouvernement.	16
Monarchie jadis élective.	ibid.
Conseils d'Espagne.	17
Religion.	18
Inquisition.	ibid.
Revenus et forces de terre et de mer.	19
Manufactures et industrie.	22
Encouragemens donnés à l'industrie par Philippe V, Ferdinand VI et Charles III.	
Littérature, beaux-arts.	25
État ancien, état actuel.	
Colonies.	30
Division de l'Espagne.	32
Ses difficultés. — 22 provinces de la couronne de Castille et 4 de celle d'Aragon.	33
Biscaye, Navarre, Asturies.	34
Gouvernemens militaires.	ibid.
Division ecclésiastique.	35
Tableau des anciennes provinces avec leurs subdivisions.	
Principauté de Catalogne.	39
Détails généraux, population. — Situation. — Rivières. — Climat.	ibid.
Commerce, industrie. — Caractère des habitans, histoire de la Catalogne.	40
Passages de France en Catalogne.	42
Villes et lieux remarquables de la Catalogne.	43
Détails sur les guerres des Français en Catalogne, 40-52, 54-57, 59-61, 63-65.	
Détails sur les guerres et les établissemens des Carthaginois et des Romains, 40, 46, 47, 52, 53, 62, 63.	
Détails sur les guerres des Goths et des Maures, 47, 54, 63.	

	Pages.
ROYAUME D'ARAGON.	66
Détails généraux.	ibid.
L'Ebre et autres rivières. — Productions.— Population.	67
Histoire ancienne et moderne de l'Aragon.	68
Cortès d'Aragon.	69
Villes et lieux principaux.	ibid.
Routes et passages de France en Aragon, 69-72.	
Royaume de Sobrarbe.	71
Siége de Saragosse.	78
Détails sur les guerres, et traités de paix des Français en Aragon, 66, 68, 69, 72-74, 77-80, 82, 85.	
Détails sur les guerres et les établissemens des Carthaginois et des Romains, 68, 73.	
Détails sur les guerres et les établissemens des Goths et des Maures, 68, 74, 80, 81, 84, 85.	
ROYAUME DE NAVARRE.	86
Ses limites, son climat.	ibid.
Son histoire.	87
Passages de France en Navarre.	88
Villes et lieux principaux.	91
Bataille de Tudela.	99
Détails sur les guerres des Français en Navarre, 89, 91-101.	
Détails sur les guerres des Romains, 98.	
PROVINCE DE BISCAYE.	102
Détails généraux. — Subdivisions de la Biscaye.	ibid.
Gouvernement particulier de la Biscaye.	ibid.
Industrie et caractère des Biscayens.	103
Route de France en Biscaye.	105
La Bidassoa ; traités entre la France et l'Espagne.	ibid.
PROVINCE DE GUIPUSCOA.	107
Villes et lieux principaux.	ibid.
PROVINCE D'ALAVA.	113
Détails généraux.	ibid.
Villes et lieux principaux.	114
Bataille de Vittoria.	ibid.
SENORIO DE BISCAYA, ou BISCAYE PROPRE.	118
Détails généraux. — Priviléges des Biscayens.	ibid.
Villes et lieux principaux.	ibid.
Détails sur les guerres et traités des Français en Biscaye, 103, 105-117, 119, 120.	
Détails sur les guerres des Goths et des Maures, 114.	
Pays des Quatre-Villes.	121
Observations sur les provinces de Sant-Ander et de Santillana.	ibid.

DES SOMMAIRES.

	Pages.
PRINCIPAUTÉ DES ASTURIES.	124
Détails généraux. — Productions. — Mines d'or.	ibid.
Caractère des habitans. — Histoire des Asturies. — Auguste. — Pélage.	125
Villes et lieux principaux.	126
Détails sur les guerres des Français dans les Asturies, 126, 128.	
Détails sur les guerres des Romains, 125.	
Détails sur les établissemens et les guerres des Goths et des Maures, 125-128, 130.	
ROYAUME DE GALICE.	131
Détails généraux.–Climat.–Caractère des habitans.	ibid.
Histoire de la Galice. — Insurrection contre les Français.	132
Villes et lieux principaux.	133
Détails sur les guerres des Français en Galice, 135-153.	
Détails sur les guerres et établissemens des Romains, 137, 143, 146, 147.	
Détails sur les guerres et établissemens des Goths et des Maures, 144, 149, 151.	
ROYAUME DE VALENCE.	153
Détails généraux.	ibid.
Avantages du climat; fertilité, supériorité de la culture, arrosemens, population.	154
Villes et lieux principaux.	155
Détails sur les guerres des Français dans le royaume de Valence, 156, 157, 159-162, 164-169.	
Détails sur les guerres et établissemens des Carthaginois et des Romains, 158, 159, 165, 166.	
Détails sur les guerres et établissemens des Maures et des Goths, 158, 159, 163, 165-168.	
ROYAUME DE MURCIE.	170
Détails généraux. — Productions.	ibid.
Caractère des habitans, leur indolence.	171
Histoire du royaume de Murcie.	ibid.
Villes et lieux principaux.	172
Détails sur les guerres des Français dans le royaume de Murcie, 172-174, 179.	
Détails sur les guerres des Carthaginois et des Romains, 171, 173, 179.	
Détails sur les guerres des Goths et des Maures, 171, 174, 176, 177, 179.	
ROYAUME DE GRENADE.	180
Détails généraux.	ibid.
Montagnes.	ibid.
Mœurs, langue, productions, histoire.	181

	Pages.
Particularités curieuses sur la Serrania de Ronda.	192
Détails sur les guerres des Français dans le royaume de Grenade, 185, 187, 190, 191, 193-195.	
Détails sur les guerres des Carthaginois et des Romains, 186, 187, 190. 192. 193.	
Détails sur les guerres et établissemens des Goths et des Maures, 181-191, 193.	

ANDALOUSIE. 195
Détails généraux. .... ibid.
    Subdivisions. — Productions. — Climat. ... 196
    Position militaire. — Insurrection de 1808. ... 197

ROYAUME DE JAEN. .... ibid.
Villes et lieux principaux. 198

ROYAUME DE CORDOUE. 203
Villes et lieux principaux. .... ibid.

ROYAUME DE SÉVILLE. 206
Villes et lieux principaux. 207
Colonies nouvelles en Andalousie. 205
Camp de Saint-Roch. — M. le comte d'Artois, M. le duc de Bourbon, le duc de Crillon. 222
District d'Antequera. 224

Détails sur les guerres des Français en Andalousie, 198-202, 205, 208-212, 215-218, 220, 222, 223.	
Détails sur les guerres et établissemens des Romains en Andalousie, 200-204, 207-210, 212, 213, 215.	
Détails sur les guerres et établissemens des Goths et des Maures en Andalousie, 199, 202, 204, 205, 209, 214, 220, 221, 223, 225.	

PROVINCE D'ESTRAMADURE. 225
    Détails généraux. — Dépopulation de cette province. .... ibid.
    La *Mesta*. 226
    Productions. .... ibid.
    Caractère des habitans. Insurrection de l'Estramadure. 227
    Antiquités de Merida. 236
    Combats et siéges de Badajos. 238

Détails sur les guerres des Français en Estramadure, 227-236, 238-242, 244.	
Détails sur les guerres et établissemens des Romains, 229, 230, 232-234, 236-238, 241-243.	
Détails sur les guerres et établissemens des Goths et des Maures, 226, 231, 232, 237, 242, 243, 245.	

ROYAUME DE LÉON. 246
    Sa division en 6 provinces. .... ibid.

DES SOMMAIRES.

	Pages.
PROVINCE DE PALENCIA.	247
Villes et lieux principaux.	ibid.
PROVINCE DE VALLADOLID.	249
Villes et lieux principaux (partie orientale).	250
Villes et lieux principaux (partie occidentale).	256
PARTIDO DE TORO.	257
Ses nombreuses enclaves.	ibid.
Villes et lieux principaux.	ibid.
PROVINCE DE LÉON.	259
Villes et lieux principaux.	ibid.
Mort du général Colbert.	263
PROVINCE DE ZAMORA.	264
Villes et lieux principaux.	ibid.
PROVINCE DE SALAMANQUE.	266
Villes et lieux principaux.	267
Détails sur les guerres des Français dans le royaume de Léon, 248, 249, 251, 252, 255, 256, 258, 260-263, 265, 269-272.	
Détails sur les guerres et établissemens des Romains, 258, 260, 269-271, 274.	
Détails sur les guerres et établissemens des Goths et des Maures, 252, 254, 258, 260, 264-266.	
ROYAUME DE VIEILLE-CASTILLE.	275
Détails généraux. — Montagnes et fluves.	ibid.
Caractère des habitans.	276
Division de la Vieille-Castille.	ibid.
MONTANAS DE BURGOS ET DE SANT-ANDER.	ibid.
Villes et lieux principaux.	277
Bataille d'Espinosa.	280
Bataille de Burgos.	285
PROVINCE DE SORIA.	288
Villes et lieux principaux.	289
PROVINCE DE SÉGOVIE.	290
Villes et lieux principaux.	ibid.
Ségovie. — Alphonse X, aqueduc, etc.	295
Saint-Ildefonse. — Sa description. — Philippe V. — Isabelle Farnèse. — Charles III. — Le comte d'Artois et le duc de Bourbon à la cour de Madrid. — Charles IV.	298 et suiv.
L'Escurial. — Philippe II. — Chefs-d'œuvre de peinture. — Tombeaux de la maison de Bourbon. — Conspiration de l'Escurial.	303 et suiv.
PROVINCE D'AVILA.	306
Villes et lieux principaux.	307

	Pages.
Taureaux de Guisando.	308
Détails sur les guerres et établissemens des Français en Castille, 276, 278, 279-293, 298, 303, 305, 306, 308, 309.	
Détails sur les guerres et établissemens des Romains, 277, 289, 290, 293, 297, 308.	
Détails sur les guerres et établissemens des Goths et des Maures, 276, 277, 289, 295, 296.	
ROYAUME DE NOUVELLE-CASTILLE.	309
Son histoire.	310
L'Espagne presque toujours gouvernée par des princes français.	311
Division de la Nouvelle-Castille.	ibid.
PROVINCE DE GUADALAXARA.	312
Villes et lieux principaux.	ibid.
Passage du Somo Sierra.	ibid.
Bataille de Villaviciosa. — Philippe V. — Vendôme. — Stahremberg.	315
Villes et lieux principaux d'une enclave particulière de la province de Guadalaxara.	316
PROVINCE DE MADRID.	ibid.
Villes et lieux principaux.	ibid.
Madrid. — Sa description. — Le Prado. — Le *Buen Retiro*. — Le palais neuf. — Chefs-d'œuvre de peinture — Armures de Roland, du Cid et de François Ier. — Académies — Manufactures. — *La Florida*. — Traités de Madrid avec la France. — L'archiduc Charles d'Autriche. — Philippe V à Madrid. — Occupation de cette ville par Napoléon. — Joseph à Madrid.	317 et suiv.
Le Marçanarez.	329
PROVINCE DE CUENÇA ET SENORIO DE MOLINA.	331
PROVINCE DE TOLÈDE.	335
Villes et lieux principaux.	336
Le duc de Vendôme et Philippe V à Brihuega.	337
Partie de la province de Tolède sur la rive droite du Tage.	ibid.
Révolution d'Aranjuez.	339
Tolède	343
Bataille de Talavera.	347
Partie de la province de Tolède sur la rive gauche du Tage.	349
Bataille d'Ocaña.	350
Les yeux de la Guadiana.	352
Bataille d'Uclez	353
Don Quichotte et Michel Cervantes.	354
Le Toboso.	355

DES SOMMAIRES.

Pages.

PROVINCE DE LA MANCHE. 356
 Colonies dans la Manche. 357
 Guerres et établissemens des Français dans la Castille-Nouvelle, 311-315, 320, 323, 328, 330, 332-335, 337, 338, 340-342, 344-351, 353-355, 357.
 Guerres et établissemens des Romains, 310, 347.
 Guerres et établissemens des Maures, 310, 314, 332, 333, 341, 343, 344, 350, 353.

ROYAUME DE MAJORQUE. 360
 Son histoire. ibid.
ILE DE MAJORQUE. ibid.
 Productions, commerce. 361
 Mœurs des habitans. — Le cardinal de Retz. 362
ILE DE MINORQUE. 365
 Port Mahon. — Le duc de Richelieu. — Le duc de Crillon. 366
 Guerres des Français dans le royaume de Majorque, 360, 366.
 Guerres et établissemens des Carthaginois et des Romains, 360, 363, 365, 366.
 Guerres et établissemens des Goths et des Maures, 360, 364, 365, 366.

FIN DE LA TABLE DES SOMMAIRES.

TABLE

DES NOMS DE PROVINCES, VILLES, etc.

A

Abechuco, 197.
Aceja, 343.
Adra, 183.
Adriano (Sierra de), 113.
Afrique, 8, 31, 34, 36, 221.
Agreda, 290.
Agueda (l'), 272, 273.
Aguerre, 91.
Ainhoué, 90.
Ainsa, 70.
Aisaguerie, 90.
Ajofrin, 349.
Alagon, 82.
Alagon, riv., 230, 267.
Alameda (la), 329.
Alamonte, 5, 234.
Alange, 243.
Alarcon, 334.
Alava, 37, 102, 104, 113 et suiv.
Albacete, 175.
Albagnete (col d'), 88.
Albarrazin, 5, 35.
Albaterra, 169.
Alberche, 348.
Albuera, 244.
Albufera, 6, 161.
Albuquerque, 229, 241.
Alcala de Guadayra, 209.
Alcala de Henares, 388.
Alcala del Rio, 204.
Alcala de Xivert, 165.
Alcala la Réal, 203.
Alcanitz, 83.
Alcantara, 230, 231.
Alcaraz, 47.
Alcaraz, 358.
Alcaraz (Sierra de), 5.
Alcaudete, 203.
Alcazar, 354.
Alcocer, 332.
Alconetar, 343.
Alcoy, 168.
Alcudia, 364.
Alegria, 112.
Alfaro, 289.
Algaria, 311, 337.
Algemesi, 167.
Algesiras ou vieux Gibraltar, 221, 223.
Alhama, 176.
Alhama, 191.
Alicante, 163.
Allaris, 148.
Almaden, 359.
Almagro, 359.
Almanza, 172.
Almaraz, 232.
Almazan, 291.
Almazarron, 171, 179.
Almenara, 157.
Almendralejo, 244.
Almeria, 36, 183.
Almeriz, 291.
Almodovar, 359.
Almonacid, 349.
Almonte, 218.
Almoradiel, 357.
Almunezar, 183.
Almunia, 81.
Alpuxarras, 3, 180.
Altafulla, 62.
Altea, 162.

TABLE DES NOMS DE PROVINCES, etc.

Altobiscar, 88.
Alva ou Alba de Tormes, 272.
Alzira ou Alcira, 166.
Amaro (Santo), 137.
Amérique, 15, 30, 31, 226.
Amposta, 64.
Ancanego, 72.
Andalousie (province d'), 3, 6, 12, 32, 34, 36, 180, 195.
Andara, 96.
Ander (Sant-), 133, 278.
Ander (Montanas de Sant-), 121 et suiv., 375, 376, 377 et suiv.
Andujar, 200, 203.
Anover, 342.
Antequera (district d'), 224.
Antequera, 6, 225.
Antilles (les), 3.
Antoine (cap Saint-), 162.
Antonio (Santo), 137.
Antonio de Becerrilejos (San), 248.
Aragon (royaume d'), 4, 5, 6, 7, 17, 23, 33, 35, 37, 39, 41, 46, 48, 66 et suiv.
Aragon, riv., 67, 198.
Aragon, village, 73.
Arau (val d'), 42.
Aranda, 83.
Aranda de Duero, 288.
Arandillo, 282.
Aranjuez, 339.
Archena, 176.
Arcoleta, 89.

Arcos, 214.
Ardilla, 245.
Arens de Mar, 53.
Arevalo, 307.
Arganda, 339.
Ariasona, 72.
Aric (val d'), 43.
Armezande, 150.
Arminon, 117.
Armodas, 48.
Arnedillo, 287, 289.
Arnedo, 287, 289.
Arroyo del Puerco, 243.
Arroyo de San Servan, 243.
Arugnez, 116.
Arzobispo, *V.* Puente de l'Arzobispo.
Aspe (vallée d'), 71.
Aspeytia, 113.
Astorga, 35, 261.
Asturies, 12, 15, 25, 34, 35, 37.
Asturies d'Oviedo, 123 et suiv.
Asturies de Santillana, 121, 123, 277, 279.
Atienza, 291, 313.
Augustino (San), 316.
Aunon, 331.
Avila (province d'), 33, 38, 306 et suiv.
Avila, 35, 307.
Aviles, 127.
Ayamonte, 219.
Ayerbe, 72.

B

Badajos, 34, 35, 238.
Baeza, 202.
Bagnères de Bigorre, 71.
Bagnères le Luchon, 70.
Bagnols (col de), 42.
Balaguer, 46.
Balaguer (col de), 64.
Balbastro, 35, 73.
Balzaïn, 303.
Banos, 274.
Baroana, 291.

Barbara (Santa), 95.
Barcelone, 25, 34, 36, 40, 41, 44, 46, 53.
Barrio, 248.
Barthelemi (le couvent de St-), 110.
Bastan (vallée de), 86, 90.
Batuecas (las), 273.
Baylen, 197, 200, 208.
Bayonna, 142.
Bayonne, 105.

380 TABLE DES NOMS DE PROVINCES,

Baza, 186.
Bejar (la Sierra de), 217.
Belchite, 84.
Belinchon, 353.
Belistre (col de), 42, 50.
Bellegarde, 43.
Bellpuche, 60.
Belmonte, 341.
Belver, 45.
Bembribe, 263.
Benavente, 6, 256.
Benicarlo, 156.
Bennevarri, 70.
Bentarle (col de), 88.
Berderis, 89.
Bergara ou Vergara, 112.
Bermeo, 118.
Bernues, 72.
Berra ou Verra, 90, 96.
Berval, 88.
Betanzos, 136.
Bexis, 165.

Bidassoa, 90, 105.
Bielsa, 86.
Bilbao, 119, 133, 277.
Biscaya, 1. 2, 25, 32, 34, 37, 107 et suiv.
Biscaya (Senorio de), 118 et suiv.
Bonete, 175.
Borja, 82.
Boulou (le), 42, 443.
Braganza, 150.
Bribiesca, 283.
Brihuega, 314, 315, 336.
Buenos-Aires, 31.
Buitrago, 313.
Bujalance, 204.
Burgo, 136.
Burgos (provincia ou montanas de), 122, 246, 248, 275, 276 et suiv., 281, 282.
Burgos, 33, 34, 38, 227, 240, 283.

C

Cabezon, 250.
Cabezon, 280.
Cabrera, 42.
Cabrera (ile), 360, 369.
Cabriel (le), 331.
Caceres, 241.
Cadaquez, 42, 51.
Cadavedo, 128.
Cadix, 5, 36, 178, 197, 215.
Calahorra, 35, 197, 89.
Calaroga, 292.
Calatayud, 81.
Calatrava, 358.
Calella, 53.
Californie, 31.
Calpe, 228.
Calzada de San Domingo, 286.
Cambrils, 64.
Campos (canal de), 248.
Campredon, 43, 44, 45.
Canet de Mar, 53.
Canos de Carmona (los), 212.
Cangas de Onis, 129.
Cantabriennes (montagnes), 2, 3, 125.

Cantillana, 207.
Capparoso, 99.
Caraca (la), 217.
Carache (Sierra de), 173.
Carcaboso, 229.
Cardenosa, 307.
Cardona, 59.
Carlos (val), 88.
Carlotta, 205.
Carmena, 83.
Carmona, 208.
Carolina (la), 199.
Carolines (îles), 31.
Carpio (el), 204.
Carracas, ou Venezuela, 31.
Carrion (le), 247.
Carrion los Condes, 248, 249, 259.
Cartama, 185.
Carthagène, 24, 36, 171, 178, 197.
Casa del Campo, 329.
Casalla, 207.
Casar de Caceres, 242.
Casarubios, 330.

Cascante, 100.
Caspe, 84.
Castalla, 168
Castejon de Val de Jaca, 72.
Castelar, 168.
Castel Blanco, 349.
Castel Ciudad, 46.
Castel Follit, 46.
Castelona, 201.
Castellon de la Plana, 156.
Castille (royaume de) 12, 17, 33, 310.
Castille (Nouvelle), 5, 32, 34, 35, 36, 38, 309 et suiv.
Castille (Vieille), 4, 6, 32, 34, 35, 36, 38, 375 et suiv.
Castillo (un), 73.
Castillon de Ampurias, 52.
Castril, 186.
Castro (del Rey), 4, 143.
Castro de Urdiales, 277.
Castro Marino, 219.
Castropol, 128.
Catalogne, 6, 23, 24, 32-37, 39 et suiv.
Caudete, 167.
Cea, 249.
Cela, 137.
Genia (la), 66, 155.
Cerdagne (la), 45.
Cervera, 60.
Cervera, 290.
Ceuta, 31, 34, 221.
Cevolla, 377.
Chamartin, 328.
Chiclana, 219.
Chili (le), 31.
Chinchilla, 175.
Chinchon, 341.
Christoval (San), 239.
Cidagon, 289.
Cienpozuelos, 341.
Cifuentes, 315.
Cigarosa, 149.

Cinca (la), 67.
Cinq-Villes (les), 73.
Citadella, 369.
Ciudad Real, 358.
Ciudad Rodrigo, 35, 231, 272.
Claire (Sainte-), 110.
Clamores, 296.
Clemente (San), 335.
Coca, 293.
Cogolludo, 313.
Collile (col de) 43.
Colmenar, 339.
Colunga, 126.
Comminge (pays de), 69.
Commissari (Mont de), 90.
Conférence (île de la), 105.
Conil, 220.
Constantina, 207.
Consuegra, 351.
Cordoue (royaume de), 33, 36, 37, 180, 196, 203 et suiv.
Cordoue, 6, 204.
Corella, 100.
Coria, 35, 228, 230.
Corogne (la) 137.
Corral de Almaguer, 354.
Coulade (col de), 43.
Creuz (cap), 51.
Crueril, 144.
Cuba, 31.
Cucuman, 31.
Cudillero, 127.
Cuellar, 293.
Cuença (province de), 33, 38, 311, 331, 332 et suiv.
Cuença (la Sierra de), 312, 333.
Cuença, 36, 332.
Cuera, 72.
Cunillas, 279.
Curbiry, 89.

D

Daro (le), 182.
Daroca, 83.

Deleytosa, 234.
Denia, 162.

Despenaperros, 199.
Deva, 110.
Donna Maria, 94.
Dragonera, 369.

Duenas, 248, 250.
Duero, ou Douro, 4, 8, 246, 248, 264, 266, 275, 289.
Durango, 121, 133.

E

Ebre (l'), 6, 7, 36, 66, 275, 282, 289.
Ecija, 207.
Elche, 168, 169.
Elda, 168.
Elena (Santa), 71.
Elena (Santa), 198.
Elizondo, 89, 91.
Ellerena, 245.
Elne, 44.
Elsaudry, 90.
Elvina, 139.
Enguy (val d'), 89.
Erbas, ou Ervas, 274.
Eresma (l'), 295, 296.
Escalona, 348.

Escurial (l'), 303 et suiv.
Esgueva (l'), 250.
Espelette, 90.
Espinosa, 240, 280.
Espinosa, 282.
Espolla, 42.
Estella, 101.
Estepona, 186.
Estevan (Sant-), 90, 94.
Estevan (Sant-), 146.
Estevan de Gormas (Sant), 292.
Estramadure, 5, 32-35, 225 et suiv., 274.
Etchalar, 90, 95.
Exea, 72, 73.
Ezla (l'), 256.

F

Fache (col del), 422.
Faisans (ile des). *V*. de la Conférence.
Felipe (San) ou Xativa, 167.
Feria, 244.
Fernando (San), 330.
Fernan Nunez, 206.
Ferrol (le), 133, 178.
Figuères, 48.
Figuier (le fort du), 109.
Finisterra (cabo de), 139.
Fiscal, 71.
Fitero, 101.
Flores, 313.
Florida (la), 323.
Floride (la), 31.

Fluvia, 48.
Fontarabie, 108.
Fontiveros, 307.
Formentera, 360, 370.
Formentor (cabo), 364.
Fraga, 74.
Fragenada, 273.
Francia (Sierra de), 273.
Frias, 282.
Fuen Carral, 317.
Fuensaldagne, 252.
Fuente de la Higuera, 167.
Fuente de Padronaro, 353.
Fuente Palmera, 205.
Fuentes, 81.
Fuenti Duenas, 352.

G

Galice (royaume de); 32, 33, 34, 37, 137 et suiv.
Galisteo, 229, 230.

Gallego, 67.
Galliego, 79.
Gamarra major-menor, 116.

VILLES, etc. 383

Gamonal, 285.
Gandia, 161.
Garrigas, 48.
Gata, 231.
Gates (cap de), 182.
Gaucin, 193.
Gaudens (Saint), 69.
Gebora, 241.
Getafe, 330.
Gibraltar, 197, 222, 223.
Gijon, 126.
Gineta (la), 175.
Ginez (San), 178.
Gironne, 35, 48, 49.
Gomicha, 116.
Graena, 187.
Grajanejos, 336.
Granja (la). *V.* Ildefonse (St).
Grazalema, 195.
Gredos (monts), 229.
Gregorio (San), 79.
Grenade (royaume de), 8, 23, 32, 33, 37, 41, 180 et suiv., 195.
Grenade, ou Granada, 35, 36, 177, 187.
Grenade (Nouvelle), 31.
Guadalaviar, 67, 154, 158, 331.
Guadalaxara (prov. de), 33, 38, 311, 312 et suiv., 315, 316, 336.
Guadalaxara, 313.
Guadalcanal, 13, 207, 245.

Guadalentin (le), 171, 176, 179, 182.
Guadalete (le), 182, 207, 214.
Guadalimar, 198.
Guadalmedina, 192.
Guadalorce (le), 225.
Guadalquivir, 5, 67, 196, 198, 202, 203, 207, 218.
Guadalupe, 235.
Guadalupe (Sierra de), 227, 234.
Guadamar, 164.
Guadarmena, 198.
Guadarrama, 316.
Guadarrama (Sierra de), 296.
Guadarrama, riv., 317.
Guadiana, 5, 7, 207, 219, 235, 239, 241, 246, 309, 352.
Guadiaro, 192.
Guadix, 187.
Guardia (la), 117.
Guardia (la), 142.
Guardia (la), 350.
Guarromon, 199.
Gudina, 149.
Guenes, 120, 133.
Guernica, 118.
Guerrea, 72.
Guetaria, 110.
Guione, 31.
Guipuscoa, 34, 37, 102, 107, 113.
Guisando, 308.

H

Harcha Plate, 88.
Haro, 286.
Hea, 118.
Henarez, 307, 313, 338.
Hernani, 112.
Hinijoso, 29.
Hita, 313.
Hospitaled (l'), 64.

Hostalrich, 49.
Huarte, 92.
Huecar, 333.
Huerta, 291.
Huesca, 35, 73.
Huescar ou Guescar, 182.
Huete, 332.

I

Igualada, 60.
Ildefonse (Saint), 25, 298.

Iles-des-Dieux, 142.
Illergetes, 46.

Illescas, 342.
Illiberis, 190.
Ilsoca, 42.
Imelestegui, 88.

Irriburetta, 88.
Irun, 105, 107.
Isterbey, 89.
Iviça, 38, 360, 370.

J

Jaca, 35, 72.
Jaen (royaume de), 33, 37, 180, 198 et suiv.
Jaen, 36, 202.
Jago de Compostella (San) 35, 150, 230, 237.
Jago de Linas (San), 148.

Jaraycejo, 234.
Jegame (col de), 43, 45.
Jonquera (la), 42, 43, 44.
Joseph (Saint), 79.
Jumilla, 173.
Just (Saint), 229.

L

La Bisbal, 52.
Lagarza, 88.
Lambert (Saint), 79.
Lampourdan (le), 50.
Lanz, 92, 93.
Lara, 288.
Laredo, 277.
Laurent de Cerda (Saint), 42.
Laurent de la Monga (Saint), 44.
Lebrilla, 176.
Lebrixa, 213.
Ledesma, 270.
Lefora, 96.
Leganes, 330.
Léon (royaume de), 4, 32, 33, 35, 37, 246 et suiv., 250.
Léon (province de), 246, 259 et suiv.
Léon (ville de), 36, 261.
Léon (ile de), 214.
Léon (Sierra de), 3.
Lequeytio, 118.
Lerin, 100.
Lerma, 287.
Lescou (vallée de), 86.
Lezaca, 90, 95.
Lima (la), 148.
Linares, 201.
Linas, 56.

Lincoin, 89.
Liria, 166.
Lisbonne, 5.
Livia, 43.
Lizasso, 93.
Llanès, 126.
Llobregat (le), 56.
Lluch Mayor, 364.
Lodarès, 291.
Lodosa, 101.
Loeches, 339.
Logrono, 287.
Lorca, 8, 176, 177.
Lorca (la), 171.
Lorqui, 173.
Loxa, 191.
Loyola, 113.
Luarca, 128.
Lubian (col de), 150.
Lucar de Barzameda (San), 218.
Lucar de Guadiana (San), 219.
Lucena, 206.
Lucena, 219.
Lugo, 143.
Luisiana, 208.
Luna, 72.
Luzaïde, 68.

M

Machigago, (cap), 118.
Madrid (province de), 33, 38, 311, 316 et suiv.
Madrid, 8, 18, 34, 238, 269, 305, 317 et suiv.
Madridejos, 351.
Mahon (Port-), 222, 367.
Majorque, île et ville, 32, 33, 34, 36, 36, 38, 360 et suiv.
Malaga, 34, 36, 184, 186.
Malaga (Velez), 184.
Malgra, 53.
Mallorca (*V.* Majorque).
Malpartida, 229.
Mançanarez, ville, 316, 329.
Mançanarez, 5, 357.
Mançanarez, riv., 6, 328.
Manche (la), province, 5, 33, 38, 311, 312, 356 et suiv.
Mancilla, 260.
Manresa, 59.
Mansilla, 249.
Maqueda, 331.
Marchena, 209.
Margina, 116.
Maria de Nieva (Santa) 293.
Maria (Puerto de Santa), 34, 217.
Marguerite (Sainte-), 139.
Martial (hauteurs de Saint-), 97.
Martin (Saint-), 110.
Martin (San), 136.
Martin de la Arena (San) 123, 279.
Martin de la Quiroya (Saint-), 145.
Martin-Munoz, 294.
Martorel, 52.
Matorell, 57.
Martos, 203.
Marvella 186.
Massanet, 42.
Mataro, 53.
Matagorda (fort de), 215, 217.
Mauregas (les), 262.
Maurellias, 42.
Maya, 91, 94.

Maurouella, 266.
Medellin, 236.
Medina Celi, 291.
Medina de la Torres, 245.
Medina del Campo, 255.
Medina del Rio Seco, 249, 254.
Medina del Pomar, 282.
Medina Sidonia, 219.
Méditerranée, 1, 2, 6, 8, 39, 42, 153, 170, 180.
Melilla, 31.
Mengibar, 201.
Mequinenza, 80.
Merida, 236, 242, 270, 274.
Meso, 137.
Messa d'Ibor, 234.
Messana, 121.
Mexique, 27, 31.
Miajadas, 235.
Michel (Saint-), 88.
Miglanilla, 334.
Miguel de Monte Furado (San), 146.
Minaya, 357, 358.
Minho, 4, 142, 143, 150.
Minorque, 38, 360, 365.
Miraflores, 286.
Miranda de Ebro, 283.
Miravette, 233.
Molar, 314.
Molina, 173.
Molina (Senorio de), 331.
Molina, 331.
Monas, 43.
Monblanco, 60.
Moncada, 166.
Monçon, 73.
Monda, 191.
Mondenedo, 35, 142.
Mondragon, 112.
Mondragon, 121.
Monforte de Lemos, 145.
Monga (la), 44.
Montalba, 42.
Montalban ou Montalvan, 84.
Montanas de Burgos et de Sant-Ander, 38, 276 et suiv. 282.

Montanches, 243.
Monterey, 147, 148, 150.
Montesa, 167.
Monte Torrero, 79.
Montiel, 356, 358.
Montilla, 206.
Mont Louis, 45.
Montserrat, 57.
Mora, 350.
Moraleja, 231.
Morella, 164.
Morena (Sierra), 3, 13, 197, 199, 207, 235.
Morentan, 152.
Morillo, 72.

Moron, 212.
Mota del Cuervo, 355.
Motrico, 111.
Motril, 183.
Moya, 335.
Mugardos, 136.
Mugia, 139.
Mujacar ou Muzacra, 182.
Munilla, 290.
Murcie (royaume de), 5, 23, 24, 32-34, 41, 170 et suiv. 180.
Murcie, ville, 8, 36, 169, 174.
Muros, 140.
Murviedro, 157.

N

Najera, 286, 289.
Naval Moral, 229.
Navarre, 7, 32, 34, 35, 37, 86 et suiv.
Navarre française, 86, 87.
Navarette, 286.
Navas de Tolosa (las), 199.
Navata, 48.
Navia, 128.
Neda, 136.
Nevada (Sierra), 3, 180, 187, 188.
Niebla, 218.

Nive (la), 88.
Nivelle (la), 90.
Nocedo, 145.
Nostra Senora de las Hermitas, 149.
Notre-Dame des Aldudes, 89.
Nouzous (col de), 43.
Noves, 346.
Noya, 140.
Noya (la), 57.
Nueva, 72.
Nueva Tabarca, 164.
Nules, 157.

O

Ocana, 349.
Occa (Sierra d'), 286.
Océan atlantique, 1, 4, 5, 6, 102, 124, 131, 195, 207.
Oholdisun, 90.
Olalla (Santa), 347.
Olbera, 212.
Olaz, 92.
Olias, 342.
Olite, 99.
Olivarez, 254.
Olivenza, 239, 245.
Olmedo, 253, 294.
Olot, 48.
Ona (Sant), 278.
Onis, 130.

Oquenda, 121.
Oran, 31.
Orbaizeta, 88.
Orbara, 88.
Orduno, 121.
Oreilla, 88.
Orense, 35, 146.
Orihuela, 36, 169, 175, 177.
Oriols, 48.
Orisson, 88.
Oropesa, 156.
Oropesa, 309.
Orsuna, 149.
Ortegal (cap), 134.
Orts (col des), 42.
Osma, 36, 292.

… VILLES, etc. 387

Ossuna, 20.
Ostiz, 93.

Oviedo, 35, 126, 128.
Oyarzun, 111.

P

Palamos, 52.
Palencia (province de), 33, 37, 246, 247, 249 et suiv.
Palencia, 35, 247, 250.
Palma, 178.
Palma ou Mallorca, 34, 362.
Palma (la), 136.
Palos, 218.
Palos, cap, 178.
Palumbaria, 264.
Pampelune, 34, 35, 91, 98 et suiv.
Pancorvo, 283.
Paradez, 248, 291.
Paraguay, 31.
Pardaleraz, 239, 240.
Pardo (el), 316.
Pastrana, 331.
Paular (el), 302.
Paxarete, 194.
Payo (San), 140.
Payosa (a), 138.
Pedraça de la Sierra, 303.
Pedre (val), 287.
Pedroneras (las), 358.
Pedroso, 258.
Pena de Francia, 273.
Penafiel, 253.
Penaflor, 130.
Penalva, 74.
Penaranda, 271.
Penaranda, 306.
Penausende, 266.
Peniscola, 156.
Peralta, 100.
Perdiguera, 80.
Perou, 13, 31.
Perpignan, 42, 43.
Perthus (col de), 42, 43.
Phelipe (San), 136.
Philippe (saint), 139.
Philippines (îles), 31.
Pic du midi, 70.
Pico sacro, 152.
Piedra filla, 263.

Piedra hita, 271.
Pierre Villanosa (Saint-), 120.
Pignon (le), 88.
Pineda, 53.
Pityuses (îles), 360, 369.
Pizuerga, 8, 247, 250.
Placencia, 113.
Plasentia, 35, 228.
Pola (Santa), 164.
Pollenza, 364.
Ponferrada, 262.
Pontevedra, 140.
Pontons, 48.
Porteil (col de), 42.
Pont du Passage (le), 108.
Porto Petri, 365.
Porto Rico, 31.
Portugal, 1, 2, 4, 131, 133, 142, 145, 147-150, 153, 195, 219, 225, 239, 245, 246, 264, 265, 270.
Port-Vendres, 50.
Potes, 280.
Pozo de la Canada, 176.
Prado (le), 318.
Prats de Baloguer, 43.
Prats de Mollo, 43, 45.
Prieros, 263.
Puebla de Arlanzon, 115.
Puebla de Montalban (la), 346.
Puebla de Senabria, 256.
Puente de l'Arzobispo, 228, 229, 230, 348.
Puente de Ferreyra, 144.
Puente Lesma, 151.
Puerto Marino, 143.
Puerto de Mudelar, 199.
Puerto del Rey, 199.
Puerto Real, 217.
Puerto Lapice, 351.
Puginal, 43, 45.
Puntales (fort de), 215.
Puycerda, 43, 45.
Pyrénées, 1, 39, 66.

Q

Quintana de la Puente, 247, 288.
Quintenar de la Orden, 354.
Quinto, 81.
Quiroga, 145.

R

Recaregare, 88.
Redondella, 141.
Rentaria, 108.
Requejo, 150.
Requena, 334.
Respulda, 121.
Revenga, 298.
Reynosa, 282.
Rhune, 95.
Ribadavia, 152.
Ribadeo, 134.
Ribadesella, 126.
Ribas, 43, 45.
Rincon, 175.
Rio Frio, 298.
Rio Occa, 236.
Rioja ou Rioxa, 286.
Roa, 288.
Rocca, (la), 241.
Roch (Saint-), 197, 222, 223.
Rochefort, 218.
Roda (la), 357.
Roncals, 86, 91.
Roncevaux, 6, 86, 88, 91.
Ronda, 192.
Ronda (Sierra de), 3, 212.
Ronda (la Serrania de), 192, 193.
Roses, 41, 42, 51.
Rota, 218.
Rua (la), 146.
Rueda, 255.

S

Sabyana de Alava, 115.
Sacro-Monte, 190.
Sadava, 72, 73.
Saelices, 354.
Sahagun, 249, 260.
Sainte-Croix de Ténériffe, 34.
Saint-Etienne de Baygorry, 89.
Saint-Jean-Pied-de-Port, 87, 88.
Salamanque (province de), 33, 37, 246, 266 et suiv.
Salamanque, 26, 35, 247, 249, 265, 267, 274.
Saldana, 249.
Salin, 97.
Salinas, 112.
Salinas (Cabo de), 365.
Salinas (Sierra de), 168, 173.
Sallent, 71.
Salobrena, 183.
Salona, 64.
Salvatierra, 117.
Salvatierra, 152.
San Diego, 138.
San Feliu, 61.
Sanguessa, 97.
Santa Cruz de la Zarza, 353.
Santa Cruz de Mudela, 357.
Santa-Fe, 191.
Santillana, 279.
Santillana (Montanas de), 121 et suiv., 275 et suiv.
Santipons, 212.
Saragosse, 35, 75 et suiv.
Sari (le), 90.
Sastago, 7, 81.
Sébastien (Saint-), 34, 109.
Segontia-Atienza (Mont), 292.

VILLES, etc.

Segorbe, 35, 165.
Ségovie (province de), 33, 36, 38, 276, 292 et suiv.
Ségovie, 22, 23, 295.
Sègre (la), 45, 46, 47.
Segura (la), riv., 8, 155, 169, 170, 198.
Segura (Sierra), 15.
Selva Alta (la), 50.
Selva Baxa (la), 50.
Sepulcro de Scipion, 177.
Sepulveda, 306.
Settenil, 194.
Séville (royaume de), 33, 35, 36, 37, 180, 196, 206 et suiv.
Séville, 6, 23, 24, 25, 209.

Sierra de Guadarrama, 294.
Siguenza, 36, 292.
Sil (la), 149.
Simancas, 7, 252.
Sobrarbe (royaume de)) 68.
Solera, 333.
Soller, 364.
Solsona, 35, 59.
Somo Sierra, 275, 312.
Sorausen, 93.
Soria (province de), 33, 38, 276, 288 et suiv.
Soria, 4, 290.
Sos, 72, 73.
Solo, 289.

T

Tafalla, 97.
Tage, 5, 35, 234, 241, 309.
Tajuna, 337, 339, 341.
Talavera del Rey, 244.
Talavera de la Reyna, 228, 347.
Talavera la Vieja, 349.
Tamboia (la), 142, 143.
Tambra (la), 140, 150.
Tamega, 148.
Taraçona, 82.
Tarançon, 353.
Tarazona, 35, 335.
Tarega, 60.
Tarik ou Tariffa, 220, 221.
Tarragone, 35, 62.
Tauste, 73.
Tech (le), 43, 44.
Tembleque, 350.
Tentorio de Boo, 129.
Ter (le), 44.
Terre-Ferme (la), 31, 37.
Teruel, 35, 84.
Tet (le), 43.
Thuez, 43.
Tierra de Campo, 247.
Tietar (le), 229, 309.
Tinto (le), 207, 218.
Toboso (el), 355.

Tolède (province de), 33, 38, 311, 335 et suiv.
Tolède, 5, 17, 35, 36, 343.
Tolosa, 111.
Tordera, 53.
Tordesillas, 254.
Tormes (la), 264, 267, 270, 271.
Toro, 257.
Toro (Partido de), 33, 37, 246, 247, 249, 257 et suiv., 282.
Torquemada, 247.
Torre (la), 71.
Torrejon, 337.
Torre Labaton, 254.
Torre Laguna, 336.
Torrija, 313.
Torrijos, 346.
Torril, 229.
Tortose, 36, 65.
Totana, 176.
Trafalgar (Cabo), 220.
Trevino, 117.
Trubia, 130.
Truxillo, 234.
Tudela, 7, 99, 197, 198, 240.
Tudela de Duero, 253.
Tuy, 152.

U

Ubeda, 202.
Ubeda, 336.
Uclez (commun de), 353.
Uclez, 353.
Uhalde, 88.
Ulla, 150.
Undarola, 88.
Urbion (la Sierra de), 4, 275, 289.

Urdanitz, 89.
Urdax, 90.
Urepel, 89.
Urgel, 35, 45, 46.
Urgel (plaine d'), 60.
Urrugne, 90.
Utrera, 212.

V

Val de Penas, 357.
Valdemoro, 341.
Valderadney, 264.
Valderaniego, 249.
Valderas, 260.
Valence (royaume de), 32, 33, 34, 35, 37, 153 et suiv.
Valence, 34, 35, 158.
Valentia d'Alcantara, 232.
Valera, 333.
Valloboa, 139.
Valladolid (province de) 33, 37, 246, 249 et suiv. 256, 276.
Valladolid, 36, 250.
Valiatza (passage de), 149.
Vallecas, 330.
Vallença, 152, 153.
Valmaseda, 120, 133.
Valverde, 261.
Valverde, 271.
Valverde de Leganès, 244.
Venasque, 70.
Vendrell, 62.
Venezuela (*V*. Carracas).
Venta de Belate, 91.
Venta del Puerto, 172.
Venta Nova, 61.
Vera, 182.
Verin, 149.
Vero, 67.
Verra (*V*. Berra).
Viana, 101.
Viana, 149.
Vicente de la Barquera (San), 279.

Vich, 59.
Viescas, 71.
Vigo, 141.
Vilalcazar, 249.
Villaba, 92.
Villaboa, 134.
Villacastin, 294.
Villafranca, 262.
Villafranca de Ebro, 75.
Villafranca de Panadez, 61.
Villahermosa, 165.
Villalpando, 259.
Villamejor, 342.
Villanueva, 201.
Villanueva de la Jara, 334.
Villar, 175.
Villarcayo, 282.
Villar del Rey, 242.
Villareal, 157.
Villarelo, 149.
Villarente, 249, 261.
Villarta, 352.
Villaseca, 354.
Villatobas, 354.
Villaviciosa, 126.
Villaviciosa, 305, 314.
Villaviciosa, 330.
Villena, 173.
Vinaros, 155.
Viscaret, 89, 92.
Vittoria, 114.
Vivel, 165.
Vivero, 134.

X

Xadraca, 313.
Xalon, 67.
Xarama, 329, 341, 342.
Xaviero, 97.
Xenil (le), 182, 207.
Xerès de la Frontera, 122, 213, 214.
Xeres de los Caballeros, 244.

Xerica, 165.
Xert, 165.
Xerte, 227.
Xerte (la), 228, 229.
Xicona, 168.
Ximena, 224.
Xucar, 154, 161, 167, 309, 332, 333, 335.

Y

Yniesta, 334.

Yspeguy, 89.

Z

Zadora, 115.
Zafra, 245.
Zagala, 241.
Zagarramurdi, 95.
Zahara, 213.
Zamora (province de) 33, 37, 246, 264 et suiv.

Zamora, 34, 35, 264.
Zancara, 335.
Zapardiel, 255.
Zubiry, 92.
Zuera, 80.

FIN DE LA TABLE DES NOMS DE PROVINCES.

TABLE

DES NOMS D'HOMMES.

A

Amaranda, gén. portugais, 94.
Amilcar Barca, gén. carthaginois, 53, 61.
Anjou (le duc d'). *V.* Philippe V.
Annibal, gén. carthaginois, 53, 367.
Ansenada (marquis de la), ministre espagnol, 248.
Anson, amiral anglais, 140.
Aranda (le comte d'), ministre espagnol, 164.
Arcos (le duc d'), 229.
Arisaga, gén. espagnol, 350.
Artois (S. A. R. Monsieur, comte d'), 222, 223, 301, 302.
Asdrubal, gén. carthaginois, 179.
Asfeld (le chev. d'), fameux général. 162, 164, 167, 168.
Auguste, empereur romain, 62, 125, 236, 277, 289.
Augustin (saint), 62, 304.
Augustin (Antoine), évêque, 74.
Averroès, savant arabe, 204.
Avicenne, savant arabe, 204.
Avila (d'), héros espagnol, 268, 308.
Aznar, roi de Sobrarbe, 71.
Abailard, 85.
Abderame, calife de Cordoue, 204.
Adrien, empereur romain, 212.

Adrien V, pape, 358.
Ajub, gén. maure, 81.
Albe (les ducs d'), famille illustre, 11, 176, 271, 323, 347.
Albuquerque (le duc d'), gén. espagnol, préface, pag. VIII; 217, 241.
Alphonse Ier, roi des Asturies, 130.
Alphonse Ier, roi d'Aragon, 63, 68, 74, 81, 83.
Alphonse III, roi de Léon, 258, 260, 264.
Alphonse IV, roi de Castille, 332.
Alphonse IV, roi de Portugal, 221.
Alphonse V, roi de Portugal, 258.
Alphonse VI, roi de Castille, 307.
Alphonse VII, roi de Castille, 237, 343.
Alphonse VIII, roi de Castille, 231, 264.
Alphonse IX, roi de Castille, 174, 237, 247, 333.
Alphonse X, roi de Castille, 174, 209, 296, 344.
Alphonse XI, roi de Castille, 221.
Alphonse XII, roi de Castille, 245.
Alphonse, bâtard d'Aragon, 165.
Alvarez, gén. espagnol, 48.

TABLE DES NOMS D'HOMMES.

B

Baird, gén. anglais, 138, 249.
Balboa, navigateur, 245.
Ballesteros, gén. espagnol, 244.
Barbe, reine d'Espagne, 321.
Bayer, savant espagnol, 30.
Béliard, gén. français, 328, 330.
Belluga, évêque, 169, 174, 179.
Benabet, roi maure de Séville, 332.
Benoît XIII, anti-pape, 156.
Bentinck, général anglais, 61, 63, 64.
Beranger (Raymond), comte de Barcelone, 46, 53, 68, 74.
Beresford, gén. anglais, 240, 244.
Bermudo III, roi de Léon, 261.
Berwick (le duc de), maréchal de France, préface, page VIII ; 55, 166, 168, 172, 173, 242.
Bessières (duc d'Istrie), maréchal de France, préface, pag. VIII ; 255, 285, 314.
Blake, 133, 187, 191, 244, 280.
Bonivet, amiral de France, 108.
Borgia (César), fils du pape Alexandre VI, 160.
Bourbon (M. le duc de), 222, 223, 301, 302.
Bourbon (d'Espagne), 22, 160, 301, 305.
Bouteleux, architecte français, 299.
Brancas (comte de), général français, 49.
Bruno (saint), 303.
Buffon, naturaliste français, 29.
Buffon, officier français, 80.
Buonaparte. *V.* Napoléon.
Byng, officier anglais, 92, 94.

C

Cabarrus, banquier français, 322.
Cacalla, prédicateur, 251.
Calderon, auteur dramatique espagnol, 26, 27.
Calixte II, pape, 237.
Calvin, réformateur, 18.
Cané (Sebastien), navigateur, 110.
Cardona (Raymond de), 61.
Carduche (Vincent), peintre, 303.
Carpio (Bernald del), héros espagnol, 268.
Carrache (Annibal), peintre, 305.
Carrion (les comtes de), 259.
Carrion de Nisas, off. français, 84.
Castanos, gén. espagnol, préface, page viij ; 57, 100, 197, 198, 200, 201, 289, 327.
Castellar, gén. espagnol, 327.
Caton l'ancien, consul romain, 52.
Cavanilla, savant espagnol, 29.
Cervantes (Michel), écrivain espagnol, 26-28, 308, 339, 351, 354-356.
Cervantes, cardinal, 62.
César (Jules), dictateur romain, 46, 47, 159, 192, 210, 234, 308.
Cham, fils de Noé, 128.
Charlemagne, empereur d'occident, 40, 49, 66, 91, 282, 360, 366.
Charles Ier, roi d'Espagne,

plus connu sous le nom de Charles-Quint, préface, vj.-13, 22, 25, 26, 81, 106, 110, 189, 210, 229, 232, 245, 250, 251, 254, 283, 284, 304, 310, 319, 339, 345.
Charles II, roi d'Espagne. préface, p. vij; 7, 23, 28, 135, 305, 324, 335, 344.
Charles III, roi d'Espagne, préface, p. vij; 7, 23, 28, 66, 81, 135, 166, 232, 267, 284, 295, 300, 301, 302, 305, 314, 317-322, 325, 329, 342, 345, 357.
Charles IV, préface, page VII; 7, 28, 81, 302, 322, 326, 327, 340.
Charles, archiduc d'Autriche, 40, 49, 55, 59, 69, 74, 159, 162, 169, 172, 174, 324, 325.
Château-Renaud, amiral français, 141.
Chimène, épouse du *Cid*, 159.
Cid (Ruy Diaz de Bivar, surnommé le), héros espagnol, 159, 268, 284, 320.
Colbert, gén. français, préface, page VIII; 263.
Cole (Lowry), gén. anglais, préface, page VIII; 92.
Colomb (Christophe), navigateur, 17, 209, 218.
Condé (prince de), grand capitaine, 46, 107-109.
Copons, gén. anglais, 57.
Corneille (Pierre), poète français, 27.
Corrège (le), peintre, 320.
Cortez (Fernand), conquérant du Mexique, 226, 227, 236, 268.
Cottoner, grand-maître de l'ordre de Malte, 362.
Crillon (le duc de), gén. français, préface, page VIII; 222, 223, 366, 368.
Cuesta, gén. espagnol, préface, VIII; 228, 233, 236, 255, 346, 348.

D

Dalhousie, gén. anglais, 94, 95.
Darricaut, gén. français, 265.
Didot, imprimeur français, 30.
Digeon, gén. français, 241.
Dominique (Saint-), 292.
Duguesclin, connétable de France et de Castille, 286, 292.
Duhesme, gén. français, 55, 56.
Dupont, gén. français, 198-201, 218, 327, 351.
Duvernay, gén. français, 258.

E

Elio, général espagnol, 161.
Empecinado (don Juan Martin surnommé l'), chef de guerilas, 311, 330, 833, 338.
Ercilla y Zuniga (don Alonso de) Poète espagnol 27, 118.
Eroles (le baron d'), gén. espagnol, 47, 80.
Escobar, jésuite, 28.
Espagnolet (l'), peintre espagnol, 29.
Espana (don Carlos d'), gén. espagnol, 98, 241.
Espinosa (Diego d'), card. 294.
Euric, roi des Goths d'Espagne, 40, 63.

F

Favila, prince des Asturies, 130.
Ferdinand Ier (Saint-), roi de Castille, 209, 320, 343.

Ferdinand II, roi de Castille, 209, 272.
Ferdinand III, roi Castille, 202, 204, 244.
Ferdinand V. le catholique, 17, 68, 72, 88, 106. 118, 181, 182, 186-189, 191, 193, 202, 213, 258. 310, 344.
Ferdinand VI, roi d'Espagne, préface p. VI, VII; 8, 23, 32, 44, 135, 210, 248, 295, 300, 305, 319, 321, 330, 339, 340.
Ferdinand VII, roi d'Espagne, 31, 114, 212, 215, 305, 326, 327, 341.
Fermin (architecte français), 299.
Fernan Nunez (le duc de), ambassadeur espagnol, 206.

Fiejoo, critique espagnol, 28.
Florida Blanca (le comte de), ministre espagnol, 7, 327, 346.
Fontana, gén. français*, 51.
Fontrailles, confident de Gaston d'Orléans, 323.
Fournier, gén. français, 144.
Foy, gén. français, 242.
Franceschi, gén. français, 142, 149, 151, 260.
François Ier, roi de France, 106, 108, 303, 320, 323.
François, Dauphin de France, 303.
François Xavier (saint), 97.
Freyre (Manuel), gén. portugais, 97.
Froila Ier, prince des Asturies, 121, 296.

G

Gabriel, infant d'Espagne, 30.
Galba, empereur romain, 261.
Galloway (Ruvigny lord), gén. français, réfugié en Angleterre, 172, 232.
Garcie (prince de Léon), 258.
Gasquet, offic. français, 80.
Gazan, gén. français, 79.
Godoï, prince de la Paix, favori de Charles IV, 305, 325. 326, 140, 341.
Gonsalve de Cordoue, fameux gén., 204, 268.

Gonzalez (Ferdinand), comte de Castille, 284, 310.
Gouvion de Saint-Cyr, maréchal de France, 52, 55, 56, 63.
Graham (Thomas), gén. anglais, préface, VIII; 110, 112, 116.
Grangean, gén. français, 100.
Gravina, amiral espagnol, 220.
Guevera (Louis Perez de), 28.
Guide (le), peintre, 305.

H

Hannon, génér. carthaginois, 46.
Harcourt (comte d'), gén. français, 46.
Haro (don Louis de), ministre d'Espagne, 165.
Héloïse, amante d'Abailard, 85.
Henri de Transtamare, roi de Castille, 255, 286, 287, 292.

Henri III, roi de Castille, 210, 258.
Henri X, roi de Castille, 314, 323, 348.
Henri, fils de François Ier, 303.
Hercule, héros fabuleux, 137, 209, 211, 234.
Herrera, historien espagnol, 26.

* Nous mettons général français quand il s'agit d'un général au service de France, quel que soit son pays natal.

Herrera, architecte, 250.
Heudelet, général français, 153.

Hill (Rowland), gén. anglais, préface, vij; 94, 115.
Homère, poëte grec, 356.

I

Ibarra, imprimeur espagnol; 30.
Ildefonse (Saint-), 264.
Infantado (le duc de), 333.
Isabelle, reine de Castille, 18, 182, 187, 189, 213, 258, 310, 344.

Isabelle Farnèse, femme de Philippe V, 298, 300.
Isla, jésuite, 28.
Isquierdo, savant espagnol, 29.

J

Jacques ou Jayme Ier, roi d'Aragon, 68, 69, 159, 163, 165, 166, 360.
Jayme, roi des îles Baléares, 363, 365.
Jacques ou Jayme II, roi d'Aragon, 11, 85, 166, 167.
Jacques II, roi d'Angleterre, 172.
Jacques le Majeur (Saint-), 151, 152.
Jardon, gén. français, 139.
Jean II, roi de Castille, 286.
Jean II, roi d'Aragon et de Navarre, 165.
Jeanne *la folle*, reine d'Espagne, 189, 254.
Jonquière (marquis de la), amiral français, 140, 366.

Jordan (Luc), peintre espagnol, 29, 214.
Joseph Ier, roi de Portugal, 239.
Joseph Buonaparte, 114, 115, 135, 190, 193, 205, 208, 212, 217, 313, 319, 327, 328, 330, 338, 347, 348.
Jourdan, maréchal de France, 115, 347.
Juan d'Autriche (don), grand capitaine, 239.
Juan del Pozo, architecte, 332.
Junot, duc d'Abrantès, gén. français, 78.
Justinien, empereur romain, 171, 360.

K

Kellermann, général français, 271.

L

La Bisbal. *V.* O'Donnel.
La Carrera, gén. espagnol, 240.
Lacoste, gén. français, 83.
Lagrange, gén. français, 100.
Lahoussaie, gén. français, 306, 333.

Lamartillière, gén. français, 153.
Lamartinière, gén. français, 96.
Lambert, fameux musicien, 361.
Lannes (maréchal duc de Montebello), 78, 100, 101.

DES NOMS D'HOMMES.

La Romana, gén. espagnol, 129, 133, 140, 142, 144, 145, 149, 151, 230, 259, 261-263, 279-281.
Lasalle, gén. français, 288, 347.
Las Casas, évêque, 211.
La Union, gén. espagnol, 44.
Laval, gén. français, 234.
Leak, amiral anglais, 164.
Lebrixa, historien espagnol, 213.
Lefebvre (maréchal duc de Dantzick), préface, p. VIII; 120, 281, 297.
Lefebvre-Desnouettes, gén. français, 85, 256.
Lejeune, gén. français, 309, 342.
Léon X, pape, 268.
Lerme (duc et duchesse de), 251, 288, 339.
Le Sueur, peintre français, 303.
Linnée, botaniste suédois, 29, 321.
Llorente, écrivain espagnol, 29.
Loison, gén. français, 146.
Longa, gén. espagnol, 116.
Lope de Vega, auteur dramatique espagnol, 26, 27.
Lopez de Paro, fondateur de Bilbao, 118.
Lorenzana, cardinal, 345, 359.
Louis (don), roi d'Espagne, 300, 305.
Louis-le-Débonnaire, 40, 49.
Louis VII, roi de France, 151.
Louis XII, roi de France, 106.
Louis XIII, roi de France, 323.
Louis XIV, roi de France, 41, 105, 106, 108, 321, 324.
Louis XV, roi de France, 368.
Lowry Cole. V. Cole.
Lucain, poète latin, 204.
Lucullus (Lucius Licinius), gén. romain, 293.
Lulle (Raymond), fameux médecin et philosophe, 362.
Luther (réformateur), 18.

M

Magon, frère d'Annibal, 367.
Mahoni, gén. espagnol, 179.
Maison, gén. français, 281.
Mariana, jésuite, historien, 26-28, 347.
Marie d'Agréda, 291.
Marie-Louise-Gabrielle de Savoie, reine d'Espagne, 16.
Marie-Thérèse d'Autriche, reine de France, 105, 108.
Marmont (maréchal duc de Raguse), 240.
Martial, poète, 82.
Martin-le-Juste, roi d'Aragon, 167.
Martin, gén. espagnol, 144.
Maupetit, gén. français, 265, 269.
Mazarin, cardinal, 47, 105.
Medico, chef de guerillas, 342.
Medina Celi, famille illustre, 291.
Mendizabal, famille illustre, 112.
Mendizabal, gén. espagnol, 240.
Mendoza, cardinal, 26.
Mengs, peintre espagnol, 29, 320.
Merle, gén. français, 139, 263.
Mermet, gén. français, 135, 139.
Metellus Balearicus, gén. romain, 363.
Metellus (Q. Cœcilius), 236, 242.
Michel-Ange, peintre, 284.
Milhaud, gén. français, 248, 261, 347.
Mina, gén. espagnol, 46, 72, 79, 102.

Molina, jésuite, 28.
Moncey, maréchal duc de Conegliano, 78, 79, 100, 101, 160.
Montbrun, gén. français. préface, page VIII; 313, 354.
Montfort (Benoît), imprimeur espagnol, 30.
Montmorency (Anne de), 106.
Montmorin (le comte), ambassadeur de France en Espagne, 302.
Moore, gén. anglais, 133, 138, 249, 269.
Morla, gén. espagnol, 327.
Mortier (maréchal duc de Trévise), 78, 80, 227.
Mouton, gén. français, 285, 286, 348, 350.
Murat, gén. français, 326.
Murillo, peintre espagnol, 29, 209.
Murillo, gén. espagnol, 116, 142.
Muza, gén. maure, 344.

N

Napoléon Buonaparte, 41, 78, 114, 126, 133, 160, 161, 197, 211, 212, 248, 249, 252, 256, 262, 284, 285, 288, 313, 325, 326-328, 340, 341, 346.
Navia, épouse de Cham, 128.
Nelson, amiral anglais, 220.
Ney, maréchal de France, 129, 136, 138, 142, 270, 287, 290.
Noailles (le maréchal duc de), 49.
Noé, patriarche, 128.
Nuna Mayor, princesse castillanne, 308.
Nuza (Jean de la), justicier d'Aragon, 68.

O

O'Donnel (comte de la Bisbal), général espagnol, préface, page viij; 47, 52, 68.
Olavidès, ministre espagnol, 199, 260.
Olivarès, ministre espagnol, 243, 254, 323, 339.
Orange (le prince d'), 93.
Orduno, roi des Asturies, préface, p. ix; 310.
Orléans (Gaston, duc d'), 323.
Orléans (Philippe, duc d'), 47.
Orose (Paul), historien, 62.
Ortega, savant espagnol, 29.
Osma (Pierre d'), théologien, 338.

P

Pacthod, gén. français, 280.
Palafox, gén. espagnol, préface, p. viij; 78, 85, 100, 197.
Palomino, peintre espagnol, 190.
Paris, gén. français, 79.
Parque (le duc del), 271.
Paul III, pape, 113.
Pélage, fondateur de la monarchie espagnole, préface, page ix; 125, 127, 130, 261, 320.
Pennas, gén. espagnol, 197, 314.
Pérémout, gén. français, 185, 194.
Pérignon, maréchal de France, 44.
Péterborough, génér. anglais, 334.

DES NOMS D'HOMMES.

Philippe Ier, roi d'Espagne, 189. 310.
Philippe II, roi d'Espagne, 13, 26, 46, 59, 69, 84, 98, 179. 204, 238, 244, 250, 252, 255, 268, 271, 294, 303, 304, 305, 317, 329, 343.
Philippe III, roi d'Espagne, 59, 250, 251, 288, 305, 329.
Philippe IV, roi d'Espagne, 63, 105, 108, 245, 253, 305, 319, 339.
Philippe V, roi d'Espagne, préf., p. vj, vij; 16, 22, 41, 49, 55, 62, 69, 74, 77, 106, 157, 159, 165, 166, 167, 169, 172, 174, 276, 298, 300, 303, 305, 315, 319, 321, 322, 324, 329, 335, 337, 344.
Philippon, gén. français, 240.
Pierre Ier (don Pedre), roi de Castille, 255, 286, 287.
Pierre IV, roi d'Aragon, 85.
Pignatelli, gén. espagnol, 287.
Pino, gén. français, 51.
Pizarre (François), conquérant du Pérou, 226, 227, 235, 268.
Pline, le naturaliste, 167, 187.
Pompée (le Grand), 46, 98, 159, 166.
Pompée (les fils de), 192, 308.
Pompeo Leoni, sculpteur, 250.
Porlier, gén. espagnol, 287, 289.
Porto Carrero, cardinal, 344.
Poussin (le), peintre, 320.
Prudence, évêque et poète, 77, 289.
Ptolomée, géographe, 187.

Q

Quevedo, écrivain espagnol, 26.
Quintilien, rhéteur, 289.

R

Raphaël, peintre, 305, 319.
Raymond de Bourgogne, roi de Castille, 310.
Recarede, roi des Goths d'Espagne, 343.
Reding, gén. anglais, 56, 200.
Regnier, gén. français, 238, 240.
Reille, gén. français, 51.
Richelieu, cardinal, 74, 324.
Richelieu (le duc de), maréchal de France, préf. p. viij; 366, 367, 368.
Robinson, gén. anglais, 116.
Rodney, amiral anglais, 216.
Rodriguez, jésuite, 28.
Rogniat, gén. français, 78.
Roland, paladin français, 91, 320.
Romagosa, gén. espagnol, 46.
Rubens, peintre, 252, 305, 319, 339.
Ruffin, gén. français, 354.

S

Sanche Ier, roi de Castille, 310.
Sanche II, roi de Castille, 358.
Sanche III, roi de Navarre et de Castille, 310.
Sanche IV, roi de Castille, 202, 221.

Sanche, prince de Castille, 353.
Sanche d'Avila, 308.
Sanchez, jésuite, 28.
Sandoval (François Gomez de). *V*. duc de Lerme.
San-Juan, gén espagnol, 347.
Sarmiento, critique espagnol, 28.
Sarrut, gén. français, 279, 280.
Scipion, nom de plusieurs généraux romains, 46, 62, 173, 177, 179, 290.
Sébastiani, gén. français, préface, page VIII; 110, 185, 187, 190, 346, 348, 349, 359.
Senarmont, gén. français, 327.
Sénèque (les deux), auteurs latins, 204.
Sepulveda, écrivain espagnol, 26.
Sertorius, gén. romain, 73, 98, 159, 166.
Severoli, gén. espagnol, 80, 84.
Silius Italicus, poète latin, 167, 213.

Simon, gén. français, 102.
Soler (Thomas), ingénieur espagnol, 57.
Solignac, gén. français, 287, 289.
Solis, historien espagnol, 26, 27, 339.
Souham, gén. français, 48, 59.
Soult (maréchal duc de Dalmatie), préface, page VIII; 89, 92, 93, 95, 96, 98, 133, 135, 138, 139, 142, 147, 149, 152, 153, 187, 195, 228, 230, 231, 240, 241, 244, 249, 261, 263, 265, 270, 279, 282, 285, 348, 350.
Squilasci, 325.
Stahremberg, gén. autrichien, 157, 315.
Stanhope, gén. angl., 325, 337.
Suarez, jésuite espagnol, 28, 350.
Suchet (maréchal duc d'Albuféra), préface, page VIII; 47, 56, 63, 65, 74, 79, 81, 160, 161, 168, 173, 191.

T

Tacca (Pierre), sculpteur, 319.
Tarik, gén. maure, 220.
Tavera, cardinal, 345.
Thècle (sainte), 62.
Théodose, empereur romain, 212, 293.
Thérèse (sainte), 308.

Thierry, sculpteur, 299.
Tintoret (le), peintre, 305, 320.
Tite Live, historien latin, 27.
Titien (le), peintre, 304, 320.
Tooke, amiral anglais, 223.
Trajan, empereur, 62, 208, 212, 229, 232, 296.

U

Urraque, héritière de Castille, 311.

V

Valence, gén. français, 233.
Vandermaesen, gén. français, 96.
Vandick, peintre, 305, 320.
Vattier, gén. français, 84.

Vedel, gén. français, 201.
Vendôme (le duc de), 55, 156, 305, 314, 315, 337.
Venegas, gén. espagnol, 82, 349.

Vernet (Horace), peintre, 313, 328.
Veronèse (Paul), peintre, 304, 320, 339, 349.
Victor (maréchal duc de Bellune), 82, 220, 280, 281, 312, 346, 353, 354.

Villate, gén. français, 353, 354.
Villena (marquis de), 348.
Villeneuve, amiral français, 220.
Vincent (Saint-), 77.
Virgile, poète, 299.
Vivez, général espagnol, 56.

W

Wellesley, gén. anglais, 228, 238, 240, 348.
Wellington, gén. anglais, préface, page viij; 89, 93, 94, 95, 96, 106, 108, 115, 116, 117, 285.

X

Ximenès, cardinal, 251, 336, 338, 344.

Y

Yriarte (Thomas), poète espagnol, 29.

Z

Zurbaran, peintre espagnol, 214.

FIN DE LA TABLE DES NOMS D'HOMMES.

TABLE

DES AUTEURS CITÉS.

Anonyme (statistical and geographical Survey of Spain and Portugal, London, 1808.); préface, page x.

Antillon, géographe espagnol, auteur d'un Précis de géographie astronomique, physique et politique de l'Espagne et du Portugal, 122, 250.

Bossuet, Discours sur l'histoire universelle, 125.

Bourgoing, Tableau de l'Espagne moderne, préface, page x; 30, 56, 64, 85, 103, 108, 117, 118, 123, 156, 159, 185, 205, 220, 249, 251, 253, 273, 291, 296, 299, 301, 308, 318, 361, 367.

Brué (M.), géographe, 122, 250.

Cervantes (Miguel). V. la table des noms d'hommes.

Desormeaux, Abrégé chronologique de l'histoire d'Espagne, 315.

Du Rozoir (M.), le Dauphin, ou Vie privée des Bourbons, depuis 1725 jusqu'en 1789, 223.

Florus (Annæus), Epitome historiæ Romanæ, 125.

Guthrie, géographe, 122, 250.

Jaubert de Passa (M.), Voyage en Espagne, 49, 57, 155.

Laborde (M. Alexandre de), auteur d'un Itinéraire descriptif de l'Espagne, préface, page x; 15, 122, 123, 125, 151, 249, 311, 356.

Langlois (M. Hyacinthe), géographe, 122, 250.

Lapie (M.), géographe, 122, 250, 257.

Lesage, auteur de Gilblas, 253, 295, 339, 369.

Lopez (don Thomas), carte d'Espagne, 117, 121, 122, 123, 235, 356.

Mentelle, géographe, 121, 132.

Mézerai, Abrégé chronologique de l'histoire de France, 106.

Miel (M.), Essai sur les beaux-arts, 267.

Montesquieu, Lettres persanes, 273.

Moreri, Dictionnaire, 273.

Napoléon Buonaparte, Bulletin de la guerre d'Espagne, 285.

Naylies (M. de), Mémoires sur la guerre d'Espagne, préface, page x; 132, 231, 319, 351.

Parny, Epître à MM. du camp de Saint-Roch, 222.
Poirson (M.), géographe, 122, 250.
Retz (cardinal de), Mémoires, 362.
Rocca (M. de), Mémoires sur la guerre d'Espagne, préface, page x; 193, 353, 357.
Schœll (M.), Recueil de pièces officielles, 201.
Townsend, préface, page ix.
Twiss, Voyage en Portugal et en Espagne, préface, page ix; 194, 195.
Zeillerus (Martinus), Itinerarium Hispaniæ, préface, p. ix.

FIN DE LA TABLE DES AUTEURS CITÉS.

ADDITIONS ET CORRECTIONS.

Division ecclésiastique.

Page 19, ligne 12, au lieu de 45 évêchés, *lisez* 48 évêchés.

Page 34, l'Espagne est divisée en 8 métropoles ou archevêchés, et en 45 évêchés, *lisez* 48 évêchés.

Page 35, à la nomenclature des 8 archevêchés, *ajoutez* celui de Tarragone entre ceux de Saint-Jacques de Compostelle et de Valence.

A la nomenclature des 45 évêchés, *ajoutez* les trois suivans :

    Soria (Vieille-Castille),
    Sant-Ander (Vieille-Castille),
    Bilbao (Biscaye).

Principauté de Catalogne.

Au nord-ouest de cette province est la vallée d'Aran, dans laquelle la Garonne prend sa source.

VIELLA, petite ville, en est la capitale; on y trouve encore *Castel-Leone*, bourg assez peuplé.

Royaume d'Aragon.

Teruel, *ajoutez* évêché.

Royaume de Jaen.

LAS NAVAS DE TOLOSA, lieu célèbre par une grande bataille que les chrétiens remportèrent sur les Maures le 16 juillet...., *ajoutez* la date de l'année 1212.

1